击穿组织的本质

千里江山长卷的高管教练道与术

吴雁燕 程敏 李沁历 等 编著

电子工业出版社
Publishing House of Electronics Industry
北京·BEIJING

未经许可，不得以任何方式复制或抄袭本书之部分或全部内容。
版权所有，侵权必究。

图书在版编目（CIP）数据

击穿组织的本质：千里江山长卷的高管教练道与术 / 吴雁燕等编著. -- 北京：电子工业出版社，2025. 4.
ISBN 978-7-121-49964-7

Ⅰ. F279.23

中国国家版本馆 CIP 数据核字第 2025QF4174 号

责任编辑：赵诗文
印　　刷：北京瑞禾彩色印刷有限公司
装　　订：北京瑞禾彩色印刷有限公司
出版发行：电子工业出版社
　　　　　北京市海淀区万寿路 173 信箱　邮编：100036
开　　本：880×1230　1/32　印张：16.5　字数：318 千字　插页：1
版　　次：2025 年 4 月第 1 版
印　　次：2025 年 4 月第 1 次印刷
定　　价：98.00 元

凡所购买电子工业出版社图书有缺损问题，请向购买书店调换。若书店售缺，请与本社发行部联系，联系及邮购电话：(010) 88254888，88258888。

质量投诉请发邮件至 zlts@phei.com.cn，盗版侵权举报请发邮件至 dbqq@phei.com.cn。

本书咨询联系方式：(010) 88254210，influence@phei.com.cn，微信号：yingxianglibook。

编委会

主　编： 吴雁燕

副主编： 程　敏　李沁历　赵　磊　郝静萱　鲁　兰

编委会：（按姓氏拼音顺序）

段晓英　刘　红　李　洁　罗蔚芬　李　延
黎　艳　马天颖　商未弘　王昭辉　姚　蕾
曾秀华

使命于我们，
是高远天空中的北斗星，
虽未至，
却照耀、激励和牵引着我们。

我们积极贡献于当下中国的领导力与组织发展事业，
与领导者协力培育和创造永续的跨系统组织生命力。

推荐语 （按嘉宾姓氏拼音顺序）

恭喜《击穿组织的本质——千里江山长卷的高管教练道与术》的作者们将多年在高管教练领域的实践经验融汇成书。他们通过大量的精选故事和案例，以及艺术和领导力的新颖结合，把高管教练的"道"与"术"展示给组织领导者。高管教练方面的书本不多，展现中国组织内真实场景和案例的书更为鲜见。我相信本书能助力各类组织的发展，就像书中所说，"协力培育和创造永续的跨系统组织生命力"。

——窦莹瑾（Jessica Dou）

塞拉尼斯亚太区高级人力资源总监

在这个瞬息万变的时代，提升企业综合实力对高管团队提出了更为严格的要求。领导者不仅要能仰望星空，还要做到脚踏实地，更要懂得激励团队，提升企业文化，以塑造凝聚力和创造力这两项企业核心竞争力的关键要素。《击穿组织的本质——千里江山长卷的高管教练道与术》在这方面为我们提供了很好的启示。书中，众多资深高管教练以通俗易懂的方法诠释了领导力的真谛，并辅以多个令人感同身受的案例，同时提供了一套可复制、可内化的纵向领导力模型。阅读本书让我受益匪浅，我不仅理解了组织与领导力的本质和精髓，也获得了实用的工具来进一步提升自己。我期待在今后的工作中学以致用！

——冯刘（Larry Liu）

玛氏箭牌中国区总裁

中国的可持续发展需要大量与时俱进的领导者，这也召唤并催生了对高管教练的巨大需求。在《击穿组织的本质——千里江山长卷的高管教练道与术》一书中，作者们通过一系列生动的教练故事和案例，把在实战中积累的丰富经验和策略分享给未曾谋面的领导者们，期望引发他们对领导力的深入思考和探索，鼓励他们勇敢地面对外在的挑战、表达内在的声音，以及跨越内心的"那座山"。

——黄胜（Edward Huang）

劳士领汽车前亚洲区总裁，终身学习践行者

作为一位在组织内部深耕多年的高管，我深感《击穿组织的本质——千里江山长卷的高管教练道与术》以其丰富的商业场景、鲜活而真实的实践案例，以及兼具广度和深度的理论，为我们揭示了组织发展的全貌及高管教练的价值。书中内容覆盖从初创期到成熟期的本土企业和全球化企业，涉及从创新型内生增长到全球并购的多元发展路径，以及从使命、愿景、战略到文化与价值观的不同组织要素。本书是每一位希望为组织基业长青做出贡献的企业家、领导者和管理者的必读之作。

——李晓虹（Rosa Lee）

远景动力全球首席人力资源官

在我心目中，高管教练是一类百炼成钢的"特殊人种"：他们能够同时展现出企业家的担当、手艺人的匠心、传道士的慈悲和心理咨询师直达人心最幽暗处的高超"解剖技术"。最动人的是，他们对于领导者们始终如一的陪伴和毫无保留的接纳。他们为领导者们创造出足够的安全感，让领导者们募集所有的心力，从内心深处出发，自我改变，实现终身成长。每一位成长中的领导者都应该为自己请一名高管教练，每一位事业成熟的领导者都应该转型成为一名高管教练，以实现领导力领域的薪火相传。

本书就是一群历经沧海，并且修炼成为高管教练的朋友们所集体创作的成果。精读本书，既可以从生动的故事和实战案例中学习有效的领导力与组织发展之道，又可以理解怎样才能拥有高管教练的视角和能力。

——脱不花

得到 App CEO

读完《击穿组织的本质——千里江山长卷的高管教练道与术》，我感到开心和激动，心情久久不能平静。与它的姊妹篇《成就卓越——领导者的第一本高管教练书》一样，本书让我想到知名团队研究者帕特里克·兰西奥尼的领导力寓言系列，展示了经典作品的气质、力量和智慧，还有管理类书籍罕有的故事性和可读性。

本书不但是一部卓越的高管教练研究和案例合集，也是一本具有里程碑意义的领导力力作。本书的出版表明我们中国的高管教练开始形成自己的视角，发出自己的声音并建立自己的研究与实践规范。

——王戈（Gary Wang）

畅导力发展（MindSpan）创始人和CEO

在这个快节奏、充满挑战的世界里，我们常常置身于喧嚣的舞池中，忙于跟随节奏，纠结舞步和姿势。幸运的是，我遇到了本书的主编吴雁燕老师，一位启发人心的导师。她启发我站在阳台上，从不同的高度和角度去审视自己、舞伴，以及整个舞池。这样的视角让我能够更全面地观察和思考，从而激发个体和团队的活力，让使命和愿景成为我们行动的指南。这不仅是一种心态上的调整，还是一种从容而坚定的追求，引领我们走向心中的香格里拉——那个理想而美好的境界。

在本书中，作者们汇集了他们的丰富经验、深刻见解及一系列生动的实践案例,共同打造了一部理论与实践相结合的杰作。我相信,你也会像我一样,从本书中获得灵感和启示。它将挖掘和点燃你内在潜力和创造力的火花,引导你探索那些能够引领你走向成功和获得成就的智慧与策略。

它不仅是一本书,还是一段自我发现的旅程,一场关于如何更好地生活、工作和领导的深刻对话。欢迎你加入这场旅程,让我们一起在阅读中成长,在实践中进步,追寻属于自己和团队的香格里拉。

——吴海英

雅培营养品中国大陆及香港总经理

在我十多年伟事达私董会带组教练的经历中,让CEO们和高管们受益最多的,也是我最为痴迷的,是无数的小组企业案例讨论。在阅读这本由吴雁燕、程敏、李沁历等高管教练编著的《击穿组织的本质——千里江山长卷的高管教练道与术》时,大大小小各类有趣的故事和案例让我仿佛置身于鲜活、真实且具有穿透力的小组问题讨论会之中。我向企业领导者们推荐本书,希望大家能够从中获益。

——周戌乾(Sheldon Zhou)

伟事达私董会带组教练、

泰普洛领导力创始人

推荐序 | Recommended Forward

不只青绿

《左传》中记载:"太上有立德,其次有立功,其次有立言。虽久不废,此之谓不朽。"《春秋左传正义》中记载:"立德,谓创制垂法,博施济众……立功,谓拯厄除难,功济于时。立言,谓言得其要,理足可传。"立德、立功、立言是自我超越生命融入无限的一幅独特地图,只是这幅地图并不具有按图索骥的功能,仅有自我诠释、改变与创造世界这个唯一的行动图谱。

立德、立功、立言并非线性式地演化,而是境界螺旋式发展的过程,境界是精神与心灵达到的状态,是意象不断演化的过程。国际组织与领导力协会(IAOL)将境界的上下求索定义为此时此刻、站上高处、遨游天地三项元能力。此时此刻是"木欣欣以向荣,泉涓涓而始流"的温润与丰盈;站上高处是"大漠孤烟直,长河落日圆"的苍凉与豪情;而遨游天地是

"行到水穷处,坐看云起时"的灵动与交融。

教练就是用来绘制这个图谱的一池青绿,为不同组织和个人带来了无限创意,教练过程以精神与心灵映射万物,使主观生命意义与客观组织现实交织互渗,温润、苍凉、灵动,成就一番"悠然而虚者与神谋,渊然而静者与心谋"的境界。吴雁燕等高管教练在著作《成就卓越——领导者的第一本高管教练书》中建立了以系统层级为中心的整合教练框架,又在本书中以企业生命周期为主题描绘了组织与高管教练的千里江山图。灼灼璞玉,静世芳华,正是吴雁燕老师和同仁在高管教练这一领域以立言为体,融合精神与心灵,不断发现与探索世间美之境界的写照。

崇宁三年(1104年),宋徽宗赵佶创立的画学,成为世界上第一所美术专业学院,以画取仕,美学不仅成为立言的精神内核之一,还开启了华夏文化的巅峰。陈寅恪曾言"华夏民族之文化,历数千载之演进,造极于赵宋之世"。宋代不仅是朝代的名称,还演变成艺术史中一个独特的美学符号。宋代美学以强烈的人文精神和至纯至雅的独特风骨,成就了中国传统审美的文化之源。

政和三年(1113年),年仅18岁的王希孟在赵佶的指导下,完成了旷世奇作《千里江山图》,"独步千载,殆众星之孤月耳",为北宋时期志尚奢丽、丰亨豫大的宫廷绘画美学构建了坚实的注脚。《千里江山图》的美学风格既不像金山碧湖那样富丽堂皇，也不像浅绛山水那样清简素淡，而是采用了中和唯美的风格。孟子主张"中道而立"，"中"是华夏民族处理人与人、人与自然、人与社会之间关系的基本准则，也是和谐统一的中国传统美学的体现。

《易传》中提到"一阴一阳之谓道"，《千里江山图》峰峦起伏绵延，江河烟波浩渺，壮丽恢宏，气象万千，一虚一实、一明一暗的流动性跃然纸上。这展示出中国传统美学的核心不仅是虚实相生、动静一体，还是时空合一。相对于中国传统美学的虚实融合，西方艺术是由立体模仿构成的。虚实融合使中国传统艺术的表达虚空灵幻而物我混融，呈现的是全画幅的天地；立体模仿使西方艺术的表达据事直书而物我对立，呈现的是单个的对象。

人心之情思起伏，波澜变化，仪态万方，并不是一个停滞的客体对象能够如量表出的，唯有世间全幅生动的山川草木，风月朝夕，云烟明晦，才足以表达我们胸襟中生机勃勃、包罗万象的灵感气韵。教练过程亦如此，教练境界的展现不是纯客观机械的描摹与重复，而是先抒胸臆的意象建构，诠释、改变与创造组织的全景。米芾曰"心匠自得为高"，高管教练既要在世界的万千气象中陶冶胸襟，又要不断演化其所呈现出的精神与心灵的意象。

《庄子》中记载："无为名尸，无为谋府；无为事任，无为知主。体尽无穷，而游无朕；尽其所受乎天，而无见得，亦虚而已。"启风云，跃千里，拓江山，展长卷，吴雁燕老师和同仁所奉上的这幅高管教练的千里江山画卷，完美地展示了庄子所倡导的无我的境界。并且，他们通过一个个鲜活的教练故事和案例，将西方艺术物我对立的模式融进中国传统艺术的物我混融思想中，创建了以企业生命周期为中心的整合教练框架。这与其之前创作的以个体、团队、组织等系统层级为中心的框架相映生辉，既展示了时空合一的中国传统美学，又呈现出不断演化世界万千意象的旷达胸怀。这无疑是中国乃至世界教练史的又一丰碑。

侯氏组织模型将组织定义为人类演变过程中形成的关系网络、动态系统与意义载体。系统、周期与边界是侯氏组织模型作为元模型的基本构件，系统内部与其之间并不是孤立的，系统又各自拥有不同的发展周期，这构成了时间与空间两个交织的基础维度，组织问题通常发生在系统与周期交互的边界。如何平衡混沌与秩序的复杂性、不确定性与涌现性？相较于培训、咨询等其他变革方式，以时空合一为中心的教练过程能够创造性地解决组织所面临的最困难的问题，吴雁燕老师两本著作所呈现的整合教练框架完美地展现了对于组织的深入洞察及清晰的对话地图。

苏轼曰"论画以形似，见与儿童邻"，中国传统美学在探究精神与心灵时，神似优于形似。2021年，舞蹈诗剧《只此青绿——舞绘〈千里江山图〉》取得了前所未有的成功。《千里江山图》复杂的技术处理和技法运用，确保了其青绿意象成为中国艺术史上独步千年的典范，也成为时代的文化缩影及国家和民族的精神文化标识。而《只此青绿》以将舞蹈编排与舞美设计抽象化、写意化的方式，呈现出水墨风格的梦幻世界，构建了只此青绿的超然意象，蕴含了丰富的古与今、静与动、虚与实等相互映照的美学境界。崇古与创新、传统与当下，看似矛盾、对立，但从《千里江山图》到《只此青绿》，以青绿意象为核心，塑造了超越时代的美学叙事，这不仅是横跨千年的境界流转，还是华夏文明价值主张的去伪存真与现实表达。

当代社会的人文科学与自然科学大多源于西方，教练也是在此基础上衍生与扩展的。当流淌的时间不断触及与分裂到世界政治、经济和科技的各个角落时，诠释、改变与创造教练的意象，塑造超越时间与空间的教练叙事，是每一位高管教练立德、立功、立言的行动图谱，而吴雁燕老师就是这个行动图谱的楷模。

只此青绿，不只青绿。

侯敬喜

国际组织与领导力协会（IAOL）执行主席

侯氏组织模型创立者

2024 年 10 月 30 日于上海

自序

春生夏盛秋实策

文/吴雁燕

你是谁,决定了你如何领导。

——布琳·布朗

在春的调色盘里,并没有轻而易举的优雅

在写这些文字时,我的心是雀跃的,如同鸟儿们在盛开的桂花树上轻盈地鸣叫,如同两只惹人怜爱的小橘猫满心欢喜地闷头"干饭",如同在创作过程中见证着本书的内容愈加丰厚的每一天,如同春天里梵高①生机勃勃的调色盘。

在春的季节,
梵高的调色盘无比鲜亮。
跳跃的新绿和星星点点的柠檬黄,
如同音符一般,
编织成一首首哺育生命的歌谣。

---

① 梵高,荷兰画家,后印象派绘画的代表人物,以其独特的色彩运用和情感充沛的画风闻名于世。

然而，如果请王希孟①跟梵高进行一次跨越时空的对话，那么他们会发现自己的人生和艺术创作都经历了许多磨难，也会因此一致同意：并没有轻而易举的优雅，伟大成就的背后都有着艰辛与挑战。

这是本书的成书背景和出发点。当前和未来一段时间，领导者们面临的挑战与风险前所未有。他们必须在不断变化的商业环境中寻找新的增长点，同时应对技术飞跃带来的颠覆性影响。他们需要具备敏锐的洞察力，以预见未来的趋势；他们需要有坚定的决心，以推动变革的实施；他们需要展现强大的号召力，以凝聚人心；他们需要有坚韧的毅力，以经得起失败的打击。

可是，要同时做到这些，对领导者夯实内在心力与发展外在能力提出了极高的要求。

在这样的严峻局势和高要求之下，我们相信，积极的态度和创造性的解决方案总能生发希望和成功。

为此，我们在书中紧贴在初创期、成长期及成熟期等不同发展阶段的组织中领导者们所面对的各种实际工作场景，并遵循商业和组织的本质，采用故事讲述、案例分析与理论阐释相结合的多维视角，巧妙融入艺术性的表达，生动展现了优秀的高管教练如何助力领导者和高管团队在强大精神世界的同

---

① 王希孟，北宋晚期画家，以其唯一传世作品《千里江山图》闻名，该画作展现了祖国锦绣河山的壮丽恢宏，被誉为青绿山水画中的巨制杰构。

时，增强执行与创造能力。在这种全面而深入的支持下，领导者和高管团队将压力和艰难转化为推动力、创新力和坚韧力，直面挑战，抵御风险，进而在各自领域取得了显著的成就和持久的影响。

这个过程就如同英剧《神秘博士》中的一个片段：梵高穿越到现代，在巴黎奥赛美术馆的梵高展厅目睹人们对他画作的欣赏和赞美。一位教授的评论令梵高泪流满面——"表现痛苦很容易，但用自己的痛苦和激情去表现人间的喜悦和壮丽，在这一点上，没有人能比得上梵高。在他之前没有，在他之后可能也不会有，所以对我而言，他在任何时代都是最伟大的艺术家。"

在夏的江山与星空，有高远和绚烂

在绘画领域，每一笔都是创造，每一色都是表达，每一幅作品都是一个独特的世界。梵高的作品有丰沛的情感表达，体现出他内心世界的深邃与激情；王希孟的《千里江山图》则既展现出千里江山的浩瀚与雄伟，又富有宁静致远的意境。

夏天，在梵高的心目中是极其神圣的，
他被普罗旺斯成熟麦穗的鹅黄和天空的湛蓝所震撼，
他还捕捉到芳香四溢的花园和星空绽放的良夜，浪漫无比。
夏天，在王希孟的笔下是广阔而热烈的，

他被重峦叠嶂的青绿和流瀑的清澈所吸引,

他还捕捉到亭台楼阁间的欢笑和江面上渔舟的忙碌,繁荣而生动。

如果二人不仅进行跨越时空的对话,还共同创作一幅作品的话,那将是东西方艺术的绝美融合。画面上,王希孟的壮阔山川和蜿蜒江河,与梵高星空的独特旋涡笔触和绚烂色彩相互映衬,形成一种现实与梦想交织出的动态平衡。

这是本书所要表达的主题和内容。在领导力领域,每一份愿景都是对未来的号召,每一项决策都是对价值的塑造,而每一个组织都是一个鲜活的生命体。领导者们富有激情与志向,高管教练们富有智慧与洞察力。在商业世界的真实舞台上,他们相遇、相知、相携和相守;在商业世界的真实疆场上,他们共同克服挑战,取得组织与领导力发展的丰盛战果;在商业世界的真实征途上,他们携手探索甚至塑造商业与组织的本质。

他们知道,没有一家组织是可以通过复制别人的最佳实践来获得成功的,因此,他们致力于打造的是能够制定和传播标准的创新引领型组织。为此,高管教练们的工作方式既富有力量又饱含温度;他们不仅具备高瞻远瞩的战略思维,还能灵活运用战术策略;他们根据领导者和组织的个性化需求与特点提供定制化服务,同时又能确保方法的普遍适用性和高效性。他们用这些方式助力领导者和高管团队稳固内在的定海神针，跃升纵向领导力格局，构建高绩效团队，突破业绩困局，打造六边形组织，以及积极拥抱和引领创新、变革与转型。

事实上，每一对领导者与高管教练都是独一无二的搭档组合，他们的合作背景、预期目标和实现过程都是独特的，他们所共同绘制出的组织作品都独具匠心。同时，我们为之自豪的是，书中呈现的每一个组织作品都如同王希孟与梵高联袂创作的夏日盛作，既展现了千里江山之美，又闪烁着璀璨星空的绚烂光芒，值得读者们逐一细细品味和鉴赏。

在秋的斑斓中，没有永恒却可以长青

梵高曾梦想去一个只有秋天的国家，
那里有秋收的丰盛与喜悦，
那里远离风雪与孤寂。

他的朋友保罗·高更[①]同样向往这样一个色彩永不凋零的乌托邦。在经历了充满各种异域冒险、大胆探索又不时困顿的生活之后，他认识到凡间万事万物均不存在永恒。进而，他将对人生、宗教和哲学的深刻洞察，如同秋天成熟的果实，凝结在生命最后几年的巨作《我们从哪里来？我们是谁？我们到哪

---

① 保罗·高更，法国画家，与梵高、塞尚并称"后印象派三大巨匠"。

里去》中。画面通过描绘婴儿、老人等一系列人物，象征人类从出生到成长，再到死亡的过程及其个体必然性和群体可延续性，探索了生命意义、人类存在和宇宙本质这一系列没有标准答案的终极问题。

在本书中，领导者和高管教练不仅致力于达成商业成就，还通过有意识地深入探索和充满挑战的实践，塑造着个体、团队和组织从过去到现在，再至未来的发展轨迹。他们探究并实践着其独特的存在意义和价值，以及如何为商业世界和人类社会带来积极且持久的影响。

当领导者、团队和组织的思考与行动有了长久的可持续性，当他们超越个体生命的有限性而追寻组织和社会的基业长青时，他们实际上是在为未来播种希望的果实，是在为这个世界和我们的子孙后代留下宝贵的物质与精神财富。这如同植物通过果实包裹的种子将生命的延续寄托于未来的土壤；也如同王希孟通过《千里江山图》将年轻生命的激情与才华永恒地镌刻在了历史的长河之中。

这也是本书期望承载的意义，以及期望传递的乐观与理想主义精神。

你所传承的并不刻在石碑上，而是编织在人们的生活当中。
——伯里克利，古希腊政治家、军事家和演说家本书是我们于2023年7月出版的《成就卓越——领导者的第一本高管教练书》的姊妹篇。如果说《成就卓越——领导者的第一本高管教练书》是我们对领导力和高管教练实践的深入探索，那么本书则是我们对领导力与组织发展的一次深情告白，是我们对美好人生与繁荣世界的无限憧憬。

期望，您在阅读的过程中与我们进行思想的碰撞，引发内心的共鸣。期望，我们携手击穿组织的本质，共同成就更加卓越的世界。

吴雁燕

2024年10月30日于上海

前言

千里江山长卷智略览胜
——我们这本书

文/吴雁燕 鲁兰

欢迎，我们静候的您！

是什么机缘让您捧起了这本书？
您又期望从这本书里收获什么？

尽管此刻不是在现实空间与您直接互动，但我们依然对您充满好奇，并期望通过此文，为您领略本书的风格与精髓提供指引。

在瞬息万变的商业洪流中，高管教练已成为推动组织发展与领导力飞跃的关键力量。呈现在您眼前的《击穿组织的本质——千里江山长卷的高管教练道与术》，正是这样一部集高管教练理论精髓、实践智慧与精选案例于一体的作品。

本书通过各个章节的精心铺陈，突出了个体、团队与组织领导力的智慧光芒，揭示了个体发展、团队发展和组织发展的内在规律。我们期望它如同一幅组织千里江山长卷，为领导者个体及其团队、组织提供经验分享、灵感借鉴与洞见启示。

青绿底色:艺术与智慧并重

本书在写作上突破了管理类书籍的常规范式,创造性地以叙述故事的形式娓娓道来,将生动的组织场景与鲜活的人物融为一体,期望您读来感觉轻松而有趣味。

这青绿的底色不仅蕴含着独特的艺术魅力,还寄托了我们对肩负重任的领导者们的真诚关切。在压力与紧绷交织的工作生活中,愿本书带给您一份清新和从容,引领您走向优雅、自在的人生境界,体味生命原本的全面、灵动、喜悦与无限可能。

同时,本书在叙述故事的形式下,灵活、丰富且严谨地展现了我们深厚的组织洞见、教练专业底蕴与广阔高远的视野。本书犹如一幅组织千里江山长卷,在组织场景和人物的青绿之间,或浓墨或淡彩,呈现了组织与领导力的理论、方法和工具,它们浑然交织,似山峦与溪流和谐共生。

长卷构图:组织发展阶段精湛演绎

组织如同生命体,拥有自己的发展周期和成长轨迹。我们把组织的发展分为初创期、成长期和成熟期三个阶段,每个阶段都有其独特的存在形态,而在成长或变革的过程中,组织都会面临独特的机会与挑战。

本书主体分为4个部分,以组织的3个不同发展阶段,以及阶段与阶段之间的变迁和转型为主线，通过如山水湖泊、亭台楼阁、日月星辰等各色故事的交织映衬、点缀烘托，将一幅组织千里江山长卷在时间轴上徐徐展开。

第一部分：启风云，乘云直上九天。

第一部分以全球行业排名第三的A公司为背景，以中国区CEO（Chief Executive Officer，首席执行官）唐焱、X事业部全球负责人杨隽为主人公，讲述他们通过"蛇吞象"的并购整合登上全球领导者舞台，带领组织由成长期跃入成熟期的故事与策略、智慧与实践。

第二部分：跃千里，驭风拨雾见日。

第二部分聚焦组织突破成熟期的桎梏，实现跨越和转型的艰难与挑战。百年跨国企业B公司盛世落幕后，其前中国区总裁魏雄空降同样遭遇转型困局的本土企业C公司，以个人领导力的深度蜕变为牵引，重新构建了一支卓越的高管团队，并带领组织再次奔赴辉煌。

第三部分：拓江山，策马扬鞭开疆。

第三部分描绘了在组织初创期，以及由初创期发展至成长期的过程中，激情与风险并存、奋斗遭遇挑战的故事与策略。我们以D公司联合创始人郑一欣与周宁，以及E公司创始人孙丽为代表,展示了这个阶段的组织及其领导者如何确保生存并在市场上站稳脚跟的艰辛与智慧。

值得提及的是,我们精选了12篇高管教练实践案例,融入上述三个部分之中。这些案例涵盖了各行各业的各种组织发展阶段,情节生动,解构细腻,剖析深入,精准提炼案例人物和组织成功与挫折的精髓,相信您看后能会心一笑,回味无穷。

第四部分:展长卷,运筹帷幄绘宏图。

第四部分进一步铺陈组织发展的宏伟画卷,分享将艺术与组织和领导力完美融合的美妙景致,展示了我们对整合与管理十大组织发展管理悖论的见解,同时描绘了我们原创的《击穿组织的本质——千里江山长卷的高管教练道与术》组织发展模型,揭示了其如何为组织的基业长青提供支撑和动力。

在实际的管理实践中,您可能会发现组织发展各阶段之间的界限模糊不清,组织内外部的环境又在不断发生急剧变化,这无疑给组织领导者带来了更为复杂和严峻的挑战。如何具备敏锐的洞察力,以捕捉组织面临的混沌现状及其背后的深层逻辑或规律?如何在充满不确定性的商业环境中,坚守稳定的核心,清晰而果断地制定并执行有效的应对策略,从而引领组织成功穿越风雨,抵达期望的彼岸?

这正是我们所投身的高管教练行业,以及本书17位资深高管教练作者愿意并且能够为您、您的团队和组织提供的坚实支持与助力,一如书中的吴教练、寇老师、芮敏教练、观山教练和春望教练所做的那样。

深远意境:美好人生,自在丰盛

美,作为人类探索与理解世界的至高境界,恒久地激发着人们内心深处的渴望与追求,正如王希孟的那幅《千里江山图》,以其无尽的韵味吸引了古往今来无数心灵向美而行。我们这部作品亦融合了多种艺术与生活形态,旨在助力领导者们在驰骋商海时,也能发掘和享受其中所蕴含的美好、自在与丰盛。

诗词、中国传统音乐、流行音乐、西洋乐、山水画、摄影、雕塑、电影、长跑、围棋、皮克球、网球、赛艇、攀岩、滑翔伞、数学、园艺、植物标本和甜点制作,书中人物所体验的艺术与生活形式,或许能在不经意间触动您的心弦,让您产生共鸣,为您的生命增添一份美好。

或许,您可以加入我们,打卡书中提及的那些景点,如上海浦东世纪公园、江苏南京阅江楼、福建泉州、北京奥林匹克水上公园、吉林长白山及天池、云南腾冲银杏村、甘肃河西走廊、北京故宫博物院、江西庐山、美国旧金山唐人街、意大利佛罗伦萨及瑞士日内瓦等,与我们一起遍览春华秋实,感受其绚烂丰盈。

或许,您可以一边阅读一边与书中人物"云饮"一盏香茗、一杯咖啡，或者来一场香槟与二锅头的相互致敬。

此刻，您是否已经迫不及待地要开启击穿组织的本质之旅了？我们也好奇：

您将在书中遇见谁？

您会为谁驻足？

您又会成为谁？

愿您此行收获丰盛！

目录 | CONTENTS

第一部分
启风云，乘云直上九天 / 001

01 风云骤起："蛇吞象"的并购 / 002

02 时空交响：组织持续成长的基石与序章 / 012

03 二雄相争：勇者胜？ / 021

04 "琴瑟和鸣"：文化融合之途 / 032

05 融会贯通：全球舞台新舵手 / 047

06 根深叶茂：全球化领导人才策略的新实践 / 058

07 香槟与二锅头——组织并购交响曲 / 073

08 无限游戏 II / 088

09 耕耘变革：培育自生长的组织花园 / 100

10 开启混沌之眼，赋能"智"变 / 112

第二部分　跃千里，驭风拨雾见日 / 127

01　盛世落幕：巨头孤影对黄昏 / 128

02　桑榆未晚：独行棋士入盘根 / 138

03　进退维艰：双向奔赴的救赎 / 152

04　反躬自问：三层阳台深复盘 / 163

05　群英毕至：构卓越领航团队 / 177

06　再赴辉煌：使命、愿景、战略三剑客 / 189

07　转型高管的滑翔伞之旅 / 201

08　经历风云变幻，无惧扬帆远航 / 216

09　登峰对决：引领团队穿越变革的艺术 / 229

10　轻舟破浪越万山：民企二代CEO的领导力进阶之旅 / 242

第三部分　拓江山，策马扬鞭开疆 / 259

01　萌芽破土：茁壮成长仍需岁月 / 260

02　枝蔓横生：共同理想下的分歧 / 268

03　改弦易辙：从创业者到企业引领者 / 280

04　上下求索：融资的迷阵 / 293

05　创业奇旅：寻找内心的平和与力量 / 303

06 金色心语：银杏林里的深度对话 / 316

07 组织重塑旅程的峰与谷——重塑组织能力，突破业务瓶颈 / 328

08 心动，风起，帆移 / 341

09 拨开迷雾见月明——晓月的领导力蜕变之旅 / 354

10 创业高管团队的蜕变之舞 / 366

第四部分 展长卷，运筹帷幄绘宏图 / 381

01 基业长青：组织发展模型 / 382

02 双元共融：整合与管理十大组织发展管理悖论 / 402

03 千里江山：艺术视野中的领导力与组织长卷 / 448

后记一 重温经典 / 461

后记二 智慧与丰盛的交响——我们这群人 / 473

致谢 花与叶的致敬 / 487

第一部分

启风云,乘云直上九天

01

风云骤起:"蛇吞象"的并购

文/吴雁燕

"被称为活化石的银杏是一种非常古老且独特的树种,其起源可以追溯到几亿年前。银杏的生长周期相当长,从播种到结果需历经20~30年,树龄则可达数千年,它是名副其实的长寿树种。它的树干高大挺拔,能生长到30米以上。它的果实呈金黄色,俗称"白果",是一味具有很高药用价值的中药材。原产于中国的银杏因生长周期漫长和野生数量稀少,被誉为"植物界的大熊猫"。在中国传统文化中,银杏常被视为长寿、健康和坚韧的象征,以其顽强的生命力见证着时代的变迁。"

这时,随着一阵惬意的微风,一片片樱花花瓣如雪花般从树上飘落,有几片轻轻落在了唐焱的植物标本收藏册上。这本

第一部分
启风云，乘云直上九天

收藏册见证了他从中学时代起对植物学的爱好，每一页都记载着他与大自然的亲密对话。

这阵微风和飘落的花瓣，把他的思绪从收藏册上拉回到世纪公园樱花林下的那张长凳上。长凳的硬冷、周围游人的嬉笑喧闹，以及昨天刚刚收到的一封邮件，重新占据了他的注意力。

林间的鸟儿们不间断地在唱着悠扬的组歌，阳光透过树林在草地上洒下斑驳的光影，空气清新沁人。然而，此时想到那封邮件的唐焱感到一阵烦乱，无法继续享受这份春日周末的宁静与平和。他索性起身在林间小道上漫步开来。

当双脚一步一步地踏在松软又踏实的泥土上时，唐焱感受到大地母亲那份无尽的承托，心绪慢慢清晰起来。

邮件是一则来自公司全球总部的公告。A公司在全球范围内收购B公司的意向申请已被两家公司各自所在国家的政府和监管部门批准，即将进入正式的尽职调查阶段。如果尽职调查及后续的各个步骤进展顺利，交割日为一年半之后的9月1日。

昨天下班前，当邮箱里跳出这封邮件时，A公司中国区CEO唐焱的内心首先被惊喜和兴奋所填满，但紧接着，一丝隐约的不安悄然袭来。此刻，唐焱渴望沉浸在与办公室截然不同的公园氛围中，好好体味一下自己的情绪，探索一下这些情绪背后隐藏着哪些想法、需求、渴望、担心甚至恐惧。

这个习惯——从抽离的阳台视角去全面观察、深入思考舞池中的各项活动——是唐焱在多年前第一次接触高管教练时，从吴教练那里学习到的一种领导者能力[①]，这个习惯使他在面对变化和挑战时，可以获得更清晰的视角和做出更明智的决策。这个习惯与他少年时期培养的植物学爱好、高中阶段形成的长跑习惯，以及初入职场时受第一位上级经理影响而热爱上的哲学与艺术，共同构成了他在高压环境下释放压力、恢复心力和保持理智思考的重要支撑。

B公司是一家百年跨国企业，长期占据全球范围内的行业领头羊地位。虽然这些年逐渐呈式微之态，但它在研发、品牌、产品、渠道、政府关系等各方面依然是强大的市场玩家。自己服务了10多年的A公司已创立50多年，从行业中等水平一路追赶至全球行业第三。A公司对B公司的收购属于典型的以小吃大，这让唐焱对董事会和全球高管团队的胆略和勇气感到由衷的钦佩，也为自己在中国市场上的多年坚守与耕耘感到自豪。此外，对于这次并购将会给公司乃至行业带来的崭新局面和各种可能性，他也充满了好奇和期待。

在中国市场上，B公司在中国区总裁魏雄的带领下，在产品管线、业务拓展、市场份额和财务数据等方面表现突出，在员工数量和外部合作伙伴数量等维度也领先于A公司。唐焱不由得感到怀疑和焦虑：自己能否管理好并购过程？交割完成之

[①] 舞池与阳台的领导者能力，请参考《成就卓越——领导者的第一本高管教练书》（后文简称《成就卓越》）第02章，以及本书"后记"。

后，该如何有效整合中国团队和业务？尽管他拥有20多年丰富的职场管理经验，但并没有主导过这样的大场面。而且，统计数据表明，无论在哪个市场或行业，并购与整合项目大多都以失败或差强人意告终，这无疑给他带来了巨大的压力。

"并购是快速成长的组织大多会采取的一种发展策略，董事会和总部高管团队做出这项公司级战略决策，出于哪些关键的考量？为何选择B公司作为并购对象？他们设定了哪些目标和衡量指标，用于评估并购过程的各个阶段及最终的成功？他们是如何规划整个并购与整合项目的？其中最难、最容易'踩坑'的领域有哪些？

"总部是否会另行安排他人来领导这次并购与整合？作为中国区负责人，自己在其中将扮演什么角色，是执行决策还是参与决策？自己会顺理成章继续担任中国区CEO吗？自己真的想要继续担任中国区CEO吗？如果成功续任，毫无疑问将为自己的职业生涯添上浓墨重彩的一笔；但是如果失败了，后果会是怎样的呢？强劲的老对手魏雄此刻的感受如何？他会做出怎样的打算？

"仅仅这封邮件就引发了如此多的思考和疑问，同时激起一系列复杂的情绪，这反映出自己内心深处的哪些渴望、哪些担忧，以及哪些需求？这是否映射出自己心底那根代表自尊与自信的定海神针还需要进一步加固和强大？"

唐焱知道，高管教练一定会提出后面这几个涉及冰山下的问题,他也学会了这种反思方式——从冰山上深入到冰山下,从想法深入到感受再深入到内心深处。在挑战和机遇并存的关键时刻和重大事件中,进行冷静、真实、深刻的自我觉察和审视,以便发现那些更深层次的、隐藏的动力,而非被无意识的动力所控制,是领导者采取恰当言行、做出正确决策、构建建设性关系,并持续成长和成功的首要基础。

这时,唐焱来到了公园里的月季苗圃。作为植物爱好者,他一直关注园丁们是如何嫁接不同品种的月季的。为提高观赏性、增强抗病性和实现商业生产中的规模性经济栽培,园丁们会在春季或秋季进行月季嫁接时采用最常使用的枝接法,即将具有美丽色彩和花型的品种接穗嫁接到强健和具有抗病性的砧木上。

"来啦!"早已认识唐焱这位常客的李师傅停下手中的活儿,打着招呼,"今儿这天晴朗风又小,正适合干嫁接这事儿,再加上我们几个伙计是心细的熟手,等夏天你再来看,保准成活率高高的。"

"你这么有把握呀?"

"倒也不是,这几个月还得像照顾婴儿一样给月季细心地浇水、施肥和捉虫,且考验耐心呢。"

李师傅的这番话像是一个提醒,稍微抚平了唐焱的焦虑情绪。明确的目标、合适的时机、给力的团队、专业与能力、耐心与信心,以及持续的培育,有了这些,哪件事甚至是难事不能完成呢?

平和的心情下,脑力也会更活跃。这时,唐焱回想起从高管教练那里学到的一招:把看似新的、未解决过的事物,与已知和熟悉的事物做类比,问自己一个简单的问题,"打一个比方,这个新事物像什么呢?是像动物、植物、食物、音乐、运动,还是像自然现象?"

"两家公司的并购与整合,恰似月季嫁接!"

思路一通,唐焱感觉曾经学习过的EMBA课程知识开始变得鲜活和清晰,心情也更加轻松和雀跃。公司间的并购与整合是一种常见的组织发展战略,学术界和企业界已经从各种成功和失败的案例中探索出了比较完善的实施路径。唐焱把它与月季嫁接做类比后发现以下这些类似的关键点。

合适的对象:在月季嫁接中,选择健康、亲和性好的接穗和砧木是成功的关键;在公司并购中,选择与自身业务互补、文化相融的并购目标至关重要。

恰当的时机:月季嫁接通常在植物生长缓慢的季节进行,以减少生长压力,提高成活率;公司并购的时机也很重要,市场条件、行业趋势和公司自身的准备状态都是需要考虑的因素。

精确操作:在嫁接时,需要精确地将接穗和砧木的形成层对齐,确保紧密结合;在公司并购中,明确交易条款、精确评估价值和风险、制订详细的整合计划同样需要精确和细致的工作。

愈合与整合：嫁接后，愈合期是月季适应和恢复生长的阶段；公司并购后，整合期是两家公司文化、业务流程和管理体系融合的过程，需要耐心和细致的管理。

后续管理：嫁接后的月季需要适当的养护，如遮阴、浇水和防病，以促进愈合和生长；并购后的公司也需要通过有效的沟通、员工培训、文化融合等措施来促进整合和稳定发展。

风险与挑战：月季嫁接可能会遇到嫁接不亲和、感染、成活率低等问题；公司并购也会面临文化冲突、员工抵触、预期目标未达成等风险。

新的成长：成功嫁接的月季会生长出新的枝条和花朵，具有新的观赏价值；顺利并购后的公司也能实现协同效应，提升市场竞争力，创造新的价值。既保持Ａ公司的活力和创新精神，又尊重和汲取Ｂ公司的文化养分，将可能给Ａ公司带来新的成长可能性。

在与高管教练的对话中，唐焱经常体验到一个精妙的问题如何能够让人豁然开朗，仿佛打通了思维的"任督二脉"。他惊讶地发现，原来自己完全可以通过调动内在已有资源，实现自我教练的效果呀！

然而，远处烧烤摊飘来的一阵焦煳味又引发唐焱心中的焦虑与不安。

两周前，公司的中国区销售副总裁郑一欣和研发副总裁周宁双双提出了离职申请。他们并没有掩饰，而是明确表示自己已经拿到了天使投资人的投资意向，打算出去联合创业。

如果不能挽留团队中这两名关键岗位干将，那么自己该如何带着残缺不全的高管团队去继续保持亮眼的业绩？如何快速重建一支高绩效的高管团队？怎样的高管团队可以胜任千头万绪的并购及更艰难和更复杂的整合工作？不同组合和绩效水平的高管团队是否会把A公司打造成不同的样貌？

从初入职场的基层员工，到被提拔为基层团队的管理者，再到担任中层团队和高管团队的领导者，一路成长过程中积极正面和糟心的经历，都让唐焱深刻认识到凝聚和打造一支高绩效的团队，尤其是高管团队，是多么的不易与复杂。

对任何组织而言，拥有一支强大且能够协同运作的高管团队至关重要，高管团队不仅直接影响着团队自身的运行效率和效果，还由于处在组织架构中的顶层位置，决定着组织的整体发展与未来前景。

高管团队在诸多关键领域发挥着巨大的影响力，包括组织与外部环境的互动、组织对各种资源的获取和利用、组织战略和业务战略的制定与落地、企业文化与价值观的塑造、变革与创新的引领、人才的吸引与保留、组织职能的分工与架构、各种流程与制度的制定与执行等。高管团队的先进性和卓越性在很大程度上决定了组织发展的先进性和卓越性，高管团队的缺陷性和局限性则大概率会成为组织发展的掣肘因素。

唐焱明白，自己、团队及整个组织此时面临的是一个复杂的系统工程和变革项目，必须在稳定商业运营、管理项目与管控风险、提升个人与团队领导力三个方面同时发力。尤其重要的是，确保商业运营不受并购项目的影响，持续达成商业成果。

　　除此之外，唐焱还需要构建和利用多元、深厚的支持系统：在全球层面上，至关重要的是全面识别并深入理解全球总部及各国关键利益相关者的资源和权力，必须通过策略性的影响和积极的动员，获得对中国区有利的条件和资源，同时创造预期的价值。唐焱几乎总是随身携带的植物标本册是一位相伴长久的无声伙伴，总能为他带来沉静和灵感。达·芬奇是一位跨越时空的心灵导师，唐焱可以随时与之进行深刻的对话，使自己超越表面现象，通过从哲学角度思考科学与艺术的融合与碰撞，探索艰难问题的本质并创新性地寻求解决之道。

　　此外，唐焱还想起吴教练的一句话：作为成熟的领导者，以深刻地洞察商业环境和制定商业策略为基础，不仅要积极地拥抱变革，还要勇敢地引领变革。同时，还需要运用智慧将自己塑造成一个强大的变革工具。

　　"嗯，"他在心里跟自己说，"再次聘请一位彼此极度信任的外部高管教练，与关键利益相关者共同交织成一个强有力的网络，为自己和这个重大的变革项目提供坚实的支持，将是一个极具投资价值的决定。"

伴随着做出这个决定后的轻松与安心感,唐焱步履坚定而轻盈地迈向公园出口。这个出口此刻仿佛成了一个入口,通往充满未知与机遇的新世界。一段诗句随之跳跃进了他的心里:

想创造未来于今日,
就纵身跃入未知。
把身与心投入,
随时间沉淀,
渐次见证。
允许疑惑和不安,
同时保有信任、希望与光。
最终,
让自己长成过程和结果的一部分。

02

时空交响：组织持续成长的基石与序章

文/吴雁燕 程 敏

《登鹳雀楼》

白日依山尽，黄河入海流。

欲穷千里目，更上一层楼。

在得知公司即将并购B公司的第二周，唐焱到南京出差。结束公务后的傍晚，他独自登上矗立在扬子江畔的阅江楼。七层高的阅江楼每一层都有其独特的雕栏画栋和深邃的内涵。唐焱沿着斑驳的台阶登上顶楼，每一步都似踏着时光刻下的脚印。

从顶楼放眼望去，滚滚长江东流水与天边的云朵相接，远处的南京城轮廓若隐若现。不知为何，此楼、此水、此城，让唐焱想起了唐代诗人王之涣的《登鹳雀楼》中的鹳雀楼、黄河和中条山，或者说那座存于意境中的远山。

交错间，壮阔的景象与雄浑的气势牵动着唐焱过去10年间与A公司中国团队一起打拼成长的诸多回忆和感慨。而《登鹳雀楼》蕴含的高远意境与他多年前在高管教练的辅导下所探索出的人生使命相一致。这个使命激发着他从此时此地出发，承担起对自己、对公司及对整个行业而言均意义重大的并购与整合重任，迈入未来彼处的新世界。

时间和空间仿佛在这一刻、这一地交织，融为一体，又似乎在这一刻、这一地创造着新生。

十年积淀

如同托尔斯泰那句经典的"幸福的家庭都是相似的，不幸的家庭各有各的不幸"，从初创到成长再到成熟，成功的组织往往拥有相似的特质和组织能力，如高远的使命和愿景、明智的战略、卓越的领导团队、敏锐的商业洞察力、创新与开放的企业文化、可持续的盈利模式、高效且灵活的组织架构和流程制度、独特的品牌、多元稳固的外部资源系统，以及对满足客户需求的持续追求等。这些因素共同构成了组织成功的基石，使得组织能够在激烈的市场竞争中站稳脚跟，持续成长与发展。

无论是家庭还是企业，幸福与成功都不是偶然的产物，也不是一蹴而就的成果，而是经过长期的精心培育、耐心维护所结出的硕果。

10年前空降A公司接任中国区CEO时，唐焱对此就了然于心。在承接公司全球战略的同时，他带领高管团队实施了一系列领导策略。

他发现当时已有多年历史的公司出现了官僚化倾向，于是改革了管理结构，推行扁平化管理，减少层级，提高决策效率。他重视高管团队的建设和团队领导力的发展，不断通过对公司使命、愿景和战略的共创和迭代，以及设定具有挑战性的发展目标、打破职能筒仓，增强团队的凝聚力和协作力。

公司大力投资于各种员工能力培养和人才梯队建设项目。在产品开发上，倡导以用户为中心的设计思维，重视技术创新，确保每一款产品都能满足甚至超越用户的期待，使公司在技术领域保持领先优势。在市场拓展上，虽然公司还处在追赶阶段，但高管团队没有选择保守的跟随策略，而是主动出击，引领公司进行战略性的市场布局。

策划和实施这一系列举措不仅带来了亮眼的业绩和扬升的市场地位，公司的文化变得更加开放和包容，人才库变得更加丰富和多元，产品管线储备不断丰富，客户服务、供应商合作和政府关系不断强化，为未来的持续发展和创新提供了坚实的基础。

南京阅江楼与武汉黄鹤楼、南昌滕王阁、岳阳岳阳楼并称江南四大名楼,然而阅江楼的建造却前后跨越了600多年。它始建于明朝洪武七年(1374年),但在仅打了地基之后因财力不足等原因而停工,后人尝试续建又屡遭困境,直到1999年才开工续建,2001年竣工。

与之类似,唐焱和他的高管团队这十年走过的路途也绝非一马平川,在不同阶段和领域遇到了各种挑战和困难。好在,唐焱深谙构建和利用支持系统的重要性,包括持续邀请外部高管教练支持他和他的高管团队。

在拾级而上的时候,最近几年的一些教练对话场景像放电影般浮现在唐焱脑海中。

5年前,X事业部作为公司试点,开始推行数字化转型。那时的"数字化"对于X事业部的团队领导者更多的是一个"流行词",他们简单地将其理解为信息数字化和流程数字化。当投入大量资源却遇到执行阻力时,在教练的辅导下,他们意识到数字化转型还需要由更为关键的顶层设计来牵引和支撑,那就是涉及整个组织的文化、人员、商业模式及战略的组织转型。

3年前,在中国区战略共创会上,整个高管团队在教练的引导下追求高远使命的激情被点燃,定下了"以前想都不敢想"的宏大目标。

两年前,全球总部进行了重大的业务重组,这为欧洲和美洲市场带来业务增长,然而因为中国市场的特殊性,这次重组对中国业务的影响反而是负面的——大客户丢失，业务下滑。全球总部认为中国区执行新策略不到位，中国区高管团队认为全球总部"刻意牺牲中国市场"，一时间唐焱焦头烂额。那段时间他最盼望的就是每两周一次的一对一辅导，探讨如何找到自己的定海神针、如何破局、如何有效影响不同利益相关者等话题。

一年前，在A公司开发新产品之后，B公司为了走捷径而疯狂挖人，很多员工被B公司"全球行业第一"和高薪所吸引，研发部3个月的离职率超过30%，士气一落千丈。团队教练在此关键时刻持续支持了研发部六个月，最终带来转机。

还有太多太多的画面，一帧帧仿佛就在昨天……

唐焱还想起第一次接触教练时，吴教练给他介绍过的高管教练的典型运用场景、常见教练议题，以及高管教练可以给组织、团队和领导者带来的价值①，现在回顾自己和团队的成长历程，还真是一一验证了。

尤其是当初吴教练向他发出的"你想为这个世界留下什么？你的组织想要如何改变世界？世界将如何因你和你们而不同？"的一连串叩问，更是激发他不断在工作和生活中追寻高远的人生使命和意义，不断激励团队和组织追求更高目标、付出更多努力。想到这些，他不禁微微一笑，暗自得意，庆幸自

---

① 详细内容见《成就卓越》第05章，以及本书"前言"。

己当初做了明智的选择。

欲穷千里目

　　暮色降临，西边的天空聚集了浓密的云层，远处的长江随之变得深沉起来。一阵强风吹过，波涛开始翻滚，楼下的南京市市树——雪松树梢摇曳。

　　游客们纷纷离去，只有唐焱依旧停留，雪松也快速恢复了坚挺与肃穆。他珍惜此刻属于自己的时空，细细梳理着自己的思绪：有作为并购方公司高管的自豪，有遥想并购与整合项目成功之时站在鹳雀楼上脚下浩荡的黄河和无限风光的远山，也有对过程中必定会伴随诸多挑战和困难的心理准备。

　　上周，唐焱花了很多时间对并购与整合做了深入的研究。他了解到在全球范围内并购与整合案例的成功率大约低至30%。虽然所有的项目在开始时都带着对成功的理性测算和感性期待，但是现实就是这么的真实和残酷。

　　一般来讲，并购与整合项目包括规划、执行和整合三大阶段，其中包含繁多的任务与流程。众多关键成功因素跨越三大阶段，彼此之间像电路中元器件之间的串联关系，相互密切关联，任何一项被轻视、疏忽或遇上阻力和风险都会影响整体成功。

　　首先，就像上周他在月季苗圃联想到的月季嫁接，在规划并购与整合这一组织发展策略时，一个关键成功因素是确保买方公司即母株拥有健康和强健的内生式发展基础。若缺少这个前提条件则无法确保后续步骤的顺利实施，更不要说行业排名第三的 A 公司收购行业全球老大 B 公司这种"蛇吞象"的案例了。

作为规划阶段的另一个关键成功因素，买方公司必须明晰并购与整合这一组织发展策略是如何支持或服务于公司整体战略的。

明晰并购与整合这一组织发展策略与公司整体战略之间的关系后，接下来的重点应放在明确并购目标、制定并购战略、规划并购过程，以及预测和防范并购风险上。同时，在规划阶段，买方公司还需要努力探讨和规划如何在整个并购与整合过程中，最大限度地减少对公司正常业务运营的干扰，尤其要将对产品和服务销售、客户服务、供应商合作及政府关系等方面的影响降至最低。

进入执行阶段，买方公司需全面而细致地完成对被购对象的尽职调查与评估、进行合理的估值与定价、完成各方谈判和执行交易等工作。整个过程需要买方公司、卖方公司与各类外部专业服务机构之间密切沟通与配合，以及依赖周全、严谨的项目管理。这有点儿像苗圃园丁李师傅等伙计们的各种专业嫁接操作。

美丽温柔的公主和勇敢英俊的王子在盛大婚礼之后，可能并不会如童话故事描述的那样幸福地生活下去，而是要在日常生活中慢慢磨合。与之类似，整合阶段是整个项目中耗时最久、涉及细节最多且关键的。这一阶段的成功一方面依赖于对与管理和经营事务相关事项的整合，另一方面依赖于对组织文化的有机融合。研究表明，大多数失败的并购与整合案例都源于这个阶段，尤其是组织文化融合的不当处理。

更上一层楼

A公司在中国区这些年的稳健发展和壮大，是其半个世纪以来始终秉持业务发展与组织发展两条腿走路原则的生动缩影。公司的组织健康理念与实践，从初期关注财务健康和经济绩效，逐渐发展到关注广大员工的身心健康，再扩展至为更多的利益相关者创造价值及创造社会价值。在这个过程中，A公司秉持由使命和愿景驱动，坚守可持续盈利能力的长期主义，投入对各级领导力的发展，并多次主动发起大型变革，积累变革和项目管理经验。这些让A公司成为能够成功"蛇吞象"的健康和强壮的嫁接母株。

就此次并购与整合项目而言，董事会和全球高管团队不仅审慎地完成了各项整体规划活动，聘请了法律、财务和税务等专业领域的服务机构，还建立了全球并购整合管理办公室（Integration Management Office, IMO），以支持和管理执行与整合阶段的各项工作。

所有这些宛如在时空中架起了一座绚丽的彩虹桥。彩虹桥的一端是由Ａ公司凭借过往的成长与成功所累积起来的坚固基石，另一端是Ａ公司未来期待绘就的持续成长与成功的宏伟蓝图。连接两端的则是并购与整合项目已经平稳奏起的序章。这座彩虹桥既吸引着唐焱对阳光的追寻，也提醒着他需要以智慧、勇气和坚毅穿越风雨的洗礼。

此刻，远处的城市华灯初上，江上的游船也被灯光点缀。灯火随着波涛轻轻摇曳，把夜晚的长江装扮成一条流动的光影长廊。唐焱深吸一口气，将《登鹳雀楼》蕴含的高远意境，以及宁静与坚定收入心中，转身下楼。

他拾起一段雪松的枝条，把它夹入自己的植物标本收藏册，以其挺拔与坚毅的品质激励自己，走好未来征途的每一步。

03

二雄相争：勇者胜？

文／吴雁燕　李沁历

领导者不是一个头衔，不是一份工作，
是一系列坚定的承诺、切实的行动和引发的可能性。

夜幕降临，在窗外星光和室内灯光的交错下，办公室里弥漫着一种静谧而紧张的氛围。从南京出差回来，忙碌了好一阵之后，唐焱终于有了独处的时间。他的面前堆满了全球总部分发给各国子公司CEO的资料，这些资料介绍了A公司即将收购B公司这一重大组织发展战略。

每一个组织的并购整合都有其独特的背景和缘由。在不确定性和模糊性日趋增加的竞争环境中，组织为了实现持续增长、增加应对变化甚至逆境的可能性，往往会采取并购与整合这一战略。买方公司的并购动机多种多样，包括扩大市场占有率、实现快速增长、获取技术或产品、实现成本和运营的协同效应或规模效应、优化人才和资金配置，以及消除竞争等。

资料显示，A公司的并购动机清晰且聚焦：为延续创立50多年来稳健又敏捷的追赶和成长态势，通过并购行业全球老大B公司来加速扩大在全球各国的市场份额，建立全球协同网络，同时获取高度互补的技术、产品与关键人才。整个项目的规划阶段始于9个月前，接下来将正式进入执行阶段，即由IMO牵头，展开对B公司的尽职调查与评估、合理估值与定价、各方谈判和执行交易等工作。

同时，IMO也会同步策划交割日（通常称为"首日，即Day 1"）之后整合阶段的各项内容。其中，需要各个国家子公司CEO和高管团队配合与执行的是，对两家公司在各个国家的本地组织架构、业务流程、人员配置及保留等与管理和经营事务相关事项的整合；后续，子公司CEO和高管团队还需要领导更艰巨、微妙且关键的组织文化融合。

静谧之中，平常几乎注意不到的墙上钟表的嘀嗒声显得特别响亮甚至刺耳，仿佛在提醒唐焱，并购与整合项目中新的组织架构设计、核心领导人与高管团队选择、组织文化融合等这些活动，相较于日常的平稳运营时期将愈发关键、敏感，同时可能充满变数、纠缠和痛苦。

钟表上的时针跨过了午夜12点，寇老师即将在10个小时后到来。寇老师，那位在唐焱职场高峰攀登与低谷磨炼的旅途中始终如一的高管教练，就像一架稳稳的梯子，一步步托举着他穿越层层复杂的迷雾，同时使他始终保持内心的平静和坚定。在这场并购整合"战役"中，寇老师不仅是他的教练，还是他的战略伙伴。

与此同时，在城市的另一端，B公司中国区总裁魏雄也在公司顶楼的露台上焦虑地踱步。公司即将被并购的消息让他感到前所未有的压力和不确定性，他的内心交织着疑惑、愤怒、挣扎和担忧："总部的人怎么那么窝囊，竟然被A公司收购了……B公司虽然是行业全球老大，但在中国市场的经营绝非易事。这些年来，自己竭尽全力维系着中国的庞大业务和团队，并且赢得了'行业第一勇将'的美名，这些都不作数了吗……凭着这些苦劳、功劳和举足轻重的业务体量，自己能获得A公司的赏识和重用吗？A公司是否会因唐焱是'自己人'而选择他来领导整合后的新公司？"隐隐地，在担忧的同时，他还感到孤独与无力。不过，魏雄很快自我调适了过来，他将烟头用力掷向地面，再用脚使劲踩灭，坚信自己能够像以往一样，独立面对这场巨大的"战役"。

几乎在同一时间，A公司全球总部那里正在召开全球高管团队的一个重要会议。讨论的议题是：在完成新的组织架构设计之后，应依据怎样的原则和标准来挑选各个国家子公司的CEO与高管团队、如何识别和留任双方公司的核心人才，以及如何应对并购整合这个重大变革对高管和核心人才带来的心理冲击和动荡。

并购与整合案例的成功率很低或者说失败率很高，关键取决于对几个核心因素的关注程度。在不同的案例中，不同的组织会对同一件事情重视或轻视，正如硬币的正反两面。A公司创始人是一个笃信高管教练效用的教练拥趸，50多年来长期聘请高管教练支持自己、团队和组织的发展。在萌生并购整合战略构想的早期，全球总部的高管教练便前瞻性地提醒，必须尽早将对"组织""人"和"企业文化"的重视程度提升到与"战略规划""技术创新"和"财务健康"同等重要的层面。

第二天上午10点，寇老师如约而至，她的身上散发着温和、练达且稳定的气息。

简短的问候之后，唐焱切入了主题："寇老师，这阵子我对于这次的并购与整合项目做了不少功课，明晰了公司的战略意图，也对我们公司累积下的业务基础和整体实力很有信心。为了让自己做好准备，昨晚我复习了我们在《成就卓越》第06章讨论到的组织变革类型和纵向领导力模型。这次的并购整合是一种转型性变革，所以给了我一个极佳的高压体验机会来让自己的纵向领导力向重构者和转型者阶段发展。同时，我也需要带动高管团队向更加成熟和卓越发展。虽然我在这两个方面有了一些思考，但面对我和高管团队都没有应对过的挑战，还需要你的教练支持。"

"当然，还有一个敏感和不确定的部分，全球总部目前还没有和我们沟通将如何挑选整合后新公司的CEO和高管团队，所以我和大家既兴奋和期待，又感到忐忑和焦虑。我期望寇老师在心理和情感层面提点一下我们，使我们既能运筹帷幄、顺势而为地通过加速发展自己来确保并购整合的成功，又不会因为内心的不安定，以及可能会与B公司高管团队成员竞争某些岗位而患得患失，导致各种动作变形。"

寇老师边听边点头，回应道："有一阵子没有与你深入交流了，从今天这番言语中我体会到你对高远志向和目标的追寻，以及作为一位成熟领导者具备的坚定与考虑事情周全的品质。在这种权力与利益会被重新分配的不确定性情境之下，除了讨论冰山之上的理性部分，我们还需要关注每个人和团队整体在冰山之下的心理动力，去识别、认可和处理大家的焦虑、担心、猜疑、怀疑、恐惧、退缩等各种情绪和相应的心理防御机制。"

"还有呀，我今天再次注意到你墙上挂着的这幅达·芬奇的《维特鲁威人》（见图1-1），特别好奇你喜欢它什么呢？"

"嗯，我把达·芬奇视为自己的心灵导师，因为我特别欣赏他的多才多艺和融合科学与艺术后具有的优雅、大气和创造力。在这幅《维特鲁威人》中，他把古罗马出色的军事工程师和建筑师维特鲁威所描述的'建筑应该像人体比例一样优美'以创造性的方式描画下来，把人体之美、几何之美和绘画之美结合成一幅传世之作。凝视这幅图，我体会到领导一个组织、一支团队,以及领导我自己同样需要融合科学与艺术、智慧与勇气。

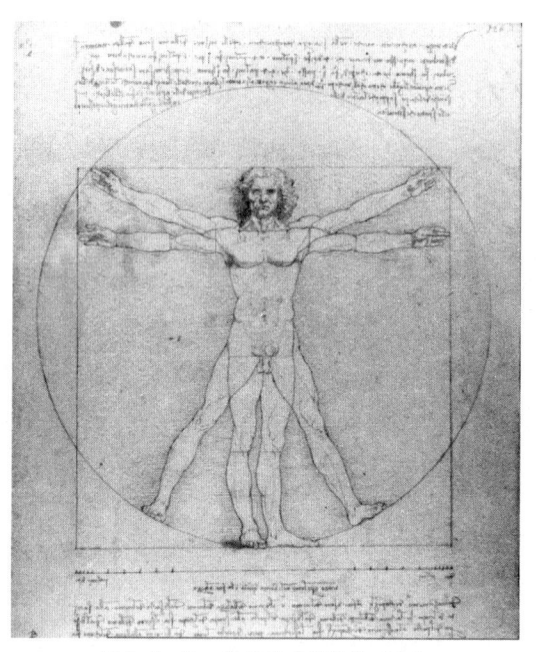

图1-1 达·芬奇的《维特鲁威人》

"前阵子通过在公园里反思,我还认识到自己心底那根代表自尊与自信的定海神针在新挑战的冲击下有些晃动,我需要像这位维特鲁威人一样夯实核心。

"也正是受他跨学科创作和你教给我的做类比的启发,我理解了并购整合如同苗圃里两种月季品种间的嫁接,不是一次性的短期交易,而是一次富有挑战的组织变革和文化融合。"

寇老师听到这里,微笑着说:"你已经有了很好的开始!

现在，我分享给你一个卓越·多元高管教练整合模型（见图 1-2），如同《维特鲁威人》，这个模型也是一个融合之作，看看对你更全面地思考这次并购与整合项目有何启发？"

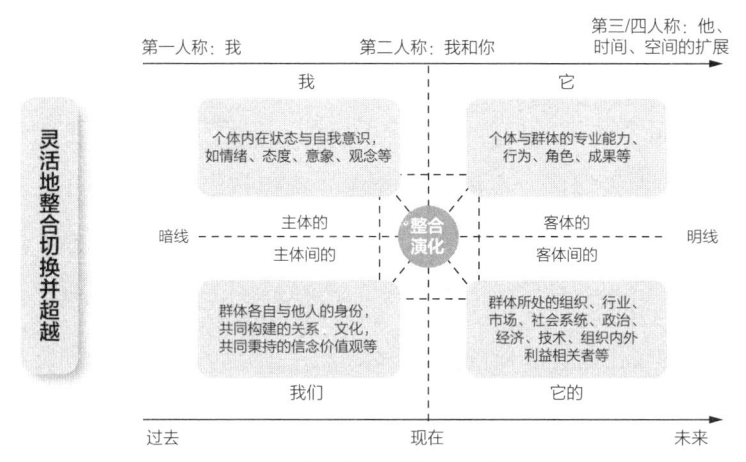

图 1-2 卓越·多元高管教练整合模型

注：该模型以肯·威尔伯四象限为元模型，由吴雁燕与李沁历共创，增加了时间与人际视角要素，并且强调各象限间的流动性与灵活性，呈现出领导者在个人发展过程中的卓越多元性

唐焱观察着模型，若有所思地说："它像一个活地图，指引着我在并购与整合的森林中找到正确的路径。卓越、多元、整合……我感受到了一种流动的智慧。"

"目前，你流动到哪儿了？"

阳光洒落进来，唐焱的眼中闪烁着思考的光芒，声音带着一丝难掩的兴奋："寇老师，这个模型就像一个流动的迷宫，我感觉自己在每个象限的舞池中都有所涉猎，而且既能够俯瞰全局，也能深入其中体会每一个舞动和变幻的细节。这种思维模式就像一个立体的矩阵，它比我以往任何时候的思考都要复杂。直觉告诉我，这正是能支持我和高管团队完成公司并购与整合项目的核心。"

寇老师追问道："如果关注到时间维度，你还能想到什么呢？"

"我需要同时打磨和发展短、中、长期三个时间维度的领导力：在短期内，支持IMO完成并购执行阶段的各项任务；在中期内，领导中国区的顺利整合；在长期内，将新公司的业务与组织稳固在行业先锋地位。在目前这个阶段，我还需要与重要的公司内外部利益相关者保持密切沟通，刻意展示和影响他们，尤其是将我乐意带领团队打赢这场"战役"的态度、实力和建议方案尽早地传递给总部决策层。"

寇老师说："能体会到这是一个立体的矩阵，并且意识到需要运用我们之前讨论过多次的组织政治智慧，你的纵向领导力的确在向重构者和转型者阶段进阶。那么，你当前优先需要解决的挑战是什么呢？"

唐焱沉吟片刻，说道："还是我今天开场提到的两个方面。一方面，《成就卓越》中罗伯特·弗罗斯特的那首'未选择的路'这几天一直萦绕在我的脑海中，我需要在你的教练支持下，深入探索冰山上下的各个角落，以确认我是否真的下定决心要走那条人迹罕至的纵向领导力发展之路。另一方面，关乎我刚才提到的高管团队。3年前在你的教练支持下，我打造出了这支高绩效团队，但团队的平静因为前几周销售副总裁郑一欣和研发副总裁周宁双双提出辞职而被打破，我能感受到个别人的心晃动；而当得知公司要收购B公司的消息时，团队之间的凝聚力似乎重新被增强，很像这几年我们一起打几场硬仗之前的状态。但是，我担心这种状态不会持久，因为我们都没有接触过这种规模的项目，也不确定团队配置是否会被总部决策层完整保留下来，以及是否应该挽留郑一欣与周宁。"

相较刚才，阳光照进了更深处的房间角落。金色的光影像是时间的画笔，温暖又幻化，见证着寇老师与唐焱和高管团队合作的又一期高管教练项目就此展开。

与平常的项目相比，因为要配合并购与整合项目在时间节点方面的需要，以及涉及团队成员面对转型性变革时微妙而关键的工作安全感和心理安全感，寇老师这次与唐焱个人的一对一辅导和高管团队教练，在推进节奏上将更快，在内容上将更深入。

一段时间后，A公司总部决策层公布了整个并购和整合项目中与业务相关的，以及与配置和保留领导人才相关的基本指导原则。这些基本指导原则包括：持续确保对当下和未来市场趋势的敏锐洞察、对客户需求的关注和对达成业务成果的要求；选择具有国际化视野、宽广胸襟与格局、使命和意义感、个人领导魅力，并且能抗高压的领导者；配置的过程要透明、公正和展示对人才的尊重与珍惜等。

唐焱和寇老师共同商定的教练方向和策略与这些基本指导原则大体一致，同时他们也立即据此进行了局部调整，确保在有限的时间里聚焦关键事项。尤其是在分析了行业走向和两家公司的产品与业务布局之后，唐焱和寇老师一致认为，对于郑一欣与周宁，应加大对他们的关注和挽留力度，挽留策略的切入口包括两人当前的人生与职场发展阶段和深层次的心理需求这两个方面；对于高管团队，则不断去探讨参与此次并购与整合项目的深远意义、价值和成功愿景，并及时给予彼此间的理解、支持和挑战。

对唐焱本人而言，在寇老师的支持下，他深刻意识到当处于一场转型性变革的中间地带时，自己和所有人一样都会感到困惑、混乱和不安。接受而非对抗这种状态，保持优雅而非凌乱的节奏，就是对心底定海神针的加固。并且，纵向领导力阶段的进阶不仅关乎思维与认知的提升，还关乎行为与情感的同步发展。只有建设性地平衡管理自己的言、思、行、感，才能从更高维度带动团队、整个组织和业务。

之前，唐焱把卓越·多元高管教练整合模型当成活地图，指引着自己在并购与整合的森林中找到正确的路径。现在，他更加深刻感受到了在立体空间里流动而非静止的智慧。这种流动有时甚至带给他在广袤宇宙中飞翔时那种自由、宏大与敬畏、渺小相并存的感觉。

转年9月1日，当秋风带着果实的芬芳，新公司的首日

（Day1）如期而至，总部决策层也很快公布了各个国家子公司CEO和高管团队的任命。

中国高管团队大部分岗位任职者保留A公司原有配置，X事业部负责人杨隽除了任现职，不久后还可能会接到新的安排；CFO（Chief Financial Officer，首席财务官）由B公司麻利又严谨的女性领导者杨诗涵担任；供应链副总裁由B公司具有管理超大规模和复杂度项目经验的供应链负责人担任；销售和研发部门选择挽留郑一欣和周宁两年时间，这是最适合新公司业务发展需要的权宜之计，同时马上启动接班人培养计划。在中国区CEO的选择上，唐焱因谋略、格局与勇气兼备胜出。

站在新的起点上，唐焱和寇老师一同来到公园里漫步。走过樱花树、银杏林和月季圃，就如同重新走过这一年半的每一步，他们心中充满了感慨。他们知道，在下一段路途中将面临更关键和艰难的组织文化融合。

无论如何，未来都值得憧憬与创造，如同身边这棵硕果累累的苹果树在期待着新的春天。

你只要尝试过飞，
日后走路时就会仰望天空，
因为那是你曾经到过，
并渴望回去的地方。

——达·芬奇

04

"琴瑟和鸣":文化融合之途

文/程　敏　吴雁燕

我们塑造组织,而组织成型后就换作组织塑造我们了。

——温斯顿·丘吉尔

果不其然的冲突

杨诗涵,A公司新任CFO,来自前B公司,以她温柔而坚定的声音,打断了销售负责人郑一欣的发言:"信用控制必须严格,这是我们防范风险的基石。"她还指出应收账款的账龄问题,并强调了审视信用政策的紧迫性。

郑一欣立马回应:"这些主要是大客户的账款。他们对我们的业务至关重要,如果现在收紧信用,那么可能会影响销售业绩。"

杨诗涵重申："长期的应收账款会影响我们的财务稳定性。修改信用政策是财务部门这个月的首要任务。"

郑一欣声音急促地回答："我怕这样会限制销售团队的灵活性。大家都知道，市场竞争激烈，有时候我们需要给客户提供一些额外的信用支持来确保订单。"

这次杨诗涵没有回应郑一欣，她直接看向唐焱："唐总，希望您表态要求销售部门支持我们部门的工作。"

唐焱还未来得及回应，郑一欣便抢先发言："不管谁表态，我们都得优先考虑业绩和客户！"

并购与整合项目首日（Day 1）庆祝活动的热闹欢腾还在眼前，新公司第一次高管会议上就出现了这幕场景。

这场争执虽源于两位高管之间不同的意见，却是两家公司文化差异的缩影。前B公司以其严谨的流程和制度著称，强调每一步操作的规范性和可预测性。而前A公司则以其灵活的企业文化和较强的市场敏感度而闻名，鼓励员工在遵守基本原则的同时勇于创新和适应。

类似的冲突在一个月内接踵而至。

由于周宁计划在两年后离职，前B公司研发负责人戴玉目前与周宁联席负责研发部门的工作。唐焱每天都能听到来自研发部门的各种"故事"，有一天，两人甚至跑到唐焱的办公室争执。戴玉非常生气地对周宁说："周博士，你压根儿就不尊重我，你一直直呼我的名字，从不称呼我为戴博士！"

高管会议上的分歧也越来越多，前A公司高管们习惯团队共同做决策，而前B公司高管则常常"逼"着唐焱做决策。

"这不是我们公司的文化！""我们就是这样工作的！"唐焱在公司里常常听到这样的声音。

虽然有所预期，但唐焱一时间还是为此感到有些头痛。他想起那段调研发现：中大型并购70%是失败的，其中又有70%的失败是由文化冲突导致的。之前组织在执行商业并购时多关注财务流、业务流、工作流的整合，近十几年才开始关注文化融合。这既是因为企业文化本身是相对比较新的组织主题，也是因为迅速达成与业绩相关的并购目标的压力容易导致组织和领导者忽视对文化的整合，或者错过文化融合的最佳时间。他也更加理解为什么在前A公司并购项目的"整合地图"中，文化融合被标记为至关重要的一环。

当一个组织并购另一个组织时，文化冲突不可避免。因为没有两个组织拥有完全相同的文化，而文化又渗透在组织运营的点点滴滴之中，以人们意识到和未意识到的方式影响着人们的思想、行为与感受。

和鸣之始

对于并购后的文化融合，通常有3种选项。第一种，在业务保持相对独立和分割的情况下，允许两种文化独立存在，继续以自己的方式发展。第二种，以一种文化为主导并逐渐影响、改变或削弱另一种文化。第三种，通过创新的学习过程为新组织找到既融合两种文化又匹配新发展战略的新文化。

鉴于前A、B公司都是非常优秀的公司，都有深厚的助力业务发展的文化，以及前A公司原有的创新性和包容性文化底色，总部确定选择第三种作为"文化融合计划"。唐焱此刻联想到了首日（Day 1）庆祝活动上的压轴曲目——由古琴和古筝合奏的《高山流水》，不仅寓意两家公司互为"知音"，而且祝福双方从此"琴瑟和鸣"。

"文化整合的目标应该就是'琴瑟和鸣'。"唐焱感觉目标清晰了，也邀请教练寇老师来继续支持整个高管团队和自己共同应对"并购整合中的文化融合"这个挑战。

职场中的成功人士和专业人士往往认为自己的工作方式和信奉的价值观才是正确的。因此，为实现不同文化"琴瑟和鸣"的目标，新群体中的所有成员需要共同学习，共创一种全新的文化。特别是在并购与整合项目中，新组织只有在其成员基于共同的工作经历发展出新的文化元素以后，才能够有效地运转。同时，新组织发展新的文化元素通常需要由组织高层往中、基层进行渐次推动，从心态到行为、从理念体系到制度流程实现全面覆盖。

这个过程漫长、复杂且充满丰富的心理动力，过程中对所谓"软性"的人和人性的主动关注与深刻关切尤为关键。具备较高人际敏锐度、文化敏锐度和丰富变革管理经验的高管教练可以协助新公司、新团队和新领导者进行有效的学习与反思、探索与创新。

琴韵悠长

此后的12个月里，寇老师带着高管团队做了一系列主题为"万众一心协奏曲"的管理组织变革与促进文化融合工作坊，目的是帮助新公司整合文化差异、管理变革进程，并进行清晰、持续和多层面的沟通。

项目被精心设计为现有文化分析、新文化设计、新文化塑造与落地三大步骤。过程中，高管团队成员也通过工作坊、宣导等方式在更大组织范围内进行节奏一致、内容一致的传递。

第一步是现有文化分析。

在这个阶段，高管团队成员发现如何"找"文化这个过程本身就很有意思，也对于两家公司文化之间的相似性、差异性及它们如何影响人们之间的互动有了很多有趣的发现。

文化在很大程度上是历史的产物，所以寇老师引导高管团队成员通过回顾两家公司的发展历史和所处阶段，来理解文化的差异和特定的作用。

前A公司有50多年的发展历史，处于组织发展的成长期，文化是必要的黏合剂。那些最重要的文化元素，如创新和敏捷，被有意识地植入企业管理制度和主要的工作流程里。对文化元素进行有意识植入这种举措，也意味着文化本身还存有较大的变动空间。

前B公司拥有超百年的发展历史，处于组织发展的成熟期，文化已经完全渗透到组织的日常工作和生活中，人们对习以为常的"模式"往往难以识别而不自知，并且深深地视这些模式为理所当然。这种习以为常也意味着进行文化变革会遇到比较大的阻力。

文化有不同层次的表现。第一个层次通常体现在可以被观察到的很多方面，如人们的着装习惯、工作时间、沟通方式、社交活动，以及组织里如何开会、如何做决策、如何处理异议和冲突，组织架构和权力关系的正式程度、管理制度和规范等。

基于寇老师的这些提示，高管们开始分享自己的观察。

"第一次开高管会的时候，天气挺热，前A公司的很多同事都穿着T恤，而前B公司的很多同事都穿着西装。"

"前A公司的等级感不强，高管没有独立办公室。前B公司注重权威，高管办公室的面积大小和级别高低直接相关。"

此时，周宁看向戴玉："戴博士，上次你觉得我直呼你的名字是不尊重你，我想这也是两家公司文化的不同点之一吧,在前A公司我们互相之间都是直接称呼名字的。"

杨诗涵分享道:"前A公司有些同事的时间观念不强,开会有时会迟到,而前B公司同事的时间观念强。"

"我是迟到的典型吧?"郑一欣笑着说,"我也补充一个,我们比较灵活,在做决策时多数是采用民主式的,而我观察到前B公司的同事比较遵照规则,也喜欢请老板做决策。"

大家都会心一笑,想起来第一次开会时杨诗涵和郑一欣的争执。

文化的第二个层次是公司宣称所信奉的价值观。进行这个步骤比较简单,两家公司都有成文的价值观词条和相应的行为描述。也正是在这个步骤里,团队成员认识到,在价值观层面前A、B公司具有很多的一致性,如成就导向、以客户为中心。

文化的第三个层次是公司真正信奉的、真正在执行的文化。这是企业文化的深层次内容,通常通过探寻第一层次和第二层次之间的不一致之处来挖掘。这需要领导者们保持开放与勇敢的心态。

为绕过团队成员可能会产生的心理防御,寇老师这时介绍了一个由罗伯特·奎恩和肯尼斯·罗尔博创建的竞值框架文化模型(Competing Values Framework,简称CVF,见图1-3),并进行了结构化的引导。

图1-3 竞值框架文化模型

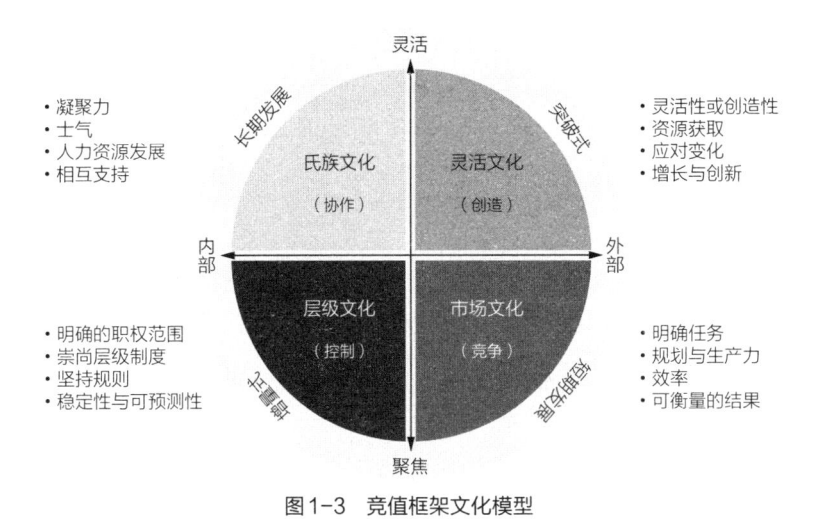

该模型从两个维度对组织文化进行了分类：灵活与聚焦，外部与内部。基于这两个维度可以得出4个象限的组织文化类型，处于对角线位置的两种类型之间存在竞争性或冲突性。这4种组织文化类型通常和组织所处行业和发展阶段相关，本身没有好坏之分，能匹配公司愿景与战略、可以促进组织和业务发展的就是"好"文化。

通过探讨，大家认识到两家公司的文化都兼具4种类型的表现，所不同的是主导文化的差异。前A公司以基于创造的"灵活文化"和基于协作的"氏族文化"为主，而前B公司以基于控制的"层级文化"为主，辅以基于竞争的"市场文化"。

在对现有文化进行以上分析的过程中，大家在理性层面看到了两家公司文化的相同之处和差异之处，也意识到了差异所带来的影响。与此同时，每个人的内心泛起层层波澜，产生了各种心理活动。这时，经验丰富的寇老师顺势和大家探讨了"心理冲击"和"文化冲击"。

前B公司的同事觉得自己是被收购方，感到愤怒、恐惧、失落、不确定性，所以对他人和环境的信任度较低，会特别用力地进行自我保护，更想要抓住"过往的做事方式（文化）"。在分享中，他们惊讶地发现前A公司的同事和他们一样，也经历了"心理冲击"过程，尤其是其中的不确定性和模糊性，以及因个别原同事没有入选新高管团队而带来的安全感缺乏。

因为在个体层面大家都"特别用力地进行自我保护"，所以由组织文化差异所带来的"文化冲击"也就来得更为猛烈。

当大家可以坦诚地分享这些的时候，共同的身份认同和心理安全感开始建立，工作坊就自然而然地走到了第二步。

第二步是新文化设计。

寇老师首先带着大家回忆了第一步里面大家有意无意一直挂在嘴边的"我们""你们"，并强调："从现在开始，我们只有一个我们！"

团队成员也都调整了状态，以"我们"的状态继续借用竞值框架文化模型一起探讨：我们新公司的文化需要达到什么状态？新的文化与战略、业务的关系是什么？我们如何实现该状态？我们有什么过往的文化优势可以发扬光大？我们有哪些障碍需要克服？

前两步在一个两天的工作坊里顺利完成了，第三步的新文化塑造与落地是一个长期的过程，是一个文化变革的旅途，需要精密的变革方案设计、过程监控和调整、持续沟通和反馈，尤其是需要高管团队在其中发挥建设性的文化变革领导力。

因此，在前两天的工作坊里，寇老师还引导高管们对高管团队作为文化变革领导者所需具备的三项特质和相应行为达成了共识。第一，速度，即愿意和能够推动快速的组织文化变革，过于冗长的变革过程会带来更多的人员和业务动荡，同时也要避免过快的节奏导致必要细节被忽略。第二，勇气，即愿意和能够在遇到反抗和困难时坚定立场、果决行动和调和冲突，优柔寡断会引发更多的质疑。第三，榜样，即愿意和能够做到言行一致，每个人都为成功负责，示范和引领文化变革，同时高管和高管之间的言行需要保持一致性。

为展现这些特质和行为，团队成员需要随时和定期地互相给予反馈与认可，就如同寇老师在前两天的工作坊里不断引导的那样。通过这个举措，建设性的反馈文化后来也成了公司新文化元素的一部分。

在达成以上共识后，大家开始在各自部门内开启文化融合项目，并在过程中不断评估文化变革对客户、业务成果、市场竞争地位的影响，以便保持整个变革内容和流程的适应性与敏捷性。

阻滞的乐段

人的本性是抗拒变化的，文化也是如此。

转眼到了12月，按照并购整合时间表，12月底之前需要确定高管团队下面一层的组织架构和各部门负责人名单。

项目专题会上，在讨论由谁担任销售部门东区负责人的时候，大家出现了很大的意见分歧。两位候选人中，一位是原A公司东区负责人小贾，另一位是原B公司东区负责人小丁。销售负责人郑一欣的态度很明确，他心目中的人选是小贾。

戴玉知晓后立即表示了反对："小贾太没有原则，没有管理客户的能力，常常让我们研发同事针对一些客户非常不成熟的想法做测试，浪费了大量资源。"

郑一欣说："我不同意你对他的评价，他到处找客户，发现客户需求，这正体现了公司以客户为中心的价值观。"

"完全不顾流程的做法是不能提倡的。我也不同意挑选他。"杨诗涵也加入了讨论。

郑一欣突然火大了："小丁完全没有进取心，我觉得他连销售经理都不能胜任，更不要说东区负责人了。我是坚决不会同意挑选他的。"

"那老大决定吧！"杨诗涵又抛出了她的"经典"建议。

这一刻，唐焱感到自己回到了几个月前的第一次高管团队会议，觉得几个月的文化融合项目白做了。正当唐焱不知如何回应时，杨诗涵再次表达了需要唐焱做决策的诉求。

"大家再充分讨论一下吧，我们尽量民主决策。"唐焱提议。

30分钟过去了，大家还是坚持各自的观点，无法达成共识。

"大家再想想，我们下周再讨论。今天散会吧。"唐焱感到很无力，但是他不想当场做出决策，只能将做这个"困难决策"的事推后。

他很明显地感受到会议室里每一个人的失望情绪。

他对自己也很失望。

心海和音

恰好第二天和寇老师有一次一对一教练会谈，唐焱描述了自己的失望。

"你失望的是什么？"寇老师问。

"我失望的是文化变革在高管层面没有产生效果，包括我自己。之前我们探讨过民主决策是好的，但不是所有的事情都需要达成共识，有时需要负责人快速做出决策。"

"咱们先聊聊你自己。你知道应该做出决策，但当时阻碍你的是什么？"

"其实我自己也倾向于挑选小贾，但是小贾和郑一欣都是我以前的下属,我担心前B公司的同事会觉得我不公正。"

"你的这个选择是基于小贾是你的前同事吗?"

"当然不是,我是基于公司的选人标准和新文化要求。"

"那么,你担心的是什么?"

"担心前B公司的同事觉得我没有照顾他们,不是好领导。"

……

随着教练对话的进展,唐焱看到了自己的惯有模式,看到了对他人态度的"假设"及对自己"理想人设"的固执是如何阻碍自己的。当看到这些之后,他很坚定地知道在这个人事安排上自己该怎么做决策,以及作为文化变革领导者在方方面面该怎么做。

"刚才这段讨论对你有什么启发吗?"

"银杏经过差不多30年的生长才会结出果实,我自己练长跑也是从几千米慢慢提升到全马的水平的,所有的变革都是一个持续的过程,有方法也需要时间,更何况是文化的变革。我需要保持定力,给大家时间、信心和支持。"

"再回到你自己。我记得你提到吴教练早年就引导你透过职场和生活阅历的累积,不断追寻高远的人生使命和意义。结合此刻的体验,你对此有什么新的见解?"寇老师追问道。优秀的高管教练们能够惺惺相惜,接力支持着领导者的成长。

"好问题!当下我真切体验到的是3个词:投入心力、转化机遇、创造不凡。"

和声渐放

之后高管团队成员共同接受和面对文化变革中的阻力、倒退和混乱,并制定出如下可以在高管团队和公司中鼓励新文化形成和固化的方法。

不断沟通和宣导新文化要素,并强调新文化与公司新愿景、新战略的相关性。

当看到和新文化一致的行为时,立即提供积极反馈。

当看到和新文化不一致的行为时,立即提供建设性反馈。

选用在理念和行为上与新文化一致的员工。

在集团新闻上发布成功故事。

在每个月的员工沟通大会上表彰"新文化践行月度之星"。

创造更多员工们由下而上的参与机会。

理解和包容员工们的各种情绪和暂时的绩效影响,同时坚持绩效标准。

对各种猜测和传谣行为进行阻止。

在更大的组织范围内提供内外部教练给予的变革与转型支持。

"琴瑟和鸣"

整个文化融合项目持续了18个月。在这段时间里,各项努力逐渐显现出成效，业绩的增长成为有力证明：市场份额扩大、客户满意度提高、创新能力增强、运营效率提升及员工留存率提高。

在并购与整合项目的庆典晚会暨庆祝中国年春节晚会上，压轴节目非常有创意。由前A公司和前B公司同事组成的十支乐队，分别用了两种以上的乐器来连奏中国经典民乐：古筝与琵琶演奏的《春江花月夜》、笛子与箫演奏的《梅花三弄》、琵琶与阮演奏的《十面埋伏》、二胡与古筝演奏的《二泉映月》、锣鼓与钹演奏的《金蛇狂舞》等。最后的曲目依然是《高山流水》，不同的是，这次是由杨诗涵和郑一欣代表高管团队用古琴和古筝合奏的。

台下的唐焱感触颇深，两家公司如同两种独特的乐器，在商业舞台上相遇，共同演绎了一部文化碰撞与融合的壮丽之剧，而台上的这些连奏正是文化融合过程与成果的生动写照。

最终，他们在文化融合中做到了和谐共处。这种融合不是简单地相加，而是相融，从而创造出一种全新的企业文化，它既有原公司的文化精髓，又富有新的活力和创造力。这不仅是一种文化的融合，还是一种精神的传承和创新，是真正的"琴瑟和鸣"。

同时，新的文化也与公司新的发展愿景和战略协调一致、"琴瑟和鸣"。随之而来的，新的希望正在徐徐而近。

05
融会贯通：全球舞台新舵手

文/赵 磊 程 敏 吴雁燕

在旧金山唐人街一间小而精致的中餐馆里，杨隽正和老友苏友畅谈着。墙壁上挂着几幅中国传统水墨画，桌上摆满美味佳肴，背景音乐放着许巍的歌。这一切为这次久别重逢增添了一抹家乡的温馨色彩。

寒暄之后，两位老友分别讲述了各自的近况。在得知杨隽成为A公司X事业部全球负责人后，苏友立即向他致以祝贺，并带着浓厚的兴趣问道："你们事业部的总部不是在欧洲吗？你被派往欧洲工作了吗？"

杨隽微笑着解释："我依然在上海工作。实际上，我们事业部的总部迁移到了上海。"看着苏友惊讶的表情，他补充道："说来话长，这个变化要从三年前说起。"他的话语将两人的思绪一同拉回到了三年前。

三年前，前A公司对前B公司进行了并购。杨隽作为A公司X事业部的中国区负责人，被任命作为中国代表加入IMO。IMO由全球各国代表组成，在这个过程中，他参与讨论和执行了并购中的繁重任务，还经受了很多沟通、文化、信任等方面的冲击和考验。并购与整合项目取得了巨大成功，全球总部不仅因中国区的整体表现增强了对中国市场的信心，也加深了对杨隽的认可。一年前，为了贴近中国这个全球最大的单一市场，全球总部决定将事业部的总部迁到上海，并在经过对多位内外部候选人的严格挑选之后，升任杨隽为负责人。

分享完这段跌宕起伏的并购故事及自己升职的背景，杨隽笑着对苏友说："一年前我刚被提升到这个全球岗位时，真是既兴奋又紧张。过去25年我一直在中国和全球500强公司中努力工作，但这次的考验是完全不同的。"

苏友点点头："是啊，全球岗位可不是闹着玩的，一定有很多挑战。你认为大的挑战是什么？"

杨隽喝了一口茶，思考了一下，然后说道："挑战包括带领全球领导团队和驾驭全球生意等，最关键同时也是最大的挑战是展现高度的自信，包括人际影响力的自信、跨文化敏锐度的自信、战略决策的自信、资源调配的自信、创新与变革的自信、危机管理的自信等。对于我们中国人，还需要彰显底层的民族自信。这种全方位高度自信的要求与中国传统文化中强调的谦逊、温良、在意他人的看法、遵守规则之间存在不小的张力,这可能也是目前华人较少能担任跨国公司全球高管的原因之一。"

"哦,你这样说我太有共鸣了!"苏友拿起茶杯和杨隽碰了碰杯,"接着说,我太好奇了!"

杨隽碰杯之后继续说:"自信心是指个体对自己能力与价值的信念和肯定。刚开始,我确实有些不自信,尤其是当发现各个国家市场的业务竞争态势和法律法规环境与中国市场差异巨大,以及坐在集团全球最高领导层的牌桌上,感知到其他人散发出超级强大气场的时候。那时,我不自信的同时还有些焦虑,急于通过证明自己的说法和做法是'对的',以及被他人认可来获得安全感,有时难免因用力过度而弄巧成拙。"

"幸好公司给每位新晋升的高管都配有外部高管教练,以支持我们更快速、更从容地胜任职位和完成交付。在高管教练的辅导下,我意识到自己的业务与战略能力完全符合全球负责人的要求,这是我自信的基础。我需要强化的是对这些能力的主动展现和宣传。为此,我提出了'立足中国引领全球(In China For Global)'的事业部价值主张,并且把中国市场的业务经验和中国强大的供应链体系引入好几个其他国家市场。我们因此取得的业绩成果不仅验证了事业部的价值主张,还提升了我对于自己作为全球负责人所具备的'全球化愿景领导力'的自信。在高管教练的引导下,我还意识到,展示我们东方人的集体文化自信是实现'立足中国(In China)'的重要支撑。若缺乏集体文化自信，我们就可能在发生冲突和面对不确定性的时候摇摆或迷失。中国传统文化中有很多独特和宝贵的智慧与价值观，如集体主义、和谐共处及长期规划。我会在会议和各种沟通场合中有意识地分享这些智慧，并通过实际行动来展示这些价值观。"

苏友放下茶杯，睁着大眼睛紧跟一个问题："有没有具体的例子，让我也可以学习一下。"

杨隽面露微笑："就说这几天我们的季度汇报会吧。3天紧凑的会议结束后，有一个学做甜点的团建活动。甜点师讲解完步骤后，大家正准备动手，我提议'我们完成后进行一下评比，看看谁做的甜点最能代表自己所在的国家，怎么样？'现场一时有些安静，这时印度同事带头表示'好呀，太好了。这样多有意思。'开始动手后，我脑子里飞速策划着要分享的中国元素。你猜，我最后做了什么？"

杨隽得意地看着苏友，苏友一脸好奇："做了什么？"

"哈哈，我用现场的原料做了太极和五行形状的巧克力，还第一次用英语向大家讲解了太极、五行，以及其中蕴含的中国哲学思想对我们灵活运营全球业务的启发。"

"这种跨文化的活动好有意思，你也太有创意了吧。"苏友紧接着又追问，"话说，带领一支全球高管团队，建立跨文化的信任也是一个很大的挑战吧？"

杨隽笑了笑，说道："太对了，建立信任对任何一支团队来说都不容易，都是一个漫长的过程，建立跨文化的信任挑战就更大了。首先，最核心的是，我要创造机会让每个人包括我自己去公平地展现各自的专业能力与业绩，并鼓励大家表达出对彼此的欣赏和提出建设性建议，进而在业务层面上一起打胜仗；其次，在高管教练对我们的几次团队辅导中，邀请大家留意在人际互动中无意识地表现出的偏见，进而将这些偏见转变为对各种文化的尊重，主动去了解不同文化背景下的价值取向、沟通习惯和表达方式。比如，美国同事喜欢直截了当，欧洲同事更加注重讨论的过程，印度同事用英语交流时语速较快，而且会一边点着头一边表达着不同意见，日本同事则谨慎认真。"

"有一次在上海总部开全球会议，我专门安排了参访本土客户和中国茶文化分享活动。这不仅让他们对中国这个最大业务市场和中国文化有了更深刻的了解，也拉近了我们之间的距离。通过这样的互动，我们的团队渐渐形成了一种相互尊重和信任的氛围。"

苏友点头赞同："来自那么多不同国家的高管在一起，难免会因文化差异而产生冲突，我在公司就遇到过。不知你是如何处理的呢？"

杨隽沉思了一会儿，说道："嗯，这也是作为全球领导者需要快速适应的一个点。有一次，我们在讨论一个创新性的全球战略时出现了很大的分歧。受各自文化底色中不同的风险承受偏好、时间观和自然观的影响，大家对这个本身就具有一定冒险性的战略持有差异很大的观点，甚至对于此时如何进行决策大家也有不同的倾向性，讨论一度陷入僵局。这个时候，我想到了一个成语——和而不同。我向大家解释了这个成语的意思，希望大家能够找到一个既尊重多样性又能达成共识的方案。

"最终，我们在尊重各自文化差异的基础上，找到了一个兼顾各种视角的解决方案。这次经历不仅让我深刻认识到文化的差异，也让我学会了如何在差异中找到共同点，以及通过求同存异来构建平等的伙伴关系。"

苏友接着问道："除了展现自信、建立跨文化信任和解决冲突，还有什么大的挑战吗？"

"在全球化的舞台上表达能力至关重要，这对于母语不是英语的中国领导者是一个挑战。刚开始，我在用英语表达复杂的商业策略时，常常感到词不达意。为了解决这个问题，我特地找了一位英语表达教练训练我的演讲和沟通。

"刚上任不久，我在一个重要的集团全球高管会议上发言，面对几十位来自世界各地的高层领导，我感到巨大的压力。所有人仿佛都在用严肃的目光审视着我，我因此紧张得手心冒汗，声音甚至有些颤抖。在深吸一口气的时候，我想起了许巍在《蓝莲花》中传达的笃定、力量和乐观。我告诉自己，作为中国领导者的代表，这是一次展示自身实力的机会，我必须坚持下去。我不需要关注他人的目光，而需要清晰、自信地表达出内容。

"说到表达，高管教练也给了我很大的帮助。我们有一次的教练会谈内容是'高管风范'，高管教练从思维、行为、表达和仪态四个方面详细拆解了高管风范及我的风格、优势和提升点。通过这次会谈及之后的刻意实践与反思，当我更具备高管风范之后，自己对周围人的影响力和气场都被强化了。影响力是很多担任全球角色的中国领导者相对需要提升的方面。"

苏友对杨隽在高管风范和影响力方面的成长表示了赞赏，然后问道："在全球领导岗位上，你肯定也需要考虑很多全球政治和经济问题吧？"

杨隽点点头，眼神中闪过一丝凝重，他说："商业全球化意味着全球化组织得以突破资源、技术、市场、政治、经济等方面的局限，在全球背景下重新评估和定位自身的竞争优势与机会，在全球范围内布局和腾挪价值链，同时也意味着全球化组织要防御更大范围内的风险。因此，全球政治和经济环境的变化对我们的业务有着深远的影响。比如，贸易战和地缘政治冲突常常会对供应链和市场造成巨大冲击。这要求我们不仅要制定灵活的应对策略，还要有全局观念和前瞻性，能够预见和规避潜在的风险，并且能够把各种资源进行全球性的联动调配。"

"有一次，我们的一个主要国家市场由于政治问题而陷入危机。这时，我不得不迅速组建一支跨国团队，制定应急预案，并与当地政府和企业保持密切联系，以确保我们的业务能够继续运行。那段时间我们的压力巨大，几乎每天我们都要通宵达旦地工作，最终我们还是成功渡过了难关。我也通过这次事件意识到，有意识地建立广泛的全球人脉关系对全球领导者而言极其重要。"

杨隽接着说："除了政治问题，全球经济环境的变化也需要我们时刻保持敏锐。比如，当全球或区域经济增长放缓时，我们需要调整商业策略，更加注重成本控制和效率提升。而当经济复苏时，我们则需要迅速抓住机遇，扩大市场份额。这需要我们具备全球经济的视野和思维，能够在复杂多变的环境中做出正确的决策。"

随着聊天的深入，杨隽的脸上闪过一丝复杂的表情："这一年来的经历让我明白，作为一名中国领导者，不仅要有扎实的专业能力和战略眼光，还要有跨文化的智慧和沟通技巧。最重要的是，要有自信和勇气去展示我们的文化，让世界看到中国的独特价值。"

杨隽停顿了一下，眼神中闪过一丝坚毅："有一次，我在集团全球高管会议上介绍我们在中国市场的成功经验和独特做法时，遭到了一些质疑。那一刻，我内心的压力达到了顶点，但我知道，这也是一次展示'和而不同'的机会。我坚定地回应了那些质疑，并用实际数据和案例来证明我们的成果。保持这种坚定且开放的状态,也是我过去这一年的学习成果之一。"

"说到这里,我想到两个季度前,我们刚向全球市场推出的新产品。这个产品的灵感和创新思路来自国内这几年共享单车市场的发展。共享单车的便捷性和用户友好体验让我意识到,在竞争日趋激烈的全球市场中,提升用户体验是强化竞争力的核心。因此,我带领团队开发了便捷的用户服务平台,精准对接客户的实际需求,使得他们能够更轻松地体验和获取我们的产品与服务。结合不同市场的需求,我们还创新性地打造了一种灵活多变的按需组合产品的商业模式,不仅提高了用户满意度,也显著提升了市场渗透率。这一创新实践打破了我们这种全球性公司'一个产品打遍全球市场'的中心化模式。

"这种模式目前所取得的阶段性成功的背后,还有数据驱动的运营管理。我利用这一点,推动团队实现实时数据分析,优化运营决策。

"当然,你可以想象,推行一系列创新实践意味着一场深刻的变革,我需要通过展现卓越的变革领导力来引领方向和突破各种阻力。在这个过程中,我不仅展现了自己的创新能力和变革领导力,还展现了对新业务增长的敏锐洞察力和远见。这进一步巩固了我在全球岗位上的话语权。

"补充一下,'组织政治智慧'是在这个变革过程中我的高管教练给予我最多提醒和支持的地方,指导我在组织内巧妙地导航、建立关键的联盟,以及有效地传达变革的必要性,从而确保改革举措的顺利推进和被广泛接受。"

随着分享的深入,苏友深深地感到杨隽已经成为具有"全球化领导力"的成功典范。他决定加大问题的难度:"老同学,你分享得太棒了。随着国内企业的又一波出海潮,作为一个商界华人,我常常被咨询出海的问题。曾经有文章说50%的出海中企觉得人才是很大的挑战。你是怎么看待出海民企的全球领导者及其领导力呢?"

杨隽笑了笑,说:"这是一个好问题。虽然我所在的是一家总部在欧洲的企业,但是我特别关注民企的发展,所以这个问题我还真的思考过。"

"我太失望了,本来以为可以考倒你呢!"苏友嘴上说着失望,但内心对杨隽更加佩服。

"前面我分享的这些对出海民企的全球领导者都适用,尤其是他们需要特别关注、学习和了解不同国家和地区的政治、经济、技术、法律、社会、文化及宗教信仰。除此之外,不同企业的出海阶段和目的不同,有的是出口导向的'走出去',有的是制造导向的'走进去',还有的是品牌导向的'融进去',这对于全球领导者的全球战略视野和能力、管理全球业务、制定全球组织架构和流程、管理全球团队、培育全球人才的要求会各有不同。用一句话总结,全球领导者需要正视全球化现实,智商、情商、韧商三商在线。"

随后，苏友基于他的观察不断地与杨隽澄清和探讨，一时间两人像回到了大学时代探讨学术问题的欢乐时光。

这时，背景中恰好又响起许巍的《蓝莲花》，仿佛在为杨隽这一年来的努力和成就，也为他继续在全球舞台上书写属于他和众多中国领导者的精彩篇章歌唱：

没有什么能够阻挡　你对自由的向往

天马行空的生涯　你的心了无牵挂

穿过幽暗的岁月　也曾感到彷徨

当你低头的瞬间　才发觉脚下的路

心中那自由的世界　如此的清澈高远

盛开着永不凋零　蓝莲花

06

根深叶茂：全球化领导人才策略的新实践

文/程　敏

在隆冬，我终于知道，我身上有一个不可战胜的夏天。

——阿尔贝·加缪

《土拨鼠之日》：全球化领导人才匮乏的挑战

今天是杨隽期待的一天，因为X事业部全球研发部总监今天入职。他是在几个月的招聘过程中挑选了十几个候选人之后，让所有面试官都满意的人选。因为来之不易，杨隽对每一个入职细节都格外上心，以为新同事营造一个满意的入职体验。

8:00　在去公司的路上，杨隽接到HR的通知，候选人临时决定放弃公司的职位邀请。原因是昨天刚刚拿到了一家民企的录用通知，相比之下民企给出的股权激励更有吸引力。

12:00 杨隽和Y事业部中国区负责人方圆一起吃午餐，两人是共事多年的伙伴，杨隽打算好好吐槽一下被候选人放鸽子的事。刚坐下，方圆直接说："隽，咱们得谈谈，你们外招岗位的薪资预算是不是定得太高了？这让我们其他部门压力很大，你们得考虑考虑我们中国区的难处啊！"

15:00 新提拔的全球市场部高级经理在与国际团队的会议中遭遇了文化冲突。这位经理在中国市场部有着辉煌的业绩，却在跨文化交流中显得力不从心。一封投诉他的邮件被直接发送到了杨隽的邮箱。

19:00 准备下班的杨隽在电梯内碰到了公司CFO杨诗涵，被灵魂拷问："你们事业部全球CFO到底什么时候到岗？我兼职这个岗位已经6个月了。"这个岗位有两位内部候选人，他们的意愿度都很高，过往业绩也都出色，对公司文化和业务也都熟悉，但都从未管理过国际团队。几位外部候选人虽有管理国际团队的经验，但其综合能力不如内部候选人，所以杨隽一直没有做决策。

公司将X事业部的全球总部搬迁到上海，原来在欧洲负责全球工作的30位管理人员中只有5位搬到上海继续负责原有工作。其他岗位由于员工意愿度低及公司出于成本的考量，都需要在本土重新招聘。

之前杨隽对于在本地找到合适的人才信心满满。一来公司一贯注重内部人才培养，自己就是一个很好的例子；二来市场上人才济济；三来全球性岗位应该也具备较强吸引力。

然而如今6个月过去了，仍有一些岗位"虚位以待"，原因如下。

这些岗位的胜任力要求与公司现有员工的能力水平不符，内部合适的候选人不多。

被提拔了的内部员工还处在适应过程中，明显和岗位要求有差距，尤其是在全局观、跨文化管理经验和自信方面，导致公司内部对他们有不同的声音。

外部候选人虽然有，但是此类人才市场竞争激烈，尤其是这几年出海民企越来越多，它们加入了与外企竞争全球化领导人才的行列。

X事业部虽然是全球总部，但在薪资福利等方面的政策要参考公司在中国的其他事业部，差异不能太大。

中国企业的全球化——无论是本土企业出海，还是外资企业在华设立区域或全球总部——普遍面临人才瓶颈，具体表现为全球化领导人才匮乏、专业管理能力不足、难以吸引和留住人才等。因而这样的一天在过去6个月里对杨隽来说并不新鲜。

回家的路上，杨隽想到了一部电影《土拨鼠之日》，觉得电影场景和X事业部的人才现状有些类似，他也由此想到曾经和教练寇老师讨论到的"旧的思想，给不了你新的未来"。面

第一部分
启风云，乘云直上九天

对这个新议题，杨隽意识到，必须用全新的思维找到新的方法。

杨隽此刻需要一个能够洞悉复杂局面的"最强大脑"来共同探索前行的新道路、新方法。以前，每当遇到棘手的问题时，他总是第一时间想到唐焱——那位总能提供独到见解的老领导。然而，这一次是否应该求助于唐焱呢？

在杨隽担任X事业部中国区负责人期间，基于公司的矩阵式组织架构，他同时向X事业部全球负责人及中国区负责人唐焱汇报。杨隽和唐焱合作得非常愉快，唐焱赏识并有意培养杨隽，杨隽也是唐焱团队的得力干将。

然而，随着杨隽被提拔为X事业部全球负责人，他与唐焱成了平级的同事。为了证明自己能够独立胜任这个新角色，杨隽开始与唐焱保持距离，他渴望展示自己作为全球事业部领导者的能力和魄力。

"也许这个做法是需要改变的。"杨隽反思道。想到就做到，他立即发出了会议邀请。

晚上9点，唐焱的邮箱里弹出了一封会议邀请，发件人是杨隽。他有些诧异，自从杨隽升任X事业部全球负责人以来，他们之间的交流就变少了。唐焱知道杨隽在新岗位上遇到了一些挑战，自己团队的同事偶尔会抱怨杨隽及其团队。

好几次唐焱想找杨隽好好聊聊，但都被随即而来的另一个声音叫停下来："我已经不是他的领导了，如果他需要我，应该会找我的,不要让他误会我想掌控他。"

杨隽会找我谈什么呢?唐焱带着这个好奇接受了邀请。

长短期多元解决方案

第二天的会议上,杨隽开门见山地向唐焱袒露了他面临的人才困境,并希望得到唐焱的帮助,一起找到解决方案。

唐焱听着,内心升起一些自责,觉得之前应该主动一些。不过,今天主动起来也不迟:"隽,感谢你对我的信任。虽然我之前就听说了一些你面临的挑战,但今天才意识到它们有多棘手。在我们讨论方案之前,我想像寇老师一样问一下,是什么原因让你今天来找我?"

杨隽看了看唐焱,会心一笑,说:"寇老师也可能会问,是什么原因阻碍我之前没有行动?"

唐焱点了点头,这正是自己想知道的。

"老领导,特别感谢你一直以来对我的培养,我从你的下属变成你的平级同事,负责的部门是唯一总部设在上海的全球事业部,我既想得到你的支持又想和你保持距离。一来我希望自己可以独立胜任工作,不希望别人觉得我得靠你才行;二来作为全球总部,我们的需求与地区总部有很多不同,我怕和你关系太近让我不好意思开口提不同的需求,没有办法和你平等对话。"杨隽说完觉得轻松了很多,"昨天我反思了一下,如果不改变,单纯为了独立而独立,那么我将很难胜任新的岗位,在业务上也很难成功。"

唐焱有一点感动:"谢谢你的坦诚。从个人角度,我应该多关心、支持你,是我做得不够好。从组织角度,我们是重要的利益相关者,当我们更好地双向奔赴时,就可以在中国形成更大的合力,完成我们的战略目标。"

这段对话像照进窗户的一束阳光,让曾经的伙伴再一次打开心扉坦诚面对。寇老师若在场,应该也会给领导者们之间教练式的沟通方式和言语点赞。

"回到当下的困境,你觉得要解决的关键问题是什么?"唐焱问。

"事业部'立足中国引领全球(In China For Global)'的价值主张目前成功落地的一个关键问题是,如何引进、选拔和培养全球化领导人才。"

唐焱点了点头表示认可:"我们再多邀请一些利益相关者参与共创吧。"二人联名向中国区的其他事业部负责人、HR等职能部门负责人、X事业部的核心团队成员发出了邀请,共同参与这场关于全球化领导人才的深度讨论。

企业可以利用多种渠道获取所需人才。据研究,全球化领导人才的获取方式主要有以下4种。这4种方式各有利弊,企业可以根据自身情况加以选择。

引进:优势是速度快,人才多元化;劣势是文化兼容性低。

培养：优势是人才成长扎实，文化兼容性高；劣势是速度慢，成本高。

兼并：优势是速度快，人才数量多；劣势是成本高，融合难度大。

外借：优势是速度快，成本低；劣势是人才数量少，用人时间短。

获得人才所需时间长短是区别这4种方式的一个重要维度，所以大家的讨论主要围绕长期人才战略和短期人才对策。

大家一致赞同长期人才战略的关键在于构建一个全面的人才发展体系。这不仅包括对外塑造一个具有吸引力的雇主品牌形象，还涉及内部人才机制的创新和完善，因为缺乏造血机制的企业是没有可持续竞争力的。

而短期人才对策的关键在于有效地突围。HR展示了目前所有的空缺岗位。

"在前期我们从外部市场引进了一些人才，目前还空缺的岗位外招了很久都没有结果，引进的速度优势已经不存在了，我们要从引进人才转为培养人才。去年各个事业部都进行了人才盘点，请大家都推荐一下自己觉得目前有80%的胜任度且具有成长潜力的候选人，我们可以为其制定专门的人才培养项目，包括教练辅导，帮助他们快速发展。"唐焱直接提议。

"有潜力的都给了X事业部，我们的业务怎么办？现在X

事业部全球总部在上海，中国区的团队已经受到了很大的负面影响。"Y事业部的方圆直接提出了担忧。

"大家觉得X事业部全球总部迁至上海，对我们的好处是什么？"唐焱不是直接回应担忧，而是抛出了一个不同的问题。杨隽暗自给唐焱点了个赞，从这个问题他感受到了教练对于唐焱思维和领导力的影响。

"体现了中国的重要性，可以给员工更多的发展机会，不用离开中国就可以有全球视野的工作机会。"

"对候选人来说也有很大的吸引力。他们会觉得我们越来越立足于中国，这是很好的雇主价值主张。"

大家纷纷回应。

"如果我们大胆地给目前看上去经验尚未完全匹配岗位的高潜人才提供这些岗位机会，则会留住这些高潜人才，而不用担心他们跳槽到外部了。"HR说完这些看着方圆，笑着说："方圆，你的高潜人才虽然离开了你的事业部，但是我相信会有更多的人才愿意去你那，因为大家都会说你是一位愿意发展人才的好领导。"

HR的这番话让会议室里的氛围立即轻松了下来。

紧接着另一个关键问题浮出水面：全球化领导者画像是什么？依据哪些标准来挑选去年各部门人才盘点出来的高潜人才？

对大家而言，这是一个比较新的话题，HR带领大家进行了深入探讨。他们以杨隽和其他几位在职的全球领导者为现实样本，并参考市场上对于全球化领导者的各种研究成果，总结出1.0版本的如下10项核心能力与潜力标准：全球化战略意识与业务能力、全球观念与视野、跨文化敏锐度、包容与多元、人际高情商、弹性与应变能力、韧性与复原力、高智商、成长心态、处理复杂与模糊的能力。

随着共创过程的推进，大家越讨论越清晰，同时也越来越轻松。好几位同事感慨："与同样需要大量全球化领导人才的出海民企相比，我们的人才厚度和人才发展的基础非常扎实。"很快，基于这些标准，空缺岗位旁边写下了很多内部候选人的名字。

"这些高潜人才毕竟没有全球工作的经验，我们该如何确保他们成功？另外，也不是所有人都愿意承担可能失败的风险，员工们是否有意愿？很多人之前没有主动提出申请也是因为不自信。我们该怎样帮助他们？"方圆再一次抛出了问题。

杨隽承诺他和HR及团队会尽一切可能帮助这些内部候选人，使其胜任工作。他仔细地记录着每一个人的优势和待发展项。

至于员工的意愿度，这是人才发展的一个重要因素。HR提议请寇老师与名单上的每一位高潜人才进行一次教练对话，厘清他们的职业规划，明确他们对于全新挑战的意愿度。

第一部分
启风云，乘云直上九天

全方位人才培养项目

三周后，经过了相应的面试、沟通，大多数职位都在内部找到了候选人。

所有的内部候选人参加了"发展性人才中心"（通过各种模拟练习充分展示个人真实能力的发展项目），以帮助他们和主管更系统化地了解他们每个人的优势和待发展项。

一个月后，为期半年的未来全球领导者项目启动。

杨隽来到启动会现场表达高管团队对于该项目的支持。会议室的一面墙被布置成了"照片墙"，墙上贴满了杨隽自己拍摄的亚热带雨林的照片。

前几天在整理这些照片时，杨隽不禁想起了那次难忘的旅行。在那片亚热带雨林中，高耸入云的古树随处可见。那里有巨大的桉树，它们树干粗壮，白色树皮上布满了岁月的痕迹。那里还有笔直的棕榈树，叶片宽大，在阳光下闪耀着光芒。他记得那些缠绕在树干上的藤本植物，它们沿着树干攀爬，形成了一片片绿色的帘幕，为雨林增添了一份神秘感。阳光从缝隙中洒下，斑驳陆离，照亮了脚下的苔藓和蕨类植物，它们在湿润的空气中郁郁葱葱，生机勃勃。

最震撼的是一个多小时从空中俯瞰雨林的缆车体验，一片生机勃勃、根深叶茂的景象让他感受到了大自然的神奇和生命力。

在开场致辞中杨隽分享了他制作"亚热带雨林照片墙"的目的："正如这片繁盛的雨林，我们培养人才的理念同样注重深度与广度。我们致力于挖掘每个人的潜力，让大家的根基坚实，知识与技能实现枝叶茂盛。无论是参天大树还是低矮灌木，都在为生态系统的平衡与发展贡献力量，我们的人才也应如此。我们希望通过这个项目让每个人才都能在各自的领域中茁壮成长，共同形成一片人才的森林，根深叶茂，生生不息。"

启动会结束，每位新任职者挑选了一张亚热带雨林照片作为纪念。他们惊讶地发现，在照片的背面写着唐焱和杨隽的寄语和祝福。带着这样一份组织的支持，他们开启了新的旅程。

未来全球领导者项目包括以下主要措施，以加速支持新任职者的转型成功。

第一，个性化发展计划。每位新任职者都获得了一份细致的个性化发展计划，这份计划由他们的主管和本人共同制定，确保了全球化业务能力提升与领导力发展的紧密结合。

第二，高管教练辅导。鉴于大家有很多共同的发展需要，项目设计了分小组的高管教练环节。寇老师每月对各个小组进行一次辅导，引导大家深入探讨组织内成功转型的90天和180天旅程和目标，并以1.0版本的10项核心能力与潜力标准为关键讨论话题。这种形式促使大家一起进行反思、反馈、共享经验，以促进更有效的思维形成和行为改变。

第三，一对一辅导。每位新任职者都配备了一位领导力教练。在这些更加个性化的教练关系中，新任职者对被深度地支持、挑战、挖掘潜力和克服阻碍的感受更加强烈。

第四，积极反馈及建设性反馈。并购整合之后公司新建立的反馈文化也发挥了重要作用，这些新任职者们积极寻求并获得了很多360°及时反馈，这些反馈像一份份帮助他们成长的宝贵礼物。

第五，全球伙伴的支持网络。公司为这些新任职者安排了全球范围内跨事业部和跨国家的结对伙伴和导师，新任职者从他们的分享中收获颇多，同时也有机会把中国文化分享给他们。

第六，持续的跟踪与评估机制。为了确保个性化发展计划的有效性，项目还设置了持续的跟踪与评估机制。主管定期跟踪每位新任职者的进步，并根据需要调整个性化发展计划，确保每位新任职者都能在项目中获得最大收益。

通过这一系列的措施，新任职者不仅在半年时间内提升了专业技能、领导力水平和新岗位胜任度，还培养了一种持续学习和自我提升的文化理念，从而使公司打造了一个更强大的全球化领导力储备库。在长期人才战略中，未来全球领导者项目成为关键一环。

《中国合伙人》：领导者的角色

在X事业部全球总部落地上海一周年之际，杨隽和寇老师进行了一次教练会谈，复盘所面临的全球化领导人才挑战及创新实践。杨隽总结出以下成功的要素。

领导者个人：

管理利益相关者；

持续地自我反思。

高管团队：

跨文化管理；

建立信任与支持。

组织：

长期人才战略和短期人才对策的兼顾；

应对变化的灵活性和创新思维。

教练会谈结束，杨隽回想起电影《中国合伙人》。影片中的3位主人公凭借着对共同梦想的执着和不懈追求，伙伴间的相互信任、支持与成长，克服了重重困难，最终实现了目标。

杨隽相信，在全球化领导人才队伍的共同努力之下，"立足中国引领全球"的战略在公司一定会实现。

后续花絮：外企全球化领导人才实践对中企出海策略的启示

一年后的X全球事业部和A公司中国区在业务发展、组织管理、社会责任等方面都取得了显著的成绩，展现了健康、稳定、持续发展的组织形象。

在一场民企出海的论坛上,唐焱和杨隽被邀请作为"全球化领导人才策略与实践"主题探讨的嘉宾。

共同参与论坛讨论的民企老总们谈到,中企在出海或者说在实施全球化战略时,从最初的出口阶段,到后来的跨国／多国经营阶段,再到全球运营阶段,都面临着人才方面的很大挑战。

唐焱和杨隽首先回答了第一个关键问题——"出海战略成功实施需要什么样的人才?"

他们介绍了通用的全球化领导者画像,并指出在整体画像的基础上,中国领导者特别需要关注那些普遍性短板,以及需要根据企业的不同情况和出海的具体战略,在组织内就适合本企业的出海领导者和管理者画像达成共识。

主题探讨的第二个关键问题是"企业缺乏这样符合全球化领导者画像的人才怎么办?"

唐焱和杨隽分享了他们切实经历的X事业部未来全球领导者项目,建议当企业有了出海计划时,要尽早识别出高潜人才,并分别评估他们。根据高潜人才的评估结果,制订体系化、多元化的人才发展计划。全球化的过程是长期的,对于人才的识别和培养同样需要长期的投入和重视。

在论坛的最后,唐焱和杨隽强调了企业在实施全球化战略时,不仅要关注人才的招聘和培养,还要注重人才的留存和激励。他们建议企业建立一种开放和包容的企业文化,鼓励员工跨文化沟通和协作。此外,企业在全球化过程中需要不断学习和适应,他们建议企业建立一个持续学习的环境,以应对不断变化的全球市场。

唐焱和杨隽在A公司"立足中国引领全球"的经验分享,为在场的企业家提供了宝贵的参考和启示。

07
香槟与二锅头——组织并购交响曲

文/刘 红

领导者的唯一定义就是其后面的追随者。

——彼得·德鲁克

第一章 序曲——震动业界的并购

某行业全球巨头H公司宣布了一桩震动业界的并购。被并购对象是一家植根中国本土15年,且增长强劲的M公司。

如此规模的并购,将对行业和组织带来怎样的考验和机会?

除了法务和财税的并轨,并购还会对战略、组织、流程和文化的融合带来怎样的挑战?

李迪,42岁,H公司中国区总经理,思维敏捷、锐意进取，MBA毕业后一直在H公司成长。

王军，50岁，M公司总经理，沉稳睿智，本土成长的行业精英，M公司元老。

这次并购，对这两位组织领导者又分别意味着什么？

第二章 主旋律——领导力格局的考验与选择

李迪第一时间找到我（H公司内部教练），说："并购的方向对董事会是清晰的，但对我们其他人来说是迷雾重重啊！"

"在迷雾中，你最担忧的是什么？"

他透露出一丝忧虑："我的未来在哪里？"

"你希望在哪里？"

"作为公司多年培养的高潜人才，我渴望有机会引领新公司的未来。机会难得，我一定要赢。"

"你对赢的定义是什么？从什么角度来看？"

"我从组织和个人两个角度思考，但没有自己，谈何组织。"

我感知到李迪此刻的思考还可以拓展得更为全面和广泛，于是追问数句："没有组织，又谈何个人。除了组织层面，对于整个行业，并购还意味着什么？如果将视野放宽到全行业，时间拉长到一生，你对赢和当下需要的领导力会作何思考？"

李迪陷入了沉思。

第一部分
启风云，乘云直上九天

经总部安排，很快我和M公司总经理王军也见了面。寒暄之后，我们直奔并购这个主题。他坦言，并购对双方业务均有益，但过程很复杂，涉及股东利益、战略抉择、组织和文化的融合等。

"在你看来，当务之急是什么？"

"尽快完成高管任命，清晰并购流程。"王军的思考果然很周全。

"任命下来前，你想做些什么吗？"

他有些意外，略显迟疑地说"嗯，或许应该一起做点什么，但我和李总都前途未卜啊！"

"是什么驱使你认为自己应该做点什么？你希望自己对行业和双方组织产生怎样的影响？"

王军停顿下来，目光凝视远方，然后说："谢谢你，我的思路开阔了一些。在等待命运安排的同时，我们完全可以主动联系起来，这也是展现我的格局、实力和能力的好机会。"

智慧、经验和斗志驱使着两位指挥家在辗转反侧后，决定先顾全大局，再考虑私己，他们准备带领双方高管尽快召开启动会。

任命在启动会前三天骤然而至。李迪出任中国区总经理，王军出任东南亚总经理。

此时，王军内心交织着两个旋律。一个如贝多芬的《命运交响曲》序曲，强烈的号角声激励着他勇敢地登上全球化的广阔舞台；另一个则如柴可夫斯基的《悲怆交响曲》，哀婉的小提琴声低吟着他内心的挣扎与不甘。

他说："真想像一个勇士般一走了之。"我问："勇士有很多种，你想成为哪一种？"他思索片刻，说："像瓦格纳歌剧《尼伯龙根的指环》中的齐格弗里德，既勇敢又充满智慧。"

我们四目相对，王军目光坚定地说："给我24小时考虑。"

全球人力资源部负责人查理及时地伸出援手，与王军进行了一场深刻的对话。如同经验丰富的指挥家在上场前的精心排演，他们共同解读了总部任命背后的战略意图。查理向王军传达了总部对他的肯定和期望，阐述了海外轮职对个人成长和职业发展的重要性，并诚邀王军接受任命，在新岗位上积累跨文化管理经验，与H公司共绘未来的宏伟乐章。

48小时后，备受瞩目的启动会如期召开。20名前途未卜的高管见证了两位指挥家的同时出场。在这一刻，王军做出了齐格弗里德式的抉择——接受任命。李迪则踌躇满志，展现出了作为一位领导者的自信。

以他们的声誉和影响力，两位指挥家的表现显然激起了20名高管对各自职业选择和领导力发展的深刻思考。

第三章 交响——在文化冲突中迎接新生命

李迪和王军一起用3周的时间在人事部及法务部的支持和

严格监督下，完成了中国区高管团队的甄选、审批和任命。

两位指挥家于碰撞中了解了彼此的用人思路、战略思考和对组织的未来规划。新高管团队人选双方各半，李迪、王军分别与原下属进行首轮沟通。我结合外部教练资源为落选的高管提供多次教练，支持和鼓励他们进行转型。

王军将履新赴任，我与李迪则通过精心准备的三天沉浸式工作坊奏响新的乐章。如图1-4所示，工作坊的设计基于ME（自我）、US（我们）、IT（它）的三环共生模型。

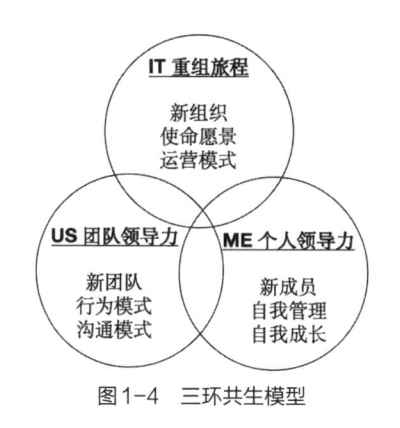

图1-4 三环共生模型

工作坊伊始，李迪饱含深情地回顾了并购以来自己的心路历程：从最初的震惊不安，到后来的冷静思考，直至现在对未来的无限憧憬。他坦言大家都是他和王军亲自挑选的人才，他也期待与大家携手共创行业传奇。

他的坦诚与激情深深感染了大家。这份信任和期许如同晨曦中的号角，驱散了新成员间的观望情绪。

在新成员（ME）部分中，团队成员通过图画分享各自的生命故事。供应链副总老林，M公司元老，人称"二锅头"，用一幅绵延曲折的山川图讲述了自己不同寻常的艰苦出身和成长经历；市场部副总大卫来自H公司，用一幅多元文化的人物画分享了自己和家人从欧洲移居中国的故事；而销售副总李洋则用一幅充满冲突的画面，表现了自己在生活和工作之间寻求平衡的内心的挣扎。

这时，研发副总王锐嘲笑道："你这么纠结，怎么从事销售工作啊！"李洋略显尴尬。会间休息后，李洋最后一个回到座位上，王锐再次打趣："以后销售部要拖后腿啦！"李洋表情更加难看，全场气氛紧张起来。

我严肃地在白板上写下"幽默""讥讽"两个词，并引导大家讨论两者的区别，以及在职场上如何恰当地运用幽默，以避免伤害他人。带着慢下来的谨慎、尊重和一丝新的裂痕，生命故事之河继续流淌，其中的欢笑、共鸣、尴尬和冲突加深着彼此的认识。

有了新成员部分的铺垫，第二天在新团队（US）部分，我们直接从团队互动模式中可预见的阻力开始。

团队成员各抒己见。"M公司过于重视层级和流程，创新力不足。""H公司的思维发散，有利于创新，但做决策慢。""M公司做决策都是王军一手包办的，当然迅速。"

二锅头激动地打断来自H公司的团队成员："你们没有

和我们共事过，有什么资格这样说！如果并购是这样彼此揭短，我还是拿赔偿走人吧！"

全场一片寂静，我问："大家感受到了什么？"团队成员回应："相互不理解、猜测，有情绪。"

顺势，我带领大家进入下一个环节——"我们眼中的你们"。成员先按原单位分组准备，然后一起分享。

- 对方的优势所在。
- 关于对方的传闻。
- 最希望对方"揭秘"的3个传闻。
- 对方回应。

大家依次说出了久藏于心的"猜测"，并饶有兴趣地倾听"传闻"背后的真相，频频点头、微笑或汗颜，不时说出"啊，原来是这样"，会议室的氛围也悄然融洽起来。

我进一步启发大家："作为新成立的领导团队，大家打算如何带领5000名员工直面类似的猜测，走出迷雾？这对组织和行业的意义是什么？"

王锐说："就像昨天，我和李洋之间那样的碰撞是必要的，是好事，不应假装天下大同。"李洋回应："是的，作为行业标杆，如果整个组织都能像刚才那样坦诚对话，就能攻克很多难关。"二锅头说："这也太浪费时间啦！"

人事总监张琳即刻回应道："在组织并购中，双方员工的融合和组织文化的重塑是非常重要的。我不认为这是浪费时间，这应该是我们的战略选择和投资。'磨刀不误砍柴工'啊！"李迪在心中默默为张琳的坚持点赞，其他成员也表示支持。

张琳表示人事部可以设计流程、提供工具、协助逐级落实，并提出简单易记的CAR模型。

- Clarification——澄清对彼此的了解。
- Appreciation——欣赏各自的过去。
- Role modelling——领导带头，践行新文化。

就如何践行CAR和有效互动协作，我们进一步讨论并衍生出团队行为规范。

第三天，进入新组织（IT）部分，旨在绘制一幅宏伟的蓝图，明确组织使命、愿景和战略重点。为更好地洞察每个人心中的组织图景，我邀请团队成员用比喻的方式来描绘对新组织的憧憬。

张琳说："新组织像一幅集体创作的画卷，既有统一的风格，又提供个体发挥的空间。"李洋说："像赵无极大师的画，融合东西方文化精髓。"大卫说："如同调和的苏格兰纯麦芽威士忌，醇厚而不失个性。"二锅头说："像H和M两个细胞结合产生的新生命，不是谁吞噬谁，而是升华共生。"

李迪也满怀激情地分享："大家的比喻都太精彩了。我心中的新组织宛如一艘航空母舰，承载着交响乐团的和谐与力量，在商业的大海中稳健航行，引领着行业的方向。我们每个人都是画师、乐手、调酒师、航海家，身怀绝技，以创新为帆，以协作为舵，乘风破浪，展现出无与伦比的战斗力和适应力，引领着新组织航向更加辉煌的未来。"

怀揣着憧憬和使命感，大家集思广益，搭建出图1-5所示的策略屋以呈现新组织的使命、愿景和战略重点。王锐笑称今天是策略屋新居正式入伙，并要求和李洋"同居"。李洋笑道："你真是幽默啊！"

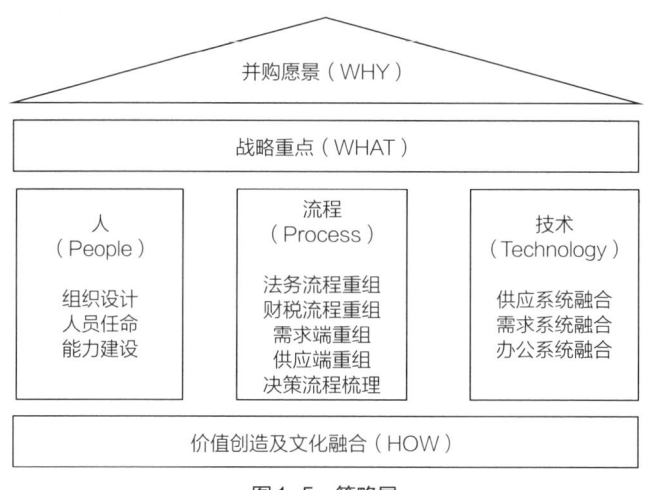

```
                  并购愿景（WHY）
        ┌─────────────────────────────────┐
        │       战略重点（WHAT）           │
        ├────────┬──────────┬─────────────┤
        │   人   │   流程   │    技术     │
        │(People)│ (Process)│(Technology) │
        │        │          │             │
        │组织设计│法务流程重组│供应系统融合│
        │人员任命│财税流程重组│需求系统融合│
        │能力建设│需求端重组 │办公系统融合│
        │        │供应端重组 │             │
        │        │决策流程梳理│            │
        ├────────┴──────────┴─────────────┤
        │   价值创造及文化融合（HOW）       │
        └─────────────────────────────────┘
```

图1-5　策略屋

第四章　高潮——借事练心，相信相信的力量

团队在李迪的带领下逐步将策略屋落地，包括层层落实CAR文化融合举措。他们身体力行，如春雨般无声地孕育着透明、坦诚的文化，新生命开始迸发活力和魅力。

同时，一场考验也悄然而至。

李迪找到我，说："有人建议关闭一间工厂以提升整体的生产效率，这真是一计良策，却也是极大的挑战。"

"你认为挑战是什么？"

"决断力和向心力！"

"谁的决断力？"

他愣了一下，略有领悟："嗯，这是对领导班子的集体考验，而不是对我一个人的考验。"

我暗自为他开阔的视野点赞。

"向心力又指的是什么？"

"大家都带着各自的过去加入一个新组织，如果思想不统一就无法前行。正如当年钱学森先生主持'两弹一星'和多项运载火箭的研究，引领中国航天事业迈向星辰大海，我渴望看到我们的团队众志成城，共同筑梦。"

回想并购之初李迪对自己未来的担心，此刻我看到了一个日渐成熟的领导者。我不禁继续追问："从行业、组织和个人层面，打造向心力的重要性和意义是什么？"

李迪沉吟良久后说："好问题，我之前没细想。此刻的感受是，作为行业翘楚，我们有能力，也应有此担当，通过成功整合为行业带来更深远的影响；作为新组织，未来的路还很长，无论是短期战略融合、流程梳理，还是未来持久创新，都需要强大的企业文化和集体领导力的支撑；作为个体，第一次管理这么复杂的组织，我希望自己能展现出应有的战略眼光和领导力，不负众望。"

"带着这份理想，你如何看待关厂？如何打造团队的决断力和向心力？"

他眼中带光，铿锵有力地说出四个字："借事练心。"

"你现在的思路和刚找我时有什么不同？对自己有什么观察？"

"我之前的自动化反应程序还是个人快速做决策，更多的是在琢磨如何高压贯彻下去，现在意识到要带动和引领团队，也更加明白其中的意义。"

很快，李迪将此议题作为高管会议内容之一。在工作小组分享完数据和提案后，他自然地邀请高管各抒己见。大家经受着思维和格局的考验，我们俩则默契地提出各种问题，激发大家进行思考和健康辩论，比如为什么一定要关厂？什么时候关？结合组织的使命、愿景，这个决策的意义是什么？对行业和组织的影响是什么？决策的依据和原则是什么？高管团队在其中的角色和价值是什么？"坏事"可以变成"机会"吗？如何规避风险？……

经过两小时的激烈讨论，大家就关厂达成共识。

然而，更大的难题是关掉哪间工厂。会议室气氛凝重，有的保持沉默，有的观望，有的试探。

李迪和我默契地交换了一下眼神，我知道他想到了向心力的讨论。

他诚挚地问大家："如果各位是决策者，会做出怎样的选择？"

基于运营成本、供应链整体设计、人才吸引、政府关系等多种原因，有人支持关掉M公司在某二线城市的一间工厂；有人则极力反对，并建议关掉H公司在某一线城市的一间工厂。对二锅头来说"手心手背都是肉"，他内心很挣扎，一言不发。

李迪主动打破僵局，用信任的目光看向大家，特别是二锅头，语重心长地说："邀请大家发表意见不是想为难大家。我深知这是一个很重要也很敏感的决策，所以希望大家作为一个团队充分讨论，共同面对。现在，大家已畅所欲言，也一致认为为了更长远的发展，我们应做出这个艰难的抉择。"

"老林，你是供应链负责人，你的意见尤为重要，大家都相信你的专业性。我提议由你牵头，加上张琳、王锐，你们三人具体指导工作小组深入讨论，在两周内拿出方案，如何？"

大卫、李洋等暗自佩服李迪的心态开放和办事高效；二锅头、张琳和王锐内心交织着信任感、责任感和压力。

他们三人带领团队在经受勇气、专业和团结的考验后，向管理层提交了一份审慎的建议，即关掉H公司在某一线城市的某厂。

此时，最终决策的制定考验着李迪。他以新掌门人的身份，摒弃了个人情感，客观地审视建议，表示非常认可，并承诺去取得总部的支持。

接下来的9个月，高管团队众志成城，举全公司之力，有惊无险地完成了项目。其中凝聚着团队和组织的泪水、汗水，他们的速度和决心也让业界惊叹和钦佩。

我在带领团队复盘时，大卫、李洋感慨这场考验让大家更像一家人，他们感受到李迪对他们的充分信任；二锅头、张琳和王锐则表示找到了压力和动力并存的快乐；李迪深深感谢大家，表示他收获了"相信相信的力量"。

第五章　尾声——领导者的新领悟

时间如白驹过隙，转眼三年匆匆。李迪和团队用一份令自己自豪、业界羡慕的成绩单，证明了他们的努力和实力。组织业务不仅稳步增长，还在市场份额争夺战中赢得了一席之地，行业美誉度攀至新高，甚至提前一年实现了并购的财务目标。

在某个夏日夜晚，我收到了李迪的信息，字里行间洋溢着他的激动之情和成长的气息：

"你总是鼓励我深入思考领导者的真正含义。现在，我想我找到了答案。

这周我在日内瓦休假，昨晚在蒙特勒爵士音乐节上，目睹了一幕令人难忘的场景。著名音乐家乔恩·巴蒂斯特在表演结束后，不是传统地谢幕，而是走下舞台，与所有乐手和观众一起，载歌载舞，从音乐厅一路迈向凌晨二点的街头。那一刻，音乐不再局限于舞台，它流淌在每个人的眼中和心中。没有指挥，没有主唱，只有流动的盛宴，承载着无限的和谐与欢快。

这一幕让我深刻领悟到彼得·德鲁克先生所说的："领导者的唯一定义就是其后面的追随者。"

回顾这三年，我看到了李迪和团队所经历的领导力格局的考验，他们在大我与小我之间的抉择，以及文化的冲突与重塑。我回复他：

"真心为你和团队感到骄傲。你们不仅演绎了一首业界赞叹的重组交响曲，还在领导力的道路上迈出了坚实的步伐。"

教练洞见

1. 组织并购不仅是财务、法务、战略、流程等方面的重组，还是高管个人和高管团队的蜕变和成长旅程。本案例从高管个人、高管团队和组织的角度出发，阐述了在教练支持下，高管领导力塑造和组织文化融合在并购中的一次成功实践。

2. 组织并购中的挑战和冲突众多且复杂，有效的文化融合对统一思想、应对冲突至关重要。本案例诠释了成功的文化融合如何助力组织并购，并提供了4条经验：公开直面文化冲突，不回避、不掩盖；从高管个人和团队出发，身体力行；投入人力、物力，有组织、有计划地层层覆盖，让文化在组织中融合、生根、发芽；升维思考，不仅从个人或短期目标出发，还要从战略高度、行业影响力的维度思考组织文化的融合。

3. 组织竞争力的打造不仅仅依靠一两个关键人才，它是一项宏大的系统工程。虽然本案例只展现了若干片段，但细心的读者可以发现，成熟期企业的组织竞争力是基于一套完整的体系的，它包括高管个人领导力的培养、团队能力的建设、人才梯队的搭建及组织文化的塑造等。

领导者的自我教练问题

1. 如果我有机会负责或参与一次组织并购，那么应从本案例中借鉴什么？应规避什么？

2. 我所在的企业能否培养出李迪这样的领导者？在高管个人成长和团队能力建设方面，我可以从本案例中学到什么？

3. 关于企业文化建设和并购中的文化融合，本案例有哪些可借鉴之处？

08

无限游戏 II

文/赵 磊

追寻意义过程中的每一刻就是意义本身。

游戏继续

"赵磊你好,时间过得真快,距上一次我们俩沟通已经一年多了,近来可好?

"我虽然在中国区经历了一些业务挑战,但总部一直对我保持着积极的态度;过去三年,我不负期望,在竞争激烈的商业环境中保持业务同比超20%的增长。现在正值组织架构调整,总部希望我能将中国区的成功经验应用到全球其他地区,将我的业务范围由中国区扩展到全球其他5个发展中国家。

"上次的高管教练项目对我的帮助非常显著，因此我希望你能继续支持我在新岗位上取得突破。如果可能的话，希望我们可以尽快进行细节上的沟通。感谢！乔伊。"

"乔伊，真了不起！"读完乔伊发来的这些信息后，这句话在我脑海中反复浮现。

我们选择周末午后在咖啡馆见面。趁着提前到达的空闲，我拿出了准备送给她的《成就卓越》，重读了一遍书中以她为原型的案例——无限游戏。

无限游戏寓意着长期和可持续性，令我更加期待与乔伊的再次合作，我也非常想知道擅长解决问题且韧性十足的她发生了什么变化、新的游戏对她意味着什么。

我对乔伊新岗位的变化背景充满好奇，于是查看了她所在组织最近的新闻。

"CEO宣布全球第三轮裁员""A业务撤出中国""CEO宣布全球员工每周至少回到办公室工作三天""全球会员日业绩比往年增长38%，财年第一季度财报公布，盘后大涨10%"……

游戏拍档

"嗨，赵磊，好久不见。"当我还沉浸在这些抓人眼球的新闻中时，乔伊来了。

"嗨，乔伊，好久不见。"

几句寒暄后，我询问乔伊还有什么补充信息，也好奇她对于新一轮游戏的看法，以及对于我们新一轮教练合作的期待。

"主要的背景信息差不多就是这些了。在当下的时代背景和经济环境下，我非常感恩能有这样一个机会从区域领导者成为全球领导者。同时，我非常清楚自己将面临的挑战。我擅长解决问题，并且通过与领导、同事、下属建立良好关系，让事情变得顺利。而现在这个岗位的工作是公司内部没有人做过的，因此在新的岗位上我需要发展许多新的技能，也希望自己能在这一轮新的游戏中玩出新精彩。我想邀请你继续做我的影子，包括列席一些会议，这样你可以更全面地观察我，同时给我更高维度的反馈和指出我的盲区。"

"影子。这个词我喜欢。哈哈，谢谢你给了我一个新标签。"

乔伊对教练是如何工作的并不陌生，知道第一步要设定教练目标。很快我们就聚焦并达成了在长期内和在短期内分别要实现的如下教练目标。

第一，两个月内的短期目标：突破做新岗位战略汇报的挑战。

第二，12个月的长期目标：在全球职位上领导从0到1的业务过程中保持心力；寻找意义。

"寻找意义"这4个字吸引了我。

"哈哈，为什么会有'寻找意义'这个目标？感觉你明白我了！我和新老板过去曾有过合作，在上个月的一次周会后他给了我一个反馈，说我已经在'做什么'和'如何做'方面构建出了非常好的思维模式，但缺少的是'为什么'。这个反馈让我意识到似乎自己一直以来都是被事情推着往前走，从来没有认真思考过'为什么'这个问题。对于我的事业、选择、喜好，我好像都没有思考过'为什么'，包括没有思考过自己为什么接受现在这个岗位。当然，结识新的同事、开阔视野等这些是显而易见的原因，但我知道这些不是真正的原因。那真正的原因是什么呢？这些对我的意义又是什么呢？这就需要你的帮助了！"

乔伊让我做她的影子，还真是十分的贴切。高管教练是我的"斜杠"角色，我的另一个角色是一家全球软件公司的数字化转型业务负责人。除了与乔伊有着非常相似的职业历程，随着公司组织架构的重组，我的职责范围也从中国区扩展至全球，与乔伊的职业发展轨迹不谋而合。

当两个不同的个体进行对话时，他们的平行体验会在不经意间以奇妙的方式交汇。和乔伊开启这段新旅程看上去是我在支持她，实际上是在支持我自己，而这事实上已经得到了验证。乔伊的两个教练目标确定后，我也在心里问自己：我是怎么保持我的心力的？我的意义找到了吗？

乔伊离开后，我继续坐在咖啡馆里回味。天色渐晚，一天接近终结，我不由想到欧文亚隆在著作《存在主义心理治疗》中的开篇观点：存在主义本质上是一种心理动力学方法，它着重强调了个体在面对与存在相关的根本事实时所经历的内在冲突。存在主义哲学探讨了人类普遍面对的4个终极议题及其引发的内在冲突，这些议题触及我们作为人类共有的如下深层关切。

死亡。存在的第一个核心冲突便是对死亡必然性的意识与继续生存下去的欲望之间的张力。死亡意识促使人们探索生命的意义，并对生命的有限性产生深刻的反思。

自由。自由不仅指行为选择的自由，还包括对自我负责的自由。这种责任带来了深刻的焦虑，因为个体必须对自己的选择及其后果负责。

孤独。尽管人们渴望与他人建立深厚的联系，但每个人从根本上都是孤独的。存在主义强调个体在本质上的孤独，以及个体如何在面对孤独时寻求意义和连接。

无意义。在一个看似没有内在意义的宇宙中，个体必须自己创造和发现生活的意义。这种意义的创造过程是每个人在面对无意义时的核心挑战。

思考中，我问了自己4个问题，并试图分别探寻这4个问题的答案。

1. 在全球职能的岗位上，当我意识到时间有限时，我最希望实现的3件事情是什么？

2. 在全球职能的岗位上，有哪些自主选择可以让我更接近我的长期目标？

3. 如何在繁忙的跨文化团队工作中，抽出时间与重要的人建立联系？

4. 哪些具体的目标可以让我在工作中找到更多意义？

乔伊又会如何回应这4个问题呢？我马上发给了乔伊。在准备起身离开咖啡馆时，我收到了乔伊的回复。

"因为可以将中国区的成功经验应用到全球其他地区，从而实现组织业务目标的变革创新。这是我主动选择全球职位的最大动力。而缺乏心力是因为'能不能胜任'这个思绪时不时地在干扰我。'能'是因为我渴望控制和突破局面，'不能'是因为我缺乏安全感而面临挑战。同时，因时间有限需要快速得出结果的惯性思维又会消耗我的精力。这4个问题让我意识到，正是因为这个选择，我看到了更大的自由、责任和无限的可能性。挑战带来机遇，只有走出舒适区，无限的潜能才会慢慢被发掘。"

乔伊的回复启发了我，让我思考如何在有限的时间内让无限的游戏继续下去。想到这里，我意识到我需要重点关注的区域市场和必须获得的利益相关者支持的排序已悄然发生了变化。

保持心力

两周后，我们在同一家咖啡馆见面。乔伊想讨论她一个月后要做的新岗位战略汇报，她觉得这个汇报虽然准备得差不多了，但其中一块业务的数据支持逻辑不够"自洽"，这让她感到有些不安。

我问她："不安什么？"她解释说，她的内心有两种声音。一种担心参会的高级副总裁们在问起业务假设背后的心智模式时，她会觉得信心不足。另一种更理性，承认自己不知道所有答案。

我问乔伊："如果这个战略汇报对你来说意味着只需要实现一个目标，那会是什么？"乔伊沉默了一会儿，说道："引发讨论，做出决策。同时，了解老板们的业务视角及他们能为我提供什么资源。"

我追问："这是一种什么样的心智模式？"乔伊回答："接受自己的局限性，把老板们当成资源，而不是压力来源。"

我告诉乔伊要接纳内心不同的声音。通常，这些声音带来的不适感不需要被压抑，你需要做到的是可以随时抽身到阳台上弄清意图，然后回到舞池中调整自己的行为。

一个月后，乔伊发来信息："我马上就要飞回北京了。汇报非常成功，我和老板们都对会议结果很满意。北京见！"

还是在同一家咖啡馆，乔伊兴奋地和我分享了她的汇报经历。她说："作为一个在东方文化背景下成长起来的女性领导者，我坦然地接受自己不能回答所有的问题。我的心智模式从一切都要有答案转化成一切都可以成为我的资源并且为我所用。"

达成这个短期目标后，我们很快进入新的主题：如何保持心力。

乔伊说："新的岗位确实让我感到压力很大。尤其是要将中国区的成功经验应用到全球其他地区时，我不仅要搞定事情，还要搞定更多不同文化背景的人。"

我说："从几个月前收到你的信息以来，我一直觉得这个岗位具有挑战性。这是一种心理上的冲突，这种冲突可能来自对自己能力的怀疑或对未来不确定性的担心。你有没有感觉到类似的情绪？"

乔伊说："是的，我确实有时会怀疑自己是否能够胜任新岗位，在过去的一个多月里我已经做了很好的调整。"

我说："存在这种怀疑是很正常的，但同时这也是一次你成长的机会。"

乔伊说："我是非常积极地面对挑战的，我还学会向团队中的其他成员借鉴经验，甚至求助我的老板，来增强自己的能力并解决这种冲突。"

"说到这里，对未来不确定性的担心好像是因为害怕失去掌控感。"乔伊的表情发生了微妙的变化。

"害怕失去掌控感和保持心力是什么关系？"

"哈哈！"乔伊笑了出来，接着说道："离开了舒适圈，就不能按照我的节奏做出结果了。其实我没有时间上的压力，也没有被要求快速做出结果，就是惯性使然。这个惯性让我非常累,自己给自己设定了很多要求。我要是真能在理想的时间内做出结果,也许这个游戏就不好玩了呢。"

我看着乔伊,试探地问道:"那如何保持让游戏继续且好玩的心力?"

乔伊说:"我渴望在新岗位上为组织增值,同时实现个人成长。我珍惜这次机会,想要去影响和创造,而非急于求成。想到这里,对未来不确定性的担心依然存在,但我的身体是轻松的。而且我会觉得保持心力对我来说是心理韧性、对安全感的需求、意志力、长期主义这几种元素集合下的另一种心智模式。我拥有强大的心理韧性和意志力,但是我对安全感的需求在新岗位上被放大了,在和你的对话过程中'长期主义'认知的建立让我找到了保持心力的内心力量。"

我追问:"既然保持心力的内心力量找到了,那么关于影响和创造可以再具体一点吗?"我的直觉告诉我,这已经触及意义的部分。

乔伊思考了很久,说:"我现在没有答案,这是我带来的一个很大的命题,值得我们以后花很多时间来谈。"

"好的,那我们今天先到这里?"

"好的,对了我最近在追一部古装剧《莲花楼》,如果你有兴趣也可以看看。同时下一次可否等我联系你?我想沉淀一些东西。"

"好的。"

在新岗位上，我的内心也经常会兵荒马乱，也会六神无主。当我被当下的洪流卷入其中无法逃离的时候，和乔伊关于保持心力的对话对我来说也是一种有效的鼓励。

游戏的意象

带着对《莲花楼》这个名字的好奇，我也开始追剧。《莲花楼》的故事主要围绕主人公四顾门门主李相夷展开。他曾是武林中的传奇人物，但一次大战后，他身受重伤，选择退隐江湖，化身为淡泊名利的神医李莲花。然而，命运的齿轮再次转动，他在遇到新朋友方多病和旧敌笛飞声后，被迫重入江湖。然而深深吸引我的并非故事本身，而是剧中李相夷面对困境和挑战时的一段内心独白：

"在黑暗的深渊中，我们才能看到星光的闪烁。生活是一段孤独的旅程，每个人都在自己的船上，穿越着汹涌的海洋。没有人能够为我们承担所有，也没有人能够为我们指明正确的方向。每一次选择都是孤独的，但正是这种孤独，让我们更加珍惜生命的意义。我们不是孤独的岛屿，而是彼此相连的大海。在这无边的宇宙中，我们的存在是微不足道的，但我们的选择赋予了生命无限的可能性。"

两周后，乔伊还没有联系我。于是，我把这段内心独白发给了乔伊，问这些对她寻找意义是否有帮助。

乔伊回复说："等我联系你。另，我很喜欢你节选的这段内心独白，好像代表了我选择的这个游戏的某种意象。"她在文字后面还加上了笑脸和太阳的表情。

教练洞见

对"寻找意义"这个目标的探寻到这篇案例编写的时候还在迭代着。在这个未完结的篇章中，我自己也得到了一些启示。

首先，意识到时间的有限性使领导者更加珍惜每一刻，将精力集中在最重要的事情上。在面对不确定性时，可以增强自主性和决策力，确保行动与内在动力相一致。

其次，主动建立深层次的连接和支持网络，在关系中寻找归属感。

再次，主动探索意义，提升内在动力，定期反思并认可自己的成就，增强自我价值感和成就感。

最后，在有限的时间内让无限的游戏继续下去，追寻意义过程中的每一刻就是意义本身。每一刻是有限的，而意义本身是无限的。

领导者的自我教练问题

1. 在面临挑战和不确定性时，我应如何保持内心的稳定和积极性?

2. 我应如何在职业生涯中找到真正的意义,并将其融入工作中?

3. 在追求个人成长和发展的过程中,我应如何平衡自由选择和承担责任之间的关系?

4. 在尚未找到真正的意义和价值观之前,我应如何与自己、与他人、与世界更好地相处?

09
耕耘变革：培育自生长的组织花园

文/黎 艳

我站在Z公司年会现场，看着眼前熟悉又陌生的景象。熟悉的是那些曾经忙碌、紧张的面孔，陌生的是他们脸上洋溢的自信和轻松。CEO陈总正在台上热情洋溢地总结着过去一年的成就。

"各位同仁，回首过去一年，我们共同经历了巨大的变革。今天，我很自豪地宣布，我们的努力已经结出了丰硕的果实。员工满意度从70%提升到85%，离职率从15%下降到8%，研发项目按时交付率从70%提升到90%，客户满意度从70%上升到88%，而且我们的营收同比增长了25%！"

话音刚落，台下掌声如雷，我看到台下几位副总裁也露出了欣慰的笑容。一年前的今天，当我第一次踏入这家公司时，情况可大不相同。那时的Z公司正处于危机之中……

杂草丛生：Z公司的危机

回想起初次与陈总会面的场景，仿佛就在昨日。Z公司是一家专注于环保技术研发的软件公司，成立10年来一直运营良好，年营收过亿元。然而，从去年开始，由于经济形势下行，公司原有客户业务收缩，新客户开发不顺利，公司面临严峻挑战。更糟糕的是，一些长期存在的问题开始浮出水面：员工满意度调查显示授权不足，离职率居高不下，研发项目经常延期，客户对公司的不满与日俱增。

公司的管理层意识到必须做出改变，但不知从何入手。在这种情况下，陈总找到我，希望我能为公司的转型提供一些建议和支持。

在接下来的两周里，我们成立了一个由员工代表和领导者组成的项目小组，进行了深入的组织诊断。得出的诊断结果令人警醒。

1. 决策效率低下。90%的员工反映重要决策需要多层审批，平均耗时2~3周。

2. 创新动力不足。仅有30%的员工认为公司鼓励创新和试错。

3. 信息壁垒。超过70%的员工表示跨部门沟通困难。

4. 人才流失。高潜力员工的离职率是普通员工的2倍。

5. 客户响应滞后。客户投诉平均需要1个月才能得到有效解决。

重构生态：管理系统而非管理个体的新理念

在与高管团队讨论诊断结果时，我提出："这些问题的根源指向一个共同的方向，即公司的管理方式过于僵化，无法适应快速变化的市场环境。我们需要一个更灵活、更能激发员工潜力的管理系统。邀请员工代表加入项目小组实际上是在做一个小试验，结果看起来我们的员工非常有潜力、有意愿。"

最初我提出成立由员工代表和领导者组成的项目小组时，高管中有人表示质疑。此刻，他们开始暗暗点头了。

于是，我抛出了"管理系统而非管理个体"的新理念。"我们的问题不在于个别员工的能力。"我解释道，"而在于我们的管理系统无法使员工充分发挥个人潜力。我们需要创造一个让每个人都能自主成长、相互协作的环境。"

进而，针对解决方案，我提出了一个看似不同寻常的建议：通过园艺活动来体验"管理系统而非管理个体"的理念。

我至今还记得当时一些领导者脸上困惑的表情。销售副总裁皱着眉头问道："园艺？这和管理有什么关系？"技术总监也表示怀疑："我们是来解决实际问题的，不是来种花的。"

面对领导者的质疑，我并不感到惊讶，我深知改变根深蒂固的信念如同移山，这需要的不仅是时间和耐心，还是一场深刻的心灵触动和信念的重塑。

就在那时，CEO陈总的眼睛亮了起来。"有意思。"他说，"也许我们确实需要一些新的视角。黎老师，请详细说说你的想法。"

于是，我向他们解释了质量管理之父德明博士的95/5管理原则：在组织中，95%的结果是由系统决定的，而只有5%会受到个人努力的影响。这意味着组织领导者应关注并改善整个管理系统，包括流程、文化、环境等，而不应过度依赖个人努力。

"想象一下，"我说，"如果我们把公司比作一个花园，领导者是园丁，员工是花草等植物，那么园丁的主要职责是什么？是不是为植物创造适宜的生长环境，而不是每天盯着它们长高？"

这个比喻似乎打动了在座的领导者。于是，我们决定进行一次特别的园艺活动。

化身园丁：返璞归真洞见组织系统

在接下来的一周里，我们不仅租下了一块待建的花园，还准备了各类种子和小苗，以及一本园艺手册。所有的领导者被分成三组，自行设计并种植能反映各自小组特色的园子，同时还要为植物创造最佳的生长环境。

花园里充满了热烈的讨论声和欢笑声。有的组选择种植有机蔬菜，有的组则偏爱色彩缤纷的花卉。最有趣的是，有一组甚至在园子里安装了自动浇灌系统！

到了进行复盘的日子，大家的反思内容比我预期得更加深入，领导者们都展现了敏锐的洞察力。我决定利用这个机会提升一下领导者的系统思考能力。

我首先请大家分享了各自在园艺活动中的观察和体验。然后，我抛出了一个关键问题："在我们的花园生态系统中，你们观察到了哪些相互依存的关系？这对你们有何启发？"

销售副总裁若有所思地说："我注意到土壤、水分和阳光之间的微妙关系，它们过多或过少都会影响植物的生长。这让我想到了我们的销售策略、产品开发和客户服务之间的关系，它们需要协调一致，公司才能健康成长。"

技术总监举着园艺手册接着说："我学习到了不同植物之间的关系。有些植物能够互相促进生长，而有些则会相互抑制。这让我联想到不同部门之间的协作方式。我们需要创造一个环境，让各个团队能够相互支持，而不是相互竞争。"

我继续追问："如果我们的公司是一个生态系统，我们现在是在培育一种什么样的文化环境？这种环境有利于哪些'植物'的生长？又可能抑制哪些潜在'珍稀物种'的生长？"

这几个问题引发了热烈的讨论。人力资源副总裁指出："我们现在的文化环境可能更有利于成长快速、积极的'向日葵'型员工，但可能忽视了那些需要时间沉淀、深度思考的'橡树'型人才。我们需要培育一个更加多元化的文化环境。"

为了进一步提高大家系统思考能力，我又问道："在园艺活动中，你们是如何应对意外情况和变化的？这对你们应对市场变化有什么启示？"

首席运营官分享道："当我们发现某些植物长势不佳时，我们不是更换植物，而是检查整个生态系统，包括土壤、光照、水分等。这让我意识到，当我们面对业务挑战时，不应该只关注表面问题，而应该审视整个系统的运作。"

最后，我请大家思考："如果组织是一个生态系统，那么你们的角色是什么？你们需要做出哪些改变来促进这个系统的健康发展？"

CEO陈总总结道："我认识到，作为领导者，我们要做的不是控制每一个细节，而是创造一个能够自我调节、自我修复的系统。我们需要培养公司员工的自主性，建立有效的反馈机制，并保持系统的适应性和弹性。"

就在那一刻，我看到了这支管理团队的生态系统思想开始萌芽，由此激发的变革火花也在他们眼中点燃。这不仅是对管理方式的简单调整，还是对整个组织系统的深刻理解和重新构想。

CEO陈总的总结引发了大家更多的思考。我看到房间里的"能量"正在上升，这正是制订具体行动计划的最佳时机。

设计蓝图：规划组织花园

"各位！"我说，"我们已经认识到了系统的重要性。现在，让我们把这种思想转化为实际行动。围绕'管理系统而非管理个体'这个主题，讨论我们能采取哪些具体措施来改善我们的组织系统。"

经过热烈的讨论，团队共同制订了以下具体行动计划。

1. 重新设计决策流程。实施分层决策，将日常决策权下放给团队，重大决策上报高层管理者，以提高效率和培养团队的自主性。

2. 建立跨部门协作机制。成立跨部门项目小组，通过成员定期轮换打破信息壁垒，实现以全面视角应对问题。

3. 改革绩效评估系统。从单纯评估个人表现转向评估团队成果和个人对团队的贡献，以及各团队对公司整体绩效的贡献，鼓励协作。

4. 创新孵化系统。设立"创新实验室"，允许员工用部分时间探索新想法，鼓励创新。

5. 建立客户反馈循环系统。建立实时客户反馈机制，确保快速响应市场变化。

CEO陈总听完后，眼中闪烁着兴奋的光芒，他说："这些计划都很棒，它们共同构成了一个相互关联的系统，这意味着我们作为领导者需要培育一种更为开放、授权、创新和协作的组织文化环境，同时，我们也要打造更高效的高管团队与组织生态系统。"

我趁机提问道："针对陈总提出的打造更高效的高管团队，我邀请各位阐述一下员工的哪些思维方式和行为需要保留，哪些需要改进，哪些需要停止，以及需要开始做的是什么。"

CEO陈总第一个发言："我会更关注促进部门间协作，而非过度干预细节。大家既要学会适时介入，如设定方向、解决跨部门间冲突；也要学会放手，给予团队更多自主权。让我们从这季度开始实施，每月召开系统回顾会，评估进展并进行调整。"

在座的领导者纷纷表态，反思自己需要重点改变的地方，以及对高管团队的改进建议。

看着眼前这群坦诚且跃跃欲试的领导者，我热血沸腾。大家都有了强烈变革的愿望和清晰的方向，组织转型往前迈出了第一步！

除草施肥：应对转型中的挑战

然而，大家都知道将这些宏伟的计划付诸行动，就像园丁初次播种一样，虽然满怀希望，但在接下来的日子里将面临干旱、杂草和病虫害等一系列的挑战。

其中一个挑战来自中层管理者，他们中的许多人会感到困惑，这主要源于对失去控制的担忧。如一位部门经理所言："如果我不再亲力亲为，那么我的价值何在？"

为此，我们组织了一系列讨论会，主题是"如何在赋予团队更多自主权的同时，确保团队、个体的理解与公司战略方向相一致"。这些讨论旨在帮助中层管理者重新定义自己的角色，从传统的控制者转变为方向的引导者和团队的赋能者。他们要明白自身的价值在于创造一个可以促进团队成长的环境，他们要学习成为能够激发员工潜能的教练式领导者。

另一个挑战是员工适应新的工作方式比较困难。有些员工习惯了被指导，突然获得自主权反而感到无所适从。为此，我们采取了渐进式变革策略，给予员工充分的支持，并对其进行培训，确保每个人在新的体系下找到自己的角色及施展才能的舞台。

还有一个意料之外的挑战是一些领导者有"拔苗助长"的心态。如一位副总裁曾焦急地问："3个月了，为什么还看不到效果？"为此，我们设计了"反思镜"练习，引导他思考频繁询问进展对团队的影响。通过这个练习，副总裁意识到自己的急切心态可能阻碍变革，并坦言："我可能才是最大的'问题'。"

我们就此深入讨论如何调整领导方式，以便在关注进展和给予自由之间寻找平衡。

回首这段旅程，变革之路的确是崎岖的。然而，这座组织花园正春意盎然，员工的行为与思维方式在潜移默化中转变。我坚信，我们辛勤耕耘，终将收获满满。

丰收季节：管理系统的累累硕果

我的思绪被掌声拉了回来。陈总在年会上宣布的成就不仅是业绩的增长，还是公司文化变革的体现。员工更主动、更有创造力，领导者耕耘系统，团队协作流畅，创新涌现。

当陈总邀请我上台后，我满怀激情地赞赏大家转型中的勇气和开放态度："一年前，你们播下园艺之种；今天，公司已成为繁荣花园。你们是园丁，也是成长的植物。互相信任、鼓励创新是你们成功的秘诀。"

走下讲台，我被一张张自豪和喜悦的面孔包围。一位软件工程师分享："我大胆尝试新技术，解决了客户难题。"一位中层管理者表达转变："我起初担心失控，现在发现当专注于团队和战略时，我的价值会提升。"

这些真实的反馈让我深感自豪。同时，我知道，这个故事还没有结束。在未来的日子里，Z公司将继续在风吹雨打中成长、创新，就像一个生生不息的大花园。

教练洞见

对我来说,这次经历再次证明了一个简单而深刻的道理:管理不是控制,而是创造条件;领导不是指挥,而是赋能。当我们学会像园丁那样耐心地培育植物,而不是急于求成地控制植物时,就能看到组织和个人最美好地绽放。

1. "管理系统而非管理个体"的管理理念适用于组织生命周期的任何阶段,只是侧重点不同而已。

2. 在组织变革过程中,我们往往会遇到各种挑战,解决方案绝不是非黑即白,管理者需要用智慧去寻找那个动态平衡点。

3. 组织的转型是一个系统工程,但是我们也可以从最符合组织需要的那一点开始试验、学习、迭代。不积跬步无以至千里。

4. 拥有系统视角能让领导者更有效地洞察整体、预见长期影响、应对复杂性和培养员工的创新能力;发现系统中的创新机会,推动组织持续进化;更好地引导组织应对挑战,把握机遇,实现组织的可持续发展。

领导者的自我教练问题

1. 反思组织变革中的各种悖论(如控制与自主、效率与创新、短期目标与长期目标），我该如何在这些看似矛盾的需求之间寻找平衡？

2. 作为领导者，我该如何培养自己的系统思维能力？这种能力对我的日常决策有何影响？

3. 在推动组织变革时，我该如何应对来自不同层面的阻力？如何在坚持变革方向和灵活调整之间找到平衡点？

4. 考虑组织的独特环境和文化，哪些"土壤"需要改良，哪些"植物"需要特别培育？我应采取哪些具体措施？

5. 在建立组织、自我调节的过程中，作为领导者，我该如何转变自己的角色？我准备好"放权"了吗？

6. 回顾我的领导生涯，我是否经历过从"园丁"到"生态系统设计师"的转变？这个过程对我的领导风格产生了什么影响？

10
开启混沌之眼，赋能"智"变

文/李 延

在漩涡的中心，隐藏着一片平静而稳固的空间。找到它，成为它。

陷于混沌的漩涡中

乍起闷雷疑作雨，忽看倒海欲浮山。万人退却如兵溃，浊浪高于阅景坛。

——《载敬堂集·江南靖士诗稿·观钱塘潮》

钱塘江畔，某高新技术企业正陷于转型的漩涡中。

"您有10分钟的空闲时间吗，我打过来？"客户公司CIO（Chief Information Officer，首席信息官）李华发来的微信消息让我心中一紧。

李华所在的公司专注于人工智能系统的应用领域，作为行业的佼佼者，已经取得了显著的成就。

公司曾邀请外部咨询公司协助自身进行数字化转型，内容涵盖战略、业务、文化。虽然公司已完成了业务数字化转型，更新了战略意图和价值观条目，但咨询项目方案的落地执行受阻，很多措施没有被落实，且近期又遭遇业绩下滑。

"外部咨询公司退出了。公司认为项目领导团队组织能力不足是项目执行缓慢的根本原因，任命我担负数字化转型落地的重任。我是技术出身，没做过这种项目。"李华的焦虑透过电话传来。

她希望我作为团队教练，来助力她带领的项目领导团队。项目领导团队的任务是赋能组织，并按照公司的期待，尽快加速项目落地。

收到客户需求的我沉思着——为何巨额投资的外部咨询只带来局部成功？真正的赋能，又该如何实现？

漩涡的中心通常被称为"漩涡眼"，在这个中心区域，水流通常是向上旋转的，与漩涡外围水流的旋转方向相反，这使得漩涡眼周围的水流相对较平静。这给了我如下启发。

第一，面对迫切的行动需求，首先要冷静下来，确定清晰的行动起点，而非盲目仓促异动。

第二，对于处于"漩涡眼"的项目领导团队，首先要找到

"混沌之眼"——内心的方位,坚定方向,笃定行动。

受《向内创新》作者尼克·特纳教授提出的HPD设计轮启发并加以改编,我决定以图1-6所示的"方位图——混沌之眼",来支持项目领导团队确定东西南北四个方位,进而找到出路,引领公司走向成功。

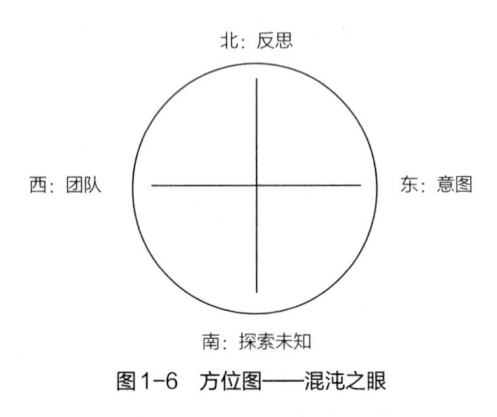

北:反思
西:团队
东:意图
南:探索未知

图1-6 方位图——混沌之眼

东向方位:探寻意图——点燃心中的火焰

会议室内,坐在项目领导团队之中的李华深深叹了一口气,说:"公司的数字化转型项目陷在谷底,投资巨大却未见成效。"

她坦言,尽管手握外部咨询公司留下的管理流程,但团队在执行中困难重重,各部门之间互相推诿,进度缓慢,作为项目领导团队负责人,她感到压力巨大。

"董事长质疑我们的进度,而我觉得是他的参与度不够。他属于直觉型的人,有时我用理性和数字跟他解释不清楚。

"还有,过去公司注重尊重、合作、共赢,现在却无暇关注人,这和我的价值观有冲突。我有些纠结。"

"嗯,千头万绪。看起来,组织和你个人都在谷底,面临高压。有人叫它'熔炉'时刻,你觉得呢?"我问她。

李华点头表示赞同:"没错!我也阅读过多项研究和报告,它们普遍显示数字化转型的成功率较低,通常只有20%~30%。这意味着70%~80%的转型未能实现预期目标。我也曾向其他领先的公司咨询,其中一句话——数字化转型没有最佳实践——让我印象深刻又感到茫然。"

"同时,"我补充道,"在数字化时代的混沌和不确定中,面对竞争压力、风险、资源紧张和不可控因素,领导者们可能看不清前路,难以理清因果关系,无法履行承诺,进而有了挫败感和感到茫然。"

当我提到混沌时,李华一直在点头,她说:"我希望在团队中先谈谈这个问题。现在方向不明且进展缓慢,导致士气有点儿低落。"

我看着李华,心中充满感慨。在公司转型历程中,很多像李华一样的领导者都在负重前行。

同时,这也是一个重要的机遇。此刻,压在她身上的重担也是一种邀请,邀请她面对恐惧、不满和沮丧,深入了解自我。正如珍珠在黑暗的蚌壳中磨砺成形，那些被直面和理解的，终将变得透明，成为成长的源泉。

"作为这个团队的领导者，你真正看重的是什么呢？"我问她，希望她能先探寻自己成长的源泉。

李华沉默了，似乎不知道从何说起。于是，我提出了一个更直接的问题："面对如此艰难的局面，你为什么现在还留在这里？打算待多久？"

李华几乎是脱口而出："在目前的情况下，我需要向自己和他人证明我的能力。我不想让人误以为我是因为能力不足而不得不离开的。"她继续说道，"我想再坚持6个月吧。"

听到她带着无奈语气的回答，我继续提问："在你离开的时候，希望自己能带走什么？"

李华愣住了，显然，这个问题她之前从未考虑过。

会议室很静。大概几分钟过去后，李华的目光落在墙上的两幅画上。她突然激动地站起身，说道："具体想带走什么，我还得再考虑考虑，但我很喜欢这两幅画和上面的诗，它们似乎道出了我的心声。一幅与项目相关，另一幅则反映了我希望达到的状态。"

千里波涛滚滚来，雪花飞向钓鱼台。人山纷赞阵容阔，铁马从容杀敌回。

——毛泽东《七绝·观潮》

庐山烟雨浙江潮,未至千般恨不消。到得还来别无事,庐山烟雨浙江潮。

——苏轼《观潮》

"你之前提到数字化转型的成功率不高。"我接着说,"现在看到这两幅画,你有什么想法?"李华自己已经从艺术的视角获得了启发,我想继续挖掘下去。

这个视角的引导令李华的思路逐渐清晰起来:"我们正走在数字化转型的路上。我意识到,数字化转型不是一场能够轻易宣告胜利的战斗,而是一个持续的过程,就像画中的潮水,层层叠叠地涌向未来。"

将数字化转型视为一条不断前进的道路,而非一个简单的目的地,这种新的理解和视角的转变,不仅为她自己,也为整个团队带来了新的启发和动力。

"那你和团队准备如何开始并走完这段旅程?"我询问她,想要了解她的动力和决心。

"尽管数字化转型没有最佳实践,但我们可以如冲浪者般乘风破浪,面对挑战,即使跌倒也要变得更坚韧。在追求目标的道路上,我们要积累经验,学会从容应对,坚持创新,更有效地服务客户。同时,我们也要成长为更真诚、稳重、独立和富有创造力的领导者。"

在场的项目领导团队的其他成员被我们这段对话所感

染,也纷纷借用这两幅画和诗来表达自己的感受与期望。

这种清晰的认知重新唤起团队成员内心的热忱——那种深层的驱动力。他们认识到,这种源自深层的力量带来了自主的选择、主动而非被动的选择。

当再谈论到公司为项目领导团队下达的任务"赋能组织"时,我感受到了他们的坚定。这份坚定源于他们的视角转变之后,"赋能组织"从被动接受的任务转变为主动选择的使命,还源于个人内在的热忱与"赋能组织"的使命的相融合。这正是赋能的起点,动力的源泉。

接下来,项目领导团队需要凝聚更大的力量,让火苗燃烧成熊熊的篝火。

西向方位:看见系统——连接更多的力量

在之前的项目落地中,执行通常依赖高层领导下达的指令,但由于高层对具体工作情况的了解大多是间接的,有些关键问题常被忽视或未被纳入讨论中,这阻碍了共识的达成和行动承诺的确立,是早期执行不力的一个重要原因。

所以,面对众多任务和执行受阻的混乱,项目领导团队接下来的首要任务是发挥领导力,组建一支核心执行团队,邀请各部门项目落地中的关键人员参与进来,以便凝聚各方力量,将星星之火汇聚成篝火。

鉴于此，我提出了一个核心问题："我们如何确保必要的人员都能参与进来？"

通常，为了充分识别利益相关者，我们可以绘制利益相关者地图，分析各方的收益、损失、所需的承诺，并找出获取这些承诺的方法。这次，我们参考心理剧创始人莫雷诺提出的"社会原子图"，对这个过程进行了优化，使其更加直观和视觉化（见图1-7）。

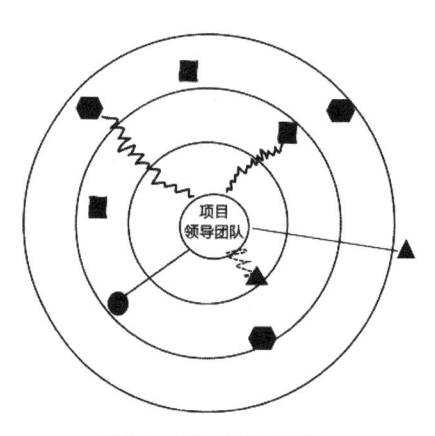

图1-7 利益相关者图示

我组织大家分成两组，分别在白板上操作。

项目领导团队位于图的中心，其周围是所有关键的利益相关者，包括公司内外的部门、机构及相关人。与中心的距离远近显示了利益相关者的重要性，直线和虚线分别表示它们之间关系的紧密或疏离，而曲线则代表相互冲突的关系。

当所有关系被可视化时，大家开始意识到，一些关键的利益相关者，如外包合作伙伴、客户的客户等，在之前的分析中被遗漏了。

另外，不同成员对系统和利益相关者的理解存在差异。这激发了大家的好奇心和讨论，一些先入为主的观念开始被改变。

在李华小组绘制的关系图中，董事长的位置最接近中心，但与项目团队的联系是一条曲折的虚线，表示双方之间是疏离和互相冲突的。

为了更深刻地理解各方，我首先带领大家通过摆放会议室的桌椅和文具等来具象化彼此间的关系。然后，让团队成员交换角色——站在利益相关者的位置，传达他们经常表达的观点，体验驱动其行为的核心价值观及可能因数字化转型项目而遭受的损失。

李华自己时而沉浸在角色中，时而从旁观者的视角观察着在更大的系统中发生的一切。

在复盘环节，李华分享了自己的体会："当我站在董事长的位置看项目，并重述他的话时——2024年标志着大模型应用的起点，中国有机会走出自己的发展道路。面对国家对新质生产力的强调，我们绝不能错失机遇！——我感受到一股力量油然而生，也理解了他对我们迅速采取行动的期望。"

其他成员也反馈，全面的视角和换位的体验加深了自己对环境和利益相关者的理解，这为有效连接各方奠定了基础。

通过这个过程，项目领导团队全面审视了公司内外，尤其是跨系统的所有重要利益相关者，并决定邀请他们以核心执行团队的身份全程参与数字化转型落地会议，确保数字化转型得到全方位的支持。

接下来，我们将面临更核心的挑战：在不确定的环境中，如何赋能组织，开始行动，加快落地步伐。

南向方位：探索未知——边探索，边行动

经过深入讨论，项目领导团队制订了一项以行动学习为基础的组织赋能计划，目标对象包括核心执行团队及参与具体行动的各个项目小组成员。该计划旨在通过解决落地中的实际问题，实现业务目标，同时提升组织能力，加强转型领导力。计划的核心策略包括如下几点。

- 创建目标，洞察本质——提高系统、利益相关者敏锐度。
- 激发动力，明确意图——调动自发性和创造性。
- 交付成果，领导前线——聚焦转型业务问题的解决。

由于项目领导团队对高管团队及各方需求的把握非常准确，同时行动目标明确，计划迅速获得了批准。

"如何迈出第一步呢？开始总是最艰难的。"我询问李华和团队，"大家觉得最棘手的是什么？"

"我们面前摆着一大堆任务，该如何确定先后顺序？现在

没有人能回答这个问题。"她坦言。

"我们能从哪些地方获得启发，有没有跨行业的典范？"我想拓展一下团队的思路。

"比如消防队，"我提议，"每次火灾都是他们面对不确定性和危险的熔炉时刻，但他们坚定逆行的身影给人们留下了深刻印象。他们是如何行动的呢？"

几天后，在行动学习项目的启动会上，李华感慨地分享了学习消防队经验的心得，并提炼了以下几条可借鉴的关键策略。

- 已知与未知。对于有标准答案的技术性问题，指定责任人，追求高效率和标准化。面对未知挑战，组建多背景团队，集合所有利益相关者，通过持续对话探索、共识行动。
- 假设与猜测。保持开放态度，整合来自不同视角的信息，测试假设与猜测。
- 可控与担心。将注意力集中在能够控制的事情上。对于超出可控的担心项，请求支援。

经过深入探讨，核心执行团队最终决定采纳这些策略。

进一步地，项目领导团队推动大家将所有挑战放在桌面上公开讨论，并首先区分已知和未知的问题，然后据此采取行动。

对于已经数字化的领域，利用现有标准、规范和专家指导，按项目管理流程执行任务，明确责任，提高效率，如指标跟踪、绩效管理、评估反馈、持续流程改进等。

同时，对于那些没有明确解决方案的未知领域，核心执行团队负责成立跨部门的行动小组，识别关键利益相关者，鼓励团队积极探索、勇于创新、通过学习迭代来推动项目。具体如下。

- 经营模式。将传统模式与数据化运营相结合。
- 利益冲突。解决员工激励难题，打破单向推动的局限。
- 文化问题。建立以数据、智能、敏捷为核心的工作文化。
- 信息化和大数据。在应用中控制风险。

清晰的策略为各行动小组面对不确定性带来了信心和方向，加速了项目落地。

北向方位：反思对话——促进行动和成长

在探索未知领域时，行动小组面临连续挑战和挫折，压力和不安情绪影响了决策和行动。成员有时按旧习惯，相互指责并逃避责任。在这种情况下，大家迫切需要暂停，先进行反思，再行动。

为此，项目领导团队引入4F回顾法，定期协助行动小组成员进行反思和对话，帮助大家重新找到前进的方向和动力。

- Fact（事实）。明确当前的位置和挑战，区分已知和未知区域。
- Feeling（感受）。诚实面对当前的情绪，无论是困惑、恐惧还是希望；再次唤起内心的热忱。
- Finding（发现）。鼓励大家"站在阳台上"，以更广阔的视角、初学者的心态，识别机会并辩证地看待矛盾，尤其关注以下两方面。

  局部与整体。处理个体、团队挑战与组织周期、行业大趋势的关系。

  控制与自主。平衡自上而下的分工、标准、流程、监督与自下而上的探索和共创。在追求效率、有序的同时，激发团队的自发性和创造性。
- Future（下一步选择）。基于清晰的意图和对当前状态的理解，选择更具创造性的行动路径。

这种及时的反思帮助团队快速调整策略，减少了不确定性带来的疑虑，促进了团队成员间的相互支持，增强了团结和信任。

正是行动与反思的双循环，促进了团队的成长，使其持续为组织赋能。

项目成果与价值

项目领导团队、核心执行团队和各个行动小组通过解决实际问题，逐步促进了项目的落地，并使成功经验在公司内部广泛传播。许多问题自下而上地得以解决，这也激发了组织的内在动力和创新能力。

8个月后。

会议室里，李华正在向慕名而来的十几家企业领导分享项目成果。本地媒体还就这家公司的数字化转型进行了专访。目睹李华自信地分享，成长为行业学习的引领者，我感到无比激动。

历经无数个挑战，突破种种困境，这正是领导者和组织成长的英雄之旅。

教练洞见

1. 在转型的漩涡中，一切显得无序、混沌，领导者的内在"方位图"至关重要，它如同"混沌之眼"，帮助其定位自己，引导团队。

2. 有了"混沌之眼"的指引，坚定的领导者们凝聚团队力量，鼓励大家直面未知挑战，并在实践中持续反思。在这个过程中，团队成员展现出自主性和创造性，推动组织向着数字化、智能化目标坚定前行。

领导者的自我教练问题

1. 如何定义组织当前的数字化成熟度，确定赋能的起点？

2. 哪些核心价值观在数字化时代最重要？

3. 如何确保团队成员在整个数字化转型过程中保持高度参与和动力？

4. 如何识别并联结利益相关者，以获得支持？

5. 如何确保我的领导风格适应数字化时代的需求？

第二部分

跃千里,驭风拨雾见日

01

盛世落幕：巨头孤影对黄昏

文/程 敏 郝静萱

人生求胜的秘诀，只有那些失败过的人才了如指掌。

——吉姆·柯林斯

落幕与落日中的反思

当最后一份离职文件签署完毕后，魏雄知道，自己在这里的篇章已经落幕。A公司对B公司的收购出乎意料，而在整合后新公司CEO的角逐中，他又未能胜出。

带着五味杂陈的心绪，魏雄决定暂时离开喧嚣的上海，去一个他曾经留下过足迹的地方——泉州。多年前，他在西街买下了一幢老房子。那时的他只是一名充满梦想的青年，没想到有朝一日会在这里寻找心灵的慰藉。

打开尘封的大门，阳光透过雕花的木窗洒在了屋内的每一个角落。魏雄深吸了一口气,感受到一份久违的宁静。他走到阳台上,眼前是一幅动人的画面:夕阳正缓缓沉入地平线,天边的云彩被染成了金色和紫罗兰色。他就这样静静地站着,看着日落,听着不远处寺庙的钟声。这一刻,魏雄感到了久违的放松和自由。

在接下来的日子里,魏雄开始放慢脚步、清空内心的杂乱。他漫步在开元寺的古榕树下,感受着历史的厚重;他在小巷中品尝着地道的闽南小吃,体验着当地的风土人情;他坐在西湖公园的长椅上,看着湖面上泛起的层层涟漪,思考着未来的方向。每个傍晚,他都会坐在家中阳台上,看着夕阳慢慢落下,回忆着他和B公司的沉浮。

行业巨头的兴衰

作为行业全球老大,B公司在业界的辉煌历史是毋庸置疑的,它的名字在行业报告和市场分析中总是占据着显著的位置。魏雄,作为B公司前中国区的总裁,他的领导力和商业洞察力在业界广受认可,他的发言在商业论坛上总能引起广泛的关注。然而,作为行业全球老大的B公司却意外地被排名行业第三的A公司收购。

"到底是什么原因呢?"魏雄不断地问自己。在探索原因的同时,近几年的很多画面和场景陆陆续续浮现在眼前。

销售额增长,利润却未上升

这几年,魏雄感受比较深刻的是B公司的销售额持续增长,公司的利润却没有同步上升。首先,销售额持续增长是由于公司为了抢占市场份额而采取了激进的定价策略。公司通过降低产品价格吸引到了更多的客户,但这也直接影响了公司利润。其次,B公司在近几年遇到了成本控制上的挑战,进一步压缩了利润空间。最后,公司在研发上的投入虽然增加了产品线的多样性,但一些新产品的市场接受度并不如预期,导致库存积压和资金被占用。

坚持内生式增长,而非兼用外延式扩张

在百年发展史上,B公司一直坚持通过提高效率、创新、优化产品或服务等方式,利用现有资源和能力实现内生式增长,而非兼用外延式扩张。在过往的很多次全球CEO访谈中,B公司CEO都表示这是B公司的成功秘诀之一。在全球化的道路上,B公司也坚持依靠自身的努力来逐步积累全球化的能力和资源。这样的好处是可控性高、风险低、稳扎稳打,而且企业文化基因也保持了纯正。

近年来,行业内的很多小公司不断进行整合,B公司意识到坚持内生式增长可能会"江湖地位"不保,只是没有想到A公司会这么快进行"蛇吞象"的反向收购。

与体量配套的控制型管理风格

随着公司业务成熟、体量增大，公司的管理风格开始向控制型转变。比如，规范化和统一化管理对公司越来越重要。有一段时间里，公司成立了专门的作业流程规范与监管部门。公司还深入研究并借鉴了行业内多家杰出公司的业务流程体系，经过精心优化，发展出一套独具特色的作业指导方针，这套方针在公司快速发展扩张时期发挥了巨大的作用。但随着规章制度的日益增多，公司的管理逐渐变得烦琐，员工们开玩笑说公司的规章制度比图书馆里的书还要多。

又如，风险防范和合规控制在公司管理和决策中越来越重要，虽然这有利于公司运营的稳健，但由于公司没有把握好平衡尺度，以及职能间的条块分割和本位主义出现，导致风险防范与合规控制和业务发展之间产生了不少冲突，这在一定限度上牵制了业务发展。

完善而复杂的组织架构

公司的组织架构纵向层级多、横向部门多。虽然这样设置会使公司部门间权责分明，井然有序，不会因为个别人的变动而受到重创，但造成了筒仓效应，使得决策流程冗长。市场部曾经有一项预计收益1000万元的项目。在竞标时，发现需要增加100万元的投资，市场部立即上报，但经过层层审批后，市场机会早已不复存在。

还有一次，研发部开发了一款具有前瞻性的新产品，有望引领市场新潮流。当研发部向管理层展示时，却遭到了冷漠的回应："这与我们的主营业务不符，风险太大了。"后来研发部向公司提交了详细的项目计划书，期待能够获得必要的资源和支持。但是，项目计划书在管理层之间来回传递，每一级审批都要求补充更多的数据和分析，以证明项目的可行性。就这样，创新项目在一次又一次的等待过程中逐渐失去了活力。

总部集权化管理模式

魏雄还明显地感觉到，与同样是国际化公司的A公司相比，B公司的全球化策略和管理模式也存在诸多不同。B公司把中国定位为公司产品和服务的主要销售市场，而A公司同时还在中国市场上建立了强大的供应链体系和研发体系；B公司的管理模式过于强调总部集权化，对本地管理团队的信任和授权不足，既导致信息传递和决策制定的迟缓，又令很多优秀的人才因发展空间不足而选择加入能发挥其自身更大价值的竞争公司。

魏雄曾多次在全球会议上指出公司存在的问题，强调开发新产品、新业务，阐述开创第二曲线的重要性。然而，他的声音在公司内部的保守氛围中，显得非常微弱，难以引起共鸣。这让魏雄感到孤立无援，他在中国区的一些局部改革愿景和举措也屡屡遭遇资源与政策上的阻力。

市场应变速度慢和创新不足

除了上述几点，B公司还面临着市场应变速度慢的问题。虽然感知到了科技的快速发展、消费者需求的不断变化及竞争对手的持续追赶，但B公司未能及时调整战略，导致市场份额丢失。同时，B公司在技术创新上的投入不足，使得产品逐渐落后于竞争对手。领导层的短视还导致战略规划和资源配置上的失误，而企业文化的僵化和长期成功滋生的傲慢则进一步抑制了员工的创造力和主动性。在客户体验方面，公司未能俯身倾听客户需求来为其提供卓越的服务，逐渐失去了部分客户。此外，公司的过度扩张及供应链管理不善都为公司的衰败埋下了伏笔。

企业文化功能失调

公司僵化的文化让员工选择留在舒适区，不愿尝试新事物，担心犯错。随着公司的成功，自满的情绪也开始蔓延，公司上下形成一种沾沾自喜的氛围。公司开始依赖过去成功的经验和路径，对必要的变革持消极、抵制的态度，也忽视了对外部市场的敏锐监测。公司在销售渠道和产品创新方面也缺乏关注，自认为已经充分理解客户的需求，而不去真正地倾听客户的声音。尽管公司的利润和收益逐渐减少，但巅峰时期的丰厚奖励一直在维持，而且许多员工认为这是他们应得的回报。

当问题出现时，鲜有人愿意坦诚地指出问题所在。大家不是不知道问题或困境的存在，但"房间里的大象"一旦被指出，下一个议题便是"谁应该为此承担责任"，而这种责任往往无人愿意承担。这种文化功能的失调导致员工挫败感和不满情绪的增加，损害了公司绩效和打击了团队士气。当企业文化出现功能失调时，企业可能在外人眼里显得强大，但实际上内部缺乏活力和创新精神。

高管团队持续学习与自我更新力减弱

人体作为一个系统，为保持健康与活力，除了大脑神经元和心脏心肌细胞基本保持不变，其他部位的细胞则以不同的周期持续保持着更新。

成熟期组织的高管团队往往相对比较稳定和成熟。带来的问题是团队可能因沉醉于过往的持续成功，而失去持续学习、自我更新的意识与能力。作为组织系统的大脑和心脏，高管团队的这种"负面示范"极大地限制了整个组织的持续学习与更新力，也验证了那句咒语般的"高管团队的发展上限是组织发展上限的天花板"。

在泉州的日子就这样一天天过去，魏雄白天在街上感受烟火气，傍晚在阳台上看日落。而每当魏雄看着日落，回想起这些往事，那份失落依然会在心头回荡。同时，他也不禁会想象，如果能重来，那么自己可以在组织内部建立什么机制来监测危机，可以利用哪些外部资源和专业知识来帮助组织识别风险、制定策略、增强韧性并有效应对风险。

在反思的过程中，魏雄逐渐领悟到，任何组织的发展都可以被视作一条S形曲线，从探索期，到快速上升的成长期，再到稳定的成熟期，最终不可避免地走向衰退。为了避免这种衰退对组织的影响，组织必须在第一曲线到达顶峰之前，开始寻找和培育新的业务模式和市场机会，即着手发展第二曲线。

如果在第一曲线到达顶峰并开始衰退后才开始发展第二曲线，那么在实际操作中可能会遇到重大挑战。这是因为第二曲线在成长初期需要大量资源投入，而此时第一曲线的衰退可能导致组织无法提供足够的资金支持，从而难以确保第二曲线顺利度过成长初期，所以组织的领导者需具备前瞻性思维，勇于放弃短期利益，注重组织长期的发展和创新。

魏雄意识到，如果能够回到过去，那么他应该更加积极地推动组织内部的创新，鼓励员工提出新的想法，并为这些想法提供实验和实施的空间。同时，他也应该更加重视与外部的合作和交流，利用外部的资源和专业知识来帮助组织识别和应对风险。通过这样的方式，组织不仅能够避免走向衰退，还能够在不断变化的市场环境中保持活力和竞争力。

日出新希望

魏雄在泉州的平静生活被一通突如其来的电话打破，电话那头是他的老友，C公司的董事长，带着诚意邀请他去接任C公司的CEO。

魏雄没有犹豫，直接拒绝了。C公司虽然是一家本土企业，与B公司在属性上有所不同，但它正在经历与当年的B公司相似的发展阶段——从鼎盛走向衰退。魏雄深知，尽管董事会对C公司的发展抱有美好的期望，但现实的残酷往往超出预期。C公司的前CEO，一位行业内的知名老将，也未能扭转颓势，黯然离场。

老友表示理解，之后魏雄轻松地和老友聊了很多关于自己在泉州的日子，以及他看着日落得出的关于B公司和自己人生的思考。电话那头，老友的笑声越过千山万水传来，温暖而真挚。挂断电话后，魏雄的心情久久不能平静。

周六的凌晨，一阵急促的敲门声惊醒了魏雄。他打开门，惊讶地发现C公司的董事长风尘仆仆地站在门外，显然是连夜从上海飞来的。董事长诚意满满地邀请魏雄一同去泉州一个特别的地方看日出。

两人驱车前往清源山，那里是观赏日出的绝佳之地。他们沿着蜿蜒的山路一步一步地向上攀登，直到来到山顶的观景台。东方渐渐露出了鱼肚白，天边的云彩被染上了淡淡的红晕。两人静静地等待着，直到第一缕阳光穿透云层，照亮了整个大地。那一刻，魏雄感到了一种前所未有的震撼。日出的美不同于日落的宁静，它充满了希望和力量，仿佛在告诉世人，无论昨日如何，今天都是全新的开始。

魏雄站在山顶，眺望着初升的太阳，心中涌起了一股暖流。董事长看着魏雄，轻声说道："魏雄，那天在电话里听到你每天对着日落反思，我想跟你说的是没有永远的日落，你看，太阳每天都会升起，给我们带来新的希望。C公司现在正处在一个关键的转折点，我们相信你会带领我们迎接新的曙光。"

魏雄深深地吸了一口气，他转过身看着董事长，眼中闪烁着坚定的光芒："谢谢你，我愿意接受这个挑战，给自己，也给C公司一个机会。"但魏雄心中还是有些不确定，担心自己不能带领C公司走向成功，也担心自己个人转型失败。

董事长似乎看出了他的担忧，拍了拍他的肩膀，说："你放心，你不是孤军奋战，董事会在你的身后，我们会支持你，给你足够的授权和你所需要的资源。"

"也许除了董事会的支持，我还需要向唐焱学习，请一位高管教练给自己和C公司助力。"一个念头在魏雄的脑子里一闪而过。

第二天，魏雄离开泉州回到上海，开始了新的征程。尽管前路并非一帆风顺，但他心中拥有面对日落时的宁静反思，以及看到日出时的力量与希望。他知道，每一天的日出都是一个新的开始，每一个挑战都是一次成长的机会。

02

桑榆未晚：独行棋士入盘根

文/吴雁燕　李沁历

凡不能毁灭我的，必使我强大。

——弗里德里希·尼采

独行棋士入盘根

虽然处在与B公司不同的赛道上，但本土企业的佼佼者之一C公司目前也正在经历与B公司类似的由鼎盛走向衰退的阶段。前CEO做出了种种变革和转型的努力，然而无力回天，黯然离场。

这时，B公司前中国区总裁魏雄的空降就如同一颗流星划亮了夜空。董事会做出这个决策不仅是基于魏雄过往带领过的业务与组织体量，还因为他个人在业界"勇将"的声誉，希望

第二部分
跃千里，驭风拨雾见日

他能引入一些外企比较成熟的经营理念和管理方法。

高管空降不容易成功，更何况魏雄这次面临的是扭转颓势、跨行业、跨文化特性的三重挑战。他的空降是否能如董事会所愿，把他们对C公司成功发展第二曲线的未来憧憬转变为现实？但魏雄在接受这份任命之前反复权衡过，而且他熟识多位董事会成员包括董事长，相信其能力与人品。

那么，对于他，一个围棋高手，一个勇猛又有坚韧意志的领导者，一个A、B公司并购后新公司CEO的落选者，将如何下出开局的首手[①]？又将如何运筹帷幄，引领C公司发展第二曲线？

在C公司总部大厦中，员工们忙碌地穿梭着。这里如同一个巨大的棋盘，每位员工都在不同的格子中发挥着自己的作用。他们刚刚得知，公司的棋局即将迎来新的操盘手，而这位独行棋士般的操盘手被董事会寄予厚望，肩负着引领公司走出困局、迎来柳暗花明的重任。

魏雄的空降对高管团队而言，如同一块砸在平静湖面上的巨石，激起了层层波澜。大家的心态及彼此之间的关系与影响变得复杂且微妙起来。一些人认为前CEO为C公司付出很多，现在却要让位给一个外来者。在这种情况下，成员中有人期待，有人观望，有人猜疑，还有人心怀不满。其中，COO

---

① 首手指围棋开始时的第一手棋。第一手棋为棋手设定了开局的风格和方向，也对整个棋局的布局和战略有着重要的影响。

（Chief Operating Officer，首席运营官）张远的心情最为失落，他本以为CEO的位置非自己莫属，幻想却被无情地打碎。

魏雄独自坐在新办公室中，他的目光透过窗外的车流，似乎在回望过去的自己。他的职业生涯开始于一线的销售岗位，他一路非常勤勉、负责、独立、果决、自信，紧盯目标并克服千难万险持续达成甚至超越目标，也赢得了客户、上级、员工和合作伙伴的信任与赞誉，在带领B公司中国区期间所取得的各方面成果更是可圈可点，可谓成就卓越的常胜将军。

落选A、B公司并购后新公司CEO是一个缺憾，魏雄心里有过失望、挫败和自我怀疑，到现在这种感觉也还会不时地出现。不过，好强和富有韧劲的他更愿意借C公司这份重任之势实现公司和自己双方面的成功转型。当然，经过与唐焱的几次交谈和暗中对比，他也反思到自己需要在过往最突出的领导力标签"勇"之外，刻意打磨"智"，以便将接下来的每一步都走得周全而坚定。

面前是C公司的组织架构图，红色框架内是他特地标注出的团队成员。魏雄深知，每一支团队的棋局都远比纸面上的组织架构图复杂得多，在权力与利益的游戏中，每位团队成员都带着其背后的故事和动机，而空降CEO的身份更让他成为众人关注的焦点甚至靶点。与高管团队的融合是打磨"智"同时发挥"勇"的当务之急和第一步。

在这个时期同等重要的是，魏雄需要在新环境下迅速找到和夯实自己的定海神针，这样既可以稳固地位，又可以向高管团队和全公司展示他稳定当下局势的领导力和引领公司变革与转型的远见卓识。

想到这里，他的目光又挪到桌上高管教练芮敏的介绍资料上，芮敏是一位在组织系统的广度、高度和团队动力深度深耕多年的教练。

魏雄早就知道有高管教练这个职业，很多国内外商业领袖称其为可以信任和倚重的智者，唐焱也提到他背后一直默默站着一位能影响棋局走势和棋手心态的高管教练。读了唐焱推荐的《成就卓越》之后，魏雄认识到这回作为独行棋士闯入一盘繁局，不能单干，需要获得高管教练的支持和辅导。

高手对弈谋全局

芮敏的教练工作室位于市中心的艺术园区之内，这里既享有城市的便利，又拥有在高层写字楼难以体验到的宁静与踏实。园区内绿树成荫，艺术的气息与自然的芬芳交织，一幢幢独具特色的小楼，仿佛都市中的隐秘绿洲。

此时，正值这座城市一年中最为宜人的季节，秋日的午后，阳光温柔地穿过银杏树枝叶的缝隙，洒落一地的金黄斑驳，温暖而充满希望。

选择此地，芮敏有着自己的深思熟虑：远离平常熟悉的办公室环境，客户们既能避免日常琐事的干扰，又能做到身心抽离，进行更深入和冷静的思考。这对教练会谈来说，无疑是上佳的选择。

室内布置简约又不失温馨，墙上挂着一幅"跃千里"的书法作品，书架上摆满了与心理学、领导力、哲学、艺术、体育等有关的书籍，每一件摆设都透露出主人的品位与专业。

芮敏坐在办公桌前，手中拿着C公司及新任CEO魏雄的资料。他的目光专注又好奇，在字里行间寻找着即将开展的对话的线索。从业这么多年，他发现从来没有两段高管教练关系是一模一样的，因为每一个组织都是独特的，每一支高管团队都是独特的，每一位高管都是独特的，每一次教练合作所处的时间和时代大背景也都是独特的。高明的高管教练能够在交流中紧贴当下鲜活的人与烟火的事，而非机械地走流程、耍套路。

魏雄，这位CEO在学生时代获得过全市围棋冠军。这个信息让芮敏眼中闪过一丝光亮，似乎从中看到了对话的丝滑切入点。

门铃响起，芮敏起身迎接新客户。魏雄健步踏入，工作室的空气中弥漫着淡淡的茶香，阳光透过窗帘洒在满是书籍的书架上，营造出一种静谧而松弛的氛围。

在倒茶的轻响中，芮敏开启了对话："魏总，欢迎您。我注意到您在学生时代曾获得过我们市的围棋冠军。这次就任C

公司CEO，您对开局、布局有何高见？"他的语气中带着一丝轻松，却不失专业，巧妙地将围棋术语融入对魏雄新角色的探讨中。

"围棋是我的业余爱好啦！"魏雄接过茶杯，感受着手中的温暖，愈发放松下来，他欣赏芮敏的开门见山。茶香袅袅，魏雄开始分享自己的想法："围棋和管理工作的确有许多相似之处。作为在新公司担负扭转局势重任的空降CEO，我必须快速了解业务、融入文化、制定新战略等，而千头万绪之中具体如何开好局，还需要精心排布。我盘点了一下公司的现有棋面和董事会给予的发挥空间，打算把重塑高管团队当成开局[1]，而把赢得他们的支持和信任当成其中的首手。"他的话语透露出对局势的深刻洞察和对团队成员的细致分析。

芮敏认真聆听着，随后微笑地说："在围棋的黑白之争中，高手的对局往往在势与地的争夺中展现出和谐之美[2]。作为CEO，您考虑如何在权力（势）与资源（地）的维持或重新分配中，既获得团队成员的支持和信任，又要他们做出承诺，共同为组织转型目标服务呢？"

教练的问题简洁而深刻，如同围棋中的一着精妙手筋[3]，

---

[1] 开局在围棋中指的是开始阶段的一系列步骤，在这个阶段棋手会尝试建立自己的势力范围，同时限制对手的发展。
[2] "势"通常指的是棋手在棋盘上所形成的潜在影响力和控制力，而"地"则指的是棋手实际控制的领地，即那些已经围住的空位。
[3] 手筋指的是一种棋着，在特定局面之下的关键一步或一系列步骤，能够带来战术上的优势或解决复杂的局面。

引导着魏雄进行周全思考。他抿了一口茶,感觉问题之下自己的思路更加清晰了,这种体验很奇妙。

魏雄沉思片刻,回答道:"C公司走到今天的局面,前CEO负有责任,高管团队肯定也需要反思和担责;同时,我也依赖他们跟我一起引领公司发展第二曲线。所以,我考虑分两步走。第一步,保持开放和尊重,通过透明的沟通、具体问题的解决和组织转型目标的共创,实现彼此了解和建立初步信任。第二步,根据大家的反馈和组织转型需要,考虑是否需要对权力和资源进行重新分配,包括成员的调整。"

"从构思这两步棋,到一步步落子和顺利达成预期,你认为自己会是哪种风格的棋手?"芮敏追问道。

"来之前我确实想过,发扬我的'勇',补全我的'智',以及刚才跟你在聊的过程中新冒出来的'仁',哈哈,算是均衡型棋手吧。"

芮敏回应:"那么咱们就双线推进,明线是重塑高管团队和带领公司转型,暗线是你个人的领导力转型。均衡型棋手对外需要具备全局视野、灵活手段,能充分调动各种资源达成目标和愿景;对内需要深入、犀利地探索,认知甚至重塑自己的内心世界。空降的均衡型棋手为盘活棋局,还需要掌握组织政治智慧,避免政治鲁莽或政治幼稚,采用灵活的方法达到'让越来越多的人支持你,让越来越少的人反对你'的目的。"

接下来,芮敏向魏雄展示了哈佛商业评论出版社《团队智慧：创建绩效组织》中提到的一张高效团队发展曲线模型图（见图2-1）。这像是一张团队发展的蓝图，描绘了团队从初建到成熟发展各个阶段的特点和挑战，以及团队发展阶段与组织发展阶段、领导者个人发展阶段的匹配与平衡。

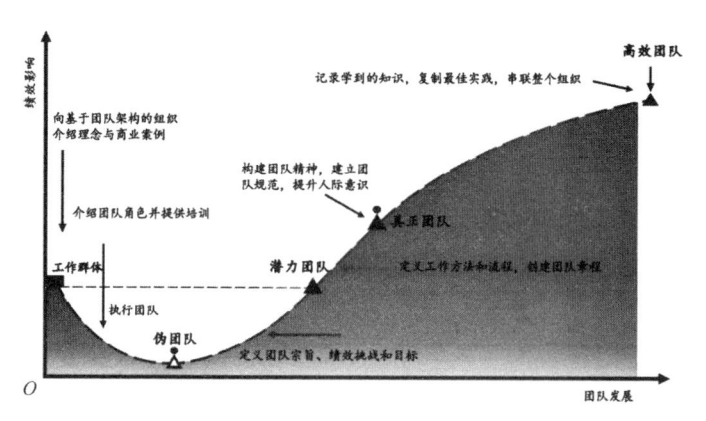

图2-1　高效团队发展曲线模型图

魏雄凝视着这张图，眼神逐渐变得坚定。"这张模型图，"魏雄感慨道，"为我提供了一个全新的视角来审视棋局，对于如何下好首手和开局，以及后续如何布局中盘①，策划和领导组织第二曲线转型，我心里更有底了。"

在这个秋日下午的工作室里，芮敏和魏雄两人的首次对话如同两位围棋高手的对弈，每一步都展现了策略和智慧。一问一答之间，魏雄对短期与长期、全局与局部、棋局与棋手的平

---

① 中盘是指围棋对局的中间阶段，通常在开局的布局阶段之后，终盘阶段之前。这个阶段是棋局中最为复杂和关键的部分，棋手们会在这个时期进行更为激烈的争夺和战术操作。

衡之道更加清晰和笃定。

务实和面临诸多挑战的他喜欢芮敏敏锐且直接的谈话风格和直击核心的提问与观点，这为他们之间的合作奠定了坚实的基础。他们约定，魏雄在履新的前3个月，每半个月来芮敏的教练工作室对话一次。

智慧落子步步营

魏雄重返公司，着手他的首手落子。在他的办公室墙上，一幅围棋名局图解静静悬挂，如同一面镜子，映照出他追寻智勇仁兼具的领导力理想。他相信，每颗棋子正如团队中的每一位成员都会在公司的整盘棋局中有着独特的定位与价值；他深知，能否放对棋子的位置，使棋子发挥效用，取决于他的意图与策略；他清楚，每一步都在考验棋手内心的自信与自疑、渴望与焦虑、开放与防御，以及坚强与脆弱。

他开启了与团队成员的深入对话，他与他们一起解决令人焦灼的业务问题，一起优化流程与制度，一起打破部门边界。一系列动作令他逐渐赢得了大家的信任与支持，在高管团队中形成了新的动态平衡，大家都朝着重新凝聚成一支高绩效团队、一支同心同德同力的团队努力。在过程中，他也越来越认同芮敏教练对这个阶段的团队所下的如下定义。

"在复杂和动态的商业环境中，真正的高绩效团队不是一群个体的随机简单集合，而是由一群具有互补技能和专长的个体组成的有机整体。每位成员都发挥着不可替代的作用与价值，各自独立又彼此信任和协作，致力于设定和实现有挑战性的共同目标，并共同承担责任和结果。成员与成员之间、成员与利益相关者之间通过高效的沟通、反馈、学习与迭代，保持着敏捷性、适应性和创新性。"

然而，众人之中COO张远的心墙更为坚固。他的行动变得迟缓，每一份报告、每一次审批似乎都在他的掌控下变得遥不可及。他的沉默与刻意保持距离，如同围棋中的厚势[①]，让人难以窥探其真正的意图。张远不仅在内部施展拖延战术，还在外部运用自己的影响力，巧妙地引导话题，播下对新任CEO能力的怀疑之种。他的每一次出手都像是在棋盘上布下暗礁，引发其他成员的骚动甚至站边，考验着魏雄。

带着内心对策略与目标的坚定，魏雄通常不会被张远的动作所撼动，但偶尔也会被激怒，生出对自己的质疑和对达成目标的焦虑。这时，墙上的围棋名局图解会提醒他要做到智勇仁兼具，芮敏关于组织政治智慧的一段话更能具体提醒他如何行事：

---

① 厚势通常由一组密集的棋子构成，能够对外界产生攻击、防御等重大影响。

"抽离焦灼,站上阳台,审视目标与全局,保持镇定和清醒;躬身入局,跳入舞池,兼收并蓄,机勇敏捷,展现智慧与影响。"

相比之前,魏雄现在对组织政治智慧的理解更加深入和成熟。组织政治智慧不是针对某人、某事的简单的权谋游戏,也不是图当下的一池一城,而是在维护组织大局和长远利益的同时,兼顾各个利益相关者的利益,实现共赢。他更加积极且心怀诚意地与团队成员沟通,更加注重团队之间的协作,更加开放地寻求共识,化解矛盾,分化小团体,让每位成员都能在棋局中找到自己的位置,发挥自己的长处。

白驹过隙,半个月的约定时间到了,魏雄再次来到芮敏的工作室进行新一轮的教练对话。在这个充满智慧的空间里,他复盘棋局的走势、自己的举措和体验,并与芮敏探讨巧妙地应对张远的举动及巩固自己领导地位的策略。

魏雄首先打破了沉默,他的声音带着一丝决心:"教练,我在思考如何在不引起大波动的情况下,调整团队结构,让张远平稳过渡到其他角色。"

芮敏微微一笑,反问道:"这在围棋中叫什么呢?"

魏雄沉吟片刻,随即不好意思地说道:"我又直接跳到解决问题上了。"

魏雄的思路被这一问打开了,他说:"这在围棋中叫'做眼'。其实张远一系列拆台的动作让我很不舒服。当不舒服的时候，我便使用你教给我的站在阳台上看自己和看他。我们两人都是家里的老大，都很好强、负责任和追求成就，在意通过持续成功来证明自己和获得掌控感。他现在的心境跟我落选A、B公司并购后新公司CEO的心境非常像。所以，我打算做一个双活的眼，安排张远负责新建的创新业务单元，这样既对他在公司的过往贡献表示了尊重，让他的丰富经验和知识得到继续发挥，也为下一步公司整体的第二曲线转型做了试点和探路。"

芮敏点头表示赞同："我很欣赏你在这个想法之中展现出的智和仁。你打算如何确保团队成员理解这一变化，并认识到其中的价值呢？"

魏雄胸有成竹地说："我想到了围棋中的'联络'[①]，我计划加强团队成员之间有目的、有品质的联系。"

他顿了顿，继续说："我想邀请你加入我们的团队，用教练方式帮助大家看到变化背后的积极意义，以及支持团队的后续持续发展与公司转型。"

在随后的对话中，芮敏和魏雄深入讨论了如何应对人员变动对团队和组织的多层次影响，包括利益相关者管理、联盟建

---

① 联络是围棋中一个重要的进攻与防守策略，它指的是将自己的棋子通过直线连接起来，形成连续的一串棋子，以增强势力、提高效率和防止被分割。联络的技巧和时机非常关键，它需要棋手具备良好的空间感和前瞻性。

构、风险管理,以及魏雄如何觉察和管理自己在这一过程中的心理状态,如何保持稳定、自信的状态和清醒的判断力。

经过这一教练项目阶段,在芮敏的支持和见证下,魏雄如同围棋高手般精妙地布局整体,精准而有力地走出每一步棋。这一系列行动既展现了他的组织政治智慧,也体现了他对人性的深刻理解;既巩固了自己在公司的领导地位,也使高管团队形成了更加积极与高效的工作氛围。

在围棋的世界里,复盘是一种深思熟虑的艺术,棋手在对局结束后会重新审视每一步棋,分析自己的策略和对手的意图,从而吸取教训,提升技艺。

魏雄,这位曾经的围棋冠军,将这种复盘的艺术和芮敏教给他的三层阳台反思工具[①]运用到了自己日常的领导力实践中,将"勇"转化为"智"。在芮敏的教练下,魏雄学会了运用三层阳台反思工具,在领导力实践中不断进行自我审视和提升。每一次与芮敏对话后,他都会独自沉思,将对话中的智慧比作围棋中的每一步棋,深入挖掘其背后的深意。

他转型后的领导力就像围棋中的名局,充满了策略与智慧。最终,在魏雄的领导下,C公司成功跨越了转型的难关,发展出第二曲线。他还用如下句子表达出自己的领导力理想。

---

① 具体方法,请参见第二部分04,反躬自问。

"智慧如灯,照亮前行的路;
勇气如剑,斩断途中的荆棘;
仁心为核,凝聚人心之本;
希望为翼,扶摇直上九万里。"

03

进退维艰：双向奔赴的救赎

文 / 李沁历

已至深夜，万籁俱寂。世界沉浸在一片宁静的黑暗之中，而钱华的电脑屏幕仍散发着淡淡的蓝光，深夜的寂静被电脑风扇偶尔传来的轻微嗡嗡声打破，电脑桌上散乱摆放着一堆空饮料瓶和零食包装袋。

他的目光在屏幕上游移，宛如一位寻觅者，在虚无与现实之间徘徊不定，寻找着方向却又害怕前路的未知。每一次点击鼠标都像是在无意识中发出的无声呐喊，透露出他对胜利的渴望，也透露出他内心的不安与彷徨。

钱华沉浸在电子竞技世界里，在这方寸之间的战场上，他不仅是战术的制定者，还是冲锋的勇士，每一次胜利的欢呼都是对他努力的肯定。同时，这个由光影和速度构成的竞技场也是一个温柔的避风港，让他在现实的重压下能暂时感受到一份宁静。

作为C公司负责销售市场的元老，钱华曾凭借自己的才华和努力，为公司立下了汗马功劳。然而，随着公司转型的步伐加快，组织架构和业务模式都经历着剧烈的调整，新的数字化转型策略、不断缩减的市场预算，以及公司发展第二曲线的迫切需求，这一切都给所有人带来了前所未有的挑战。尤其是，不少成熟期企业面临的一个魔咒——销售收入增加但利润反而下滑——在他多次努力之后依旧无法打破。公司里，质疑他能力和潜力的声音不时冒出；公司外，由于同行友商的紧逼追赶，包括对各种渠道资源的花式争夺，行业人士也生出对他"廉颇老矣？"的评论。

尽管前CEO的变革努力未能扭转局面，新任CEO魏雄的到来重新点燃了他的希望之火，但钱华也清楚地意识到，自己似乎正逐渐成为公司发展的阻碍，无法跟上组织变革的步伐。他渴望跟上组织变革的步伐，为公司的未来发展贡献力量，证明自己的价值，内心却有一种旋律在不断回响，那是外界负面评价叠加导致的自信下降，对自己能力的质疑，那是对失败的恐惧及对成功的渴望。它们交织在一起，形成了一种只有他自己才能听见的旋律。

在职场的广阔舞台上，领导者面临的挑战层出不穷，其中约有六成的领导者可能会展现出低效、无效或失败的行为，其中包括一些曾经备受尊崇和取得过成功的领导者。在他们中，有些人在职业生涯的初期和中期展现出强大的潜力和动力，但最终未能如预期那样走得更远，到达事业的顶峰；有些人在猝不及防间遭遇了职业生涯的停滞甚至终结危机。这些才华横溢的个体似乎被某种不可见的枷锁所束缚，阻碍了他们持续成功的步伐。

尽管这些人在职业生涯中取得了一定的成就，他们拥有的技能和能力在组织中也颇具竞争力，但未能发挥出个人和组织所期望的潜力。这导致他们失去职位，或者在组织决策中失去应有的影响力和发言权。

这是一个受到广泛关注的现象，众多研究机构、学者及实践者都在积极地研究、定义它，并尝试识别与纠正这个领导者的"脱轨"现象。

这个现象也给我们带来启示：成功并非一条直线，而是一个充满挑战和不确定性的旅程。如何支持这些领导者识别卡点、突破限制，持续成长以发挥潜力，并引领组织走向更加成功的道路呢？这需要组织、领导者本人及教练等多方面的协作和努力，共同探索更有效的领导力发展路径。

魏雄，这位深谙围棋之道的CEO，在心中悄然建构着对C公司再一次冲刺第二曲线的大盘。第二曲线的推进，实则是公司战略升级的一次创新。他深知，这不仅仅是一次局部或一次性的创新。为了使公司能够形成持续性创新文化，权力结构必须从集中走向分散，利益机制必须从封闭变为透明，领导风格必须从保守转向开放。构建一支卓越的领导团队是实现这一转变的关键。

高管团队队伍的建设对于塑造组织的未来竞争力至关重要,它是组织转型成功的关键。在日常工作和沟通中,魏雄注意到团队成员钱华微妙的情绪变化,以及他在各种场合呈现出的与职位并不匹配的不自信感。尽管这种状态并不明显,但结合不少人对钱华的评价,魏雄还是敏锐地感知到他需要帮助。

之后,在某天工作结束后的"今日阳台时间",他意识到除了钱华,舞池中的每一位团队成员其实都在再次冲刺第二曲线的过程中经历着各种拉扯与不适,他们都需要帮助。

魏雄在空降C公司之后,在个人领导力的发展过程中,与芮敏教练的合作令他深切体会到专业教练对个人领导力发展的重要性。教练曾引导他完成从内心深处的认知转变到外在行为模式的改进。

基于这一体验,他与公司人力资源负责人进行了探讨,他们决定为每位团队成员配备一位专业的高管教练,并且把这项工作列为打造高管团队的长期发展项目。他们期望通过这一举措,满足每位领导者的个性化发展需求或解决其个性化发展难题,以激发他们的潜力。

在这个共同的理念指引下,钱华迎来了他的个人教练——晓闻。

晓闻,作为芮敏的同事,她不仅拥有敏锐的洞察力,还能在犀利指导中给予不失温暖的支持。她的加入如同一面明镜，映照出钱华的盲区与提升空间，让他开启了一段成长与自我超越的新征程。

起初，对于公司安排的个人教练，钱华内心虽有一丝未曾表达的抵触，但出于习惯性的服从，他还是接受了这次不同寻常的"辅导"。还是那个充满创意气息的艺术园区，他如约来到了教练工作室。傍晚的余晖洒在园区的每个角落，网球场上已经有人在享受运动的快乐，球拍击球的声音清脆而富有节奏。

打网球曾是他最得意的技能之一，但如今，紧张的工作节奏让他很少有机会再挥拍上阵，只有在电子竞技的世界里，他才能找回那份竞技的激情和掌控的快感。

走进工作室，晓闻教练已经在那里静候多时。她以专业的姿态和温和的微笑迎接钱华的到来，展现出一种令人安心的专业风范。晓闻的等候不仅是对时间的尊重，还传递出一种积极的信号，表明她已经准备好与钱华一起探索成长的可能性。在这个静谧而充满艺术氛围的空间里，一场关于个人成长与职业发展的对话悄然拉开序幕。

钱华虽然身担销售市场部负责人这一职位，但并不完全符合人们对于这一角色的刻板印象。他内敛而稳重，注重人际关系，这种特质反而让他在职业生涯中赢得了客户的信任与尊重。晓闻教练将他迎进门，眼前这位身材魁梧、胡须略显散乱的年轻人显得有些不安。

两人落座后，晓闻教练以她一贯的直率风格开启了对话："很开心认识你，钱华，我是晓闻，是什么让你来到这儿的呀？"钱华的回答也简洁而坦率："是公司安排的，公司给每位团队成员都配备了高管教练。"

面对晓闻紧接着的提问——"那你自己是怎么考虑的呢"，钱华一时语塞，初次见面便遭遇如此直白的问题，他不知如何是好，一时间陷入了沉默，暗自思忖该如何表达自己真实的感受。

终于，他开口了，但语气中透露着一丝无奈："我没什么想法，就按公司的要求来吧，我听从安排。"晓闻凭借丰富的经验，敏锐地察觉到钱华与她之间尚未建立起信任的桥梁，这让他难以敞开心扉。

晓闻并没有放过这个机会，她以一种平静却深刻的语气继续探询："我特别能理解你的感受。公司这样安排是不是让你有种被动的失控感？可你还是来了，这是为什么呢？你这样的'接受'方式是不是也体现在你目前的工作中？"一连串的问题像一把刀刺进了钱华的内心深处。

对话结束后，钱华急切地想要离开这个地方。晓闻在临别时补的一句——"感觉你很想逃走啊！"——更让他的心情变得复杂。

在随后的时光里，晓闻的话语虽然不"中听"，但时常在钱华的心灵深处激起涟漪，让他开始反思那些困扰自己的问题。作为家族中唯一的男孩，钱华自幼便被寄予厚望，被迫学习各种技能。尽管父母表面上支持他追求自己的兴趣，但实际上，他的选择总是受到限制。儿时，他故意在本可以考满分的考试中考了98分，以此表达自己的不满和反抗。这种被安排的生存模式一直延续到他成年后的工作、生活中。

C公司正在进行XYZ系列产品的封闭式开发，这是一款具有颠覆性意义的产品。在紧张的研发过程中，钱华收到了魏雄的邮件："钱华，你对这款新产品和我们的客户都很熟悉，你先设计一个营销推广方案，然后和大家在高管团队会议中讨论，如何？"

魏雄的领导风格与前CEO截然不同，他更倾向于赋权，并给予充分的信任。面对新的领导风格和即将上市的新产品，钱华意识到自己不能再依赖过去的工作方式。这种转变给他带来了轻松感和成功的可能性，但也伴随着一些不安和恐惧。

钱华内心深处对魏雄能够提供明确指导的渴望依然存在，尽管并不强烈，但它是真切的。这种渴望与他对游戏的热情与亲密关系选择的迟疑有着相似之处，都是对控制自己命运的强烈愿望与对未知挑战的恐惧之间的拉锯。这些反思促使钱华开始重新审视自己的人生和职业道路，以寻找并确立那些真正属于自己的方向和声音。

晓闻的话语曾经听起来刺耳，现在对钱华来说却显得很"中听"。最终，他鼓起勇气，主动与晓闻联系。

"来了？"晓闻的话语透露出她好像早已猜到钱华会到访。钱华的直觉告诉他，上次教练那样说话是有意为之。背后的深意是激励他直面长期以来回避的挑战。此刻，一种强烈的愿望在他心中涌动，他迫切地想要向教练倾诉那些被长期积压的情感，希望能够通过这次坦诚的交流，释放那些一直压抑在心头的重负。

晓闻在接手钱华的案子之前，已经深入研究了他的背景信息，并对可能的心理机制有所预估。在钱华倾诉时，晓闻耐心倾听，不时点头以示认同和理解，同时鼓励他进一步深入探索自我。当谈及儿时考试经历时，晓闻问道："当本可以取得更好的成绩时，你最怕的是什么？"

钱华经过一番思考，似乎有所顿悟，他激动地回答："我最怕的是父母有更高的期望和更严格的要求。我追求卓越，但不想要被他们'塑造'出来的卓越。"钱华突然意识到自己的问题："教练，你之前的提醒是对的，我是在逃避！现在我终于明白，我既渴望成功，又害怕成功的'后果'。我想要的是自己定义的'更好'，而不是别人安排的'更好'。"

晓闻随即引导钱华思考："这个认识对你目前的工作有什么启示呢？"钱华反思道："前CEO给出明确指令的领导风格，让我习惯了听话照做，那是我的舒适区。魏雄的到来打破了原有模式，他的领导风格给了我想要的自由，这正是我内心渴望的。但当我面对艰难决策时，缺少了过往那种能快速做出反馈的决心，我的旧思维模式、行为还在作祟，这不让我焦虑才怪呢。"

随着对话的深入，钱华不自觉地挺直了腰杆，显露出前所未有的自信。晓闻注意到了这一点，立刻给予了认可和鼓励。她的话语如春风化雨般温暖而鼓舞人心。她鼓励钱华继续沿着这条自我发现之路前行，探索这种新认识如何能够丰富他的职业生涯，并为公司正在经历的转型贡献力量。晓闻的支持和引导让他意识到，个人成长与组织发展之间存在内在联系。钱华也更加坚定在自我发展道路上不断探索和前进的决心。

在高管的职业发展中，可能会遭遇所谓的"脱轨"现象，这通常是由个人因素和组织因素共同作用引起的，包括原本的优势在新情境下转变为劣势、长期未被纠正或忽视的弱点、因成功而产生的傲慢和过度自信，以及运气不佳等不可控因素。心理防御、依恋模式等心理动力则是影响高管个人"脱轨"的深层次重要因素，它像地毯下的蛇，虽然不易被察觉，却能产生深远的影响。

心理防御是人类独有的一种自我保护机制。钱华在和教练的对话中发觉，他在无意识中使用这种机制来应对内心的恐惧、不确定性、焦虑及不安全感，这对他的职业发展产生了重要的影响：他可能通过"压抑"来避免面对与父母期望类似的内心冲突；在魏雄的领导下感受到压力时，他会无意识地"退行"到对抗父母的幼稚行为；他会用打游戏的方式与现实

"隔离",而未能充分挖掘自己的潜力和机会;他会使用"合理化"来解释自己为何不能达到更高的成就。

这种心理防御机制虽然在短期内可能有助于缓解焦虑,但从长远来看,可能会限制个人成长和职业发展。对钱华而言,增强心理韧性可能有助于他更好地应对职业挑战,降低"脱轨"的风险。心理韧性是高管心理特质的一个重要组成部分,它已被证明能够有效提升企业的创新绩效,特别是在业绩下滑和行业竞争激烈的情况下,其作用更加明显。

钱华在与晓闻的这轮周期性对话中,开始意识到并学习去面对自己的心理防御机制。之后,通过内省和对话,他开始理解自己内心真正的需求、欲望和恐惧,开始解读外部关系、期望与现实,开始理解内外部之间的张力与冲突。他还学会了识别和调整这种不成熟的心理防御机制,以更健康的方式应对内心的不安和外界的压力。

对内外部挑战和压力进行疏导,进而将其转化为积极行动,这在心理学领域被称为"升华"。这是一种成熟的心理防御机制,它使人能够将原本可能引起焦虑的内在冲动转化为有益的行动和创造性表达。钱华通过这种机制不仅认识到并接受了自己的防御行为,还将它们转化为应对策略。

同时,在职业发展上,钱华意识到自己需要从依赖他人安排和期望的旧模式中解脱出来,找到属于自己的职业道路。面对公司第二曲线的转型和领导风格的变化,钱华开始探索自己的潜力和创造力，以适应新的工作环境和要求。他从过去的习惯于按指令行事转变为积极寻求创新和自主决策，他开始成长为一个更加成熟、自信的个体。

钱华依然热爱电子竞技，但每一次点击鼠标不再是恐惧的表达，而是自信的宣言。他找到了属于自己的节奏，在虚拟与现实的战场上，舞出了属于自己的华章。

"哔……"手机打破了宁静，晓闻看到是钱华发来的消息："教练，我最近交往了一个很出色的女生，我们相互感觉都很好，打算见家长了。"

晓闻微笑着，知道他已经再次踏上了成长与自我超越的征程，人生中新一轮的双向奔赴之旅启动了。

04
反躬自问：三层阳台深复盘

文/程　敏　吴雁燕

行动是生命之树的蓬勃生长，向着光明和未知；
反思是年轮凝聚的智慧，深邃地向内洞察。

芮敏教练工作室所在的艺术园区，是市中心一片独特的文化绿洲。这里的一幢幢小楼都是充满设计感的工作室和展览空间，涵盖了绘画、摄影、设计等多个领域。在公共空间里，雕塑作品随处可见，它们或抽象或写实，每一件都诉说着艺术家的灵感和故事，也激发着路人的共鸣和思考。

园区一隅有一家充满书香和艺术气息的宁静书吧。书吧采用了一种自由和随性的设计，两层小楼打通成了复式，一楼有一块很大的阅读区，阅读区三面靠墙摆放了原木制成的台阶。这些台阶层层叠起，不仅增加了空间的层次感，也为读者提供了一种全新的阅读体验。书吧的运营模式也很创新，周一到周五为书吧，周末则为工作坊场地。

自从魏雄邀请芮敏成为高管团队的团队教练，每个月芮敏都会带着团队进行一次工作坊。经过强化团队的信任、凝聚力和心理安全感这些基础工作，本月的主题将聚焦公司的第二曲线转型。为此，芮敏刻意选择把工作坊安排在这家书吧进行。

当团队成员陆续进入场地时，他们立刻被一张简笔画海报所吸引。海报由两个主要部分组成：一个充满活力的舞池，以及一个宁静的阳台。

魏雄的开场直入主题。"各位同事，鉴于我们相互之间的信任关系已得到强化，公司现有业务也已经稳定下来，今天邀请大家一起做一个很重要的复盘。前CEO做出了变革和转型的努力，然而没有成功。现在随着内外部局势的加速变化，我们要继续引领公司的第二曲线转型，而且董事会希望我们只能成功不能失败。我们如何确保这一次可以成功？

"高管团队不能只是简单地从经验中学习，经验本身是一种学习资源，但仅仅依靠经验是不够的，因为经验可能是有限的、片面的，或者在某些情况下可能不适用；高管团队要从对经验的复盘中学习。去年，公司采取了第二曲线转型的两大举措——颠覆性技术创新项目和出海项目，今天的主题是深度复盘颠覆性技术创新项目的失败。

"刚才大家都注意到了芮敏教练的这张海报。'舞池与阳台'是对今天整个团队教练流程与内容的核心比喻，象征着我们在公司中扮演的双重角色：在舞池中引领变革的勇士，在阳台上冷静观察和思考的智者。"

接着，魏雄借用芮敏之前分享给他的一段话表达了今天对所有人的期待。

"抽离焦灼，站上阳台，
审视目标与全局，保持镇定和清醒；
躬身入局，跳入舞池，
兼收并蓄，机勇敏捷，展现智慧与影响。"

舞池回顾

芮敏感谢魏雄为工作坊的开场，并表示今天会带着大家用"三层阳台/三环反思"的方法进行复盘。

"首先，邀请大家穿越到去年，想象自己回到了去年颠覆性技术创新项目的舞池中。项目背景是什么？发生了什么？结果是怎样的？"芮敏开始了第一轮提问。

大家很快给出了一致的答案。

"去年我们为公司第二曲线转型投入了两个重要的战略性项目，即外延式的出海项目和内生式的颠覆性技术创新项目。对于后者，研发团队推出了XYZ系列产品，这是一款投入巨大且被寄予厚望的颠覆性技术创新产品。然而，市场对我们的产品反应冷淡，未能实现预期的替代效果。"

一层阳台/单环反思

在开始下一步之前，芮敏邀请大家离开排成U型的座位，随意地坐在台阶上。"坐在台阶上，请往下看，U型座位就像是去年颠覆性技术创新项目的舞池。当时我们具体做了什么？行为是如何导致结果的？"

大家很快描述出了不同的行为和结果。

销售市场部负责人钱华第一个发言："我们要求销售人员多销售XYZ系列，但是他们对推广XYZ系列缺乏动力，因为他们认为销售该产品需要花费额外时间与客户交流，且获得的利润不如原有产品。"

财务部负责人接着说："当后期需要追加投资的时候，董事会要求看到有说服力的市场报告来评估投资回报率，我们尽可能做了，但是报告数据无法说服董事会。"

"因为缺乏后续资金，研发部对XYZ系列的继续研发停滞，对前期买了XYZ系列客户的技术支持和后续服务也没有跟上，导致客户满意度不高。"研发部负责人声音低沉，看得出他对此项目失败的痛惜。

"客户满意度不高，新产品更难卖了！所以虽然后期我们调整了销售激励方案，但XYZ系列的销售量仍然没有达到预期目标，后期每个月的增长量很少。"

"客户听说公司推出了价格更低的XYZ系列，但他们不想更换至XYZ系列，反而要求我们降价原有的高端产品，否则就购买竞争对手的产品。个别大客户经理只能答应客户的要求，这样做虽然留住了客户，但是利润下滑了。"

听完这些，芮敏向大家解释刚刚进行的是站在一层阳台上的"单环反思"，还补充说大家在这层阳台上进行反思时的情绪有些低落。

"我观察到大家都坐在了前三排。你们应该注意到这个台阶差不多有十几层，为什么没有人选择更高的台阶呢？如果有人坐到了更高的台阶上，你们会跟随吗？"芮敏紧接着描述了他对团队的观察，并提出了大家没有料想到的问题。

现场一片沉默。

芮敏没有急于要答案，因为他相信，这些观察和问题本身已经让大家有了很多的思考和感受。

这时魏雄举手发言："大家知道，我给自己设定的领导力理想是智勇仁兼具。虽然研究过去年的XYZ项目材料，但刚才在跟着大家一起进行舞池回顾和一层阳台上的单环反思时，我才真切体会到了你们的不容易和失落、急迫的心情。大家辛苦了！"带着一丝意外，大家纷纷以作揖状向魏雄表达被理解之后的感谢。

站在旁边观察的芮敏在内心为魏雄和团队点赞,魏雄的"仁心"在不断成长,团队的心也在逐渐靠得更近。

二层阳台/双环反思

"现在请大家坐到最高一层的台阶上。"

大家都落座后,芮敏带领大家进行二层阳台上的"双环反思":"现在我们和舞池的距离更远,请大家回顾一下,去年我们期望通过这个项目实现什么目标?"

"如同过往商界历史上的颠覆性技术创新,我们希望XYZ系列技术成为未来行业的主流,我们也希望通过引领这次变革,带动公司发展第二曲线。"

"根据你们之前的描述,这个目标是没有实现的。那么,刚刚在一层阳台上大家谈论的行为与结果与此刻回顾的目标之间是什么关系?"芮敏继续发问。

"我们之前的行为与结果与我们的目标不一致。"

"我们的反思是什么?"芮敏又问道。

"XYZ系列是颠覆性技术创新产品,而我看到销售市场部去年的打法跟过往一样,即沿用推广改善产品性能的延续性技术产品的老套路。"研发部负责人首先发表了他的观点。研发团队这几个月变得越来越能直接地表达观点,同时言语间透露着"我们"的整体观,正如此刻。

芮敏观察到很多成员认可地点着头，因为提到销售市场部，他还特别关注了钱华的反应，看到他若有所思。

"还有吗？"芮敏作为团队教练没有直接邀请钱华发言，因为他相信团队系统自身的力量。

"是的，我们过去没有关注到延续性技术产品和颠覆性技术创新产品之间存在的重大战略性差异。"

"作为成熟期企业，我们本身有利润还不错的主打产品，XYZ项目对我们来说虽然具有创新性但利润更低。关于如何平衡短期利润和长期利润，以及如何维持现有市场占有份额和布局未来市场，我们没有深入思考与讨论。"财务部负责人也同意研发部负责人的观点，并从投资的角度给予了补充。

"芮敏教练，我来说几句，我最近有很多反思。"钱华对着芮敏开了口。芮敏微笑着打断了他："很好。来，你跟大家说一说。"他还特意拉长了"大家"两个字。

钱华想到芮敏在第一次团队教练时就提过的"所有的对话是说给团队而非教练听的"，他干脆站了起来，向大家分享他的反思。

"你们还记得上个月的团建活动吗？大家一起去打匹克球。"

"当然记得！"一时间大家都兴奋起来，会场一下热闹了。

钱华清了清嗓子，开始了他的分享："那次之后，我迷上了打匹克球，几乎每个周末都会和朋友去打。你们知道我擅长体育运动，尤其是打网球，对于这个融合网球、乒乓球和羽毛球打法的球类运动，我原本以为自己可以轻松驾驭，但我的进步不如我的朋友快。教练告诉我，因为我打了很多年网球，所以总是会不自觉地用双手进行强有力的高速击球，这种打法对讲究控制和精确度的匹克球来说太具有攻击性。"

"我一直擅长的成了我的阻碍。我面临的挑战不仅是从技术上克服肌肉记忆，还需要从战术上和心理上实现突破。人有时候需要打破那些旧有的习惯才能成功。"钱华说最后一句话的声音明显低沉。

说完这些，他停了下来，会场也安静了下来。大家感受到钱华和几个月前的不同，也感动于他愿意分享这种有深度的反思。

"刚刚我们在讨论XYZ项目的时候，我想到了打匹克球的这段经历。我们试图用延续性技术产品的推广策略去推广一个颠覆性技术创新产品，这就像我在打匹克球中使用网球的动作一样，不仅不适用，还阻碍了进步。我们不应依赖于过去的经验，而应勇于重新设计推广方案。此外，我们还需要更好地理解市场和客户的需求，就像我在打匹克球中需要适应不同的对手和比赛环境一样。"钱华说。

听到这里，团队依然保持安静，不同的是，每位成员开始进行更加向内、更加深刻的思索。魏雄和芮敏相视一笑，对于接下来的复盘充满信心。

三层阳台/三环反思

休息片刻之后，芮敏邀请大家走上书吧的复式二层，进行三层阳台上的三环反思：我们的初心是什么？我们想要实现怎样的愿景？我们追寻的宏大使命是什么？

大家没有讨论，直接坚定地回答了教练的问题："我们这群人当初创立C公司的初心就是做这个行业的中国领军者，进而成为世界领军者，为这个世界的进步和美好留下我们的印记。而我们引领公司进行第二曲线转型既是为了应对市场变化和实现技术进步，又是为了主动打破成熟期企业的各种弊端，保持竞争力和持续增长，践行创业初心。"

"经过三层阳台上的三环反思，并带着这样坚定的初心，当我们再次回到舞池中后，可以做哪些不同的事呢？这些不同可以体现在我们在二层阳台上讨论到的目标设定，也可以体现在我们在一层阳台上讨论到的行为与结果。"芮敏希望大家将反思进一步转化和落地。

这一步骤也展示了"舞池与阳台"这一教练工具中"舞池"与"阳台"之间的关系："舞池"是起点，"阳台"是过程中的手段，带着在"阳台"上的观察与反思再次回到"舞池"中去行动、影响和创造才是目的；如此往复，"舞池"又成为终点和下一轮"舞池与阳台"的起点。

魏雄立即回应："这几个月我一直在研究XYZ项目，我特别认同前CEO和大家的想法，这个项目若能成功，则会成为帮助公司顺利转型的重要战役。我们现在要回答的是如何成功做好这个项目。"

魏雄的这番话给了团队极大的认可和信心。当团队成员的思路和心态都打开时，就可以在很多时刻自发进行深度和多角度的反思。比如，他们意识到，彼此之间的关系从魏雄空降之初的疏离和试探转变为信任，而刚才第一次坐上台阶时的过于一致性又意味着团队中增加一些独立观点和适当张力的必要性。

芮敏也趁着热火劲儿，转换为培训师的角色讲解了关于创新的一些理念和方法，以增加大家的知识储备。

随后，大家集思广益，互相挑战，很快设计出如下推广方案。

第一，企业的资源配置通常取决于或受限于现有客户分布和投资者意向。作为主流成熟期企业，为了能够在颠覆性技术创新中及时、成功地确定市场地位，同时克服组织内的各种思维、行为、流程、制度等方面的变革阻碍甚至利益冲突，需要设立一个与现有组织机构相分离的、独立的机构——"XYZ内部孵化器"。

这个新成立的机构由原COO张远负责组建，专注于颠覆性创新技术，致力于独立开展新业务和开拓新兴市场，旨在摆脱现有客户的制约，自由地接触和吸引那些认可并寻求颠覆性创新技术产品的新客户。

钱华主动提议,从他的团队中抽调既有经验又有创新企业家精神的成员加入这个新机构。人力资源负责人将与张远共同设计适合新机构性质的组织架构、制度流程及人员配备等工作。张远本人则需要学习和提升自己的创新领导力。

第二,之前董事会要求获得市场报告数据,并据此做出后期是否追加投资的判断。对颠覆性技术创新产品进行市场和利润预测非常困难,因为这类业务具有超越性和前瞻性,公司往往需要打破常规,向着模糊的方向实施往往并不清晰的目标,尤其是在早期阶段,但如果等到方向和目标相对清晰再入场,就会错失宝贵的机会。所以魏雄和高管团队将运用传递愿景、展示潜力、战略规划、风险管理和跨行业成功与失败的案例等方式去影响董事会这个最关键的利益相关者,并获取他们的持续支持。

第三,去年的XYZ项目采取了之前惯用的瀑布式开发模式,即从研发到生产再到市场销售沿用了前一个阶段完成再进行下一个阶段的传统方式,所以直到销售阶段,团队才发现问题,造成了延迟反馈和风险集中出现。今年团队应该采用敏捷开发模式——先产出原型,再不断测试和迭代。

重塑文化土壤的敏捷开端

"除了这个项目,实现公司的第二曲线转型还需要不断地进行方方面面的创新和变革,如技术创新和变革、商业模式创新和变革,以及组织创新和变革。在组织创新和变革方面,我们该如何重塑能够孕育、支持、激发、促进全方位创新和变革的组织文化土壤呢?"魏雄抛出了一个更大的话题。

大家回到了刚开始的U型座位上,马上把芮敏老师教的几种先发散再收敛的方法运用起来。很快,在"舞池与阳台"主题海报旁边,他们又精心制作了一张新的海报,标题为"新文化,新土壤",并渐次写下了如下文化要素选项。

勇于冒险

鼓励试验

容忍失败

积极主动

跨域协作

个人、团队和组织学习能力

领导层以身作则

快速迭代

灵活性

庆祝创新和成功

庆祝失败

夜幕慢慢降临,艺术园区的灯火开始渐渐点亮,团队成员被创新所激发的思路依然活跃。

在重塑组织文化土壤方面，他们创造性地打算使用芮敏老师教的敏捷创新思维做一个试验：在组织局部邀请具有多元化背景和特质的员工，运用批评性思维针对以上文化要素选项进行多元化和深入的碰撞，并在具有创新性质的工作中探索和测试相匹配的典型行为。

阳台肌肉再练习

此时，工作坊接近尾声。芮敏老师邀请大家再次运用阳台视角，回看今天整个复盘过程中舞池中的自己和团队。虽然舞池与阳台的概念看似简单，但如果要形成肌肉记忆的话，就需要领导者们不断地进行刻意练习。

在众人纷纷分享之后，芮敏老师再次提出了进行一层阳台上的单环反思时的那个问题："我观察到大家都坐在了前三排。你们应该注意到这个台阶差不多有十几层，为什么没有人选择更高的台阶呢？如果有人坐到了更高的台阶上，你们会跟随吗？"

随即，他分享了"群体思维"这个概念。群体思维指的是在一个高凝聚力的群体中，人们在思考问题和决策时过分追求群体的一致性，导致不同的信息或想法被忽视或被压抑，进而导致群体的决策能力受损。

团队成员意识到这种思维是追求高凝聚力的团队和组织的"副产品",会影响团队和组织的决策、创新与转型。于是,他们在刚刚的海报上加上了"批判性群体思维",并约定这项内容将成为今后每次阳台反思时的必选项目。

在经历了一整天数轮"舞池与阳台"的深入反思和讨论后,带着新的见解和决心,以及彼此之间更深入的理解和联结,团队成员们准备离开这个艺术园区。此时,园区的灯光全部亮起,为这片艺术的绿洲染上了一层柔和的光晕,也似大家心里升腾起的新希望。

离书吧不远处,一座"变革之翼"的雕塑吸引了大家的目光并让大家产生了情感上的共鸣:

"变革之翼"以其独特的形态,象征着创新和变革的力量。雕塑的翅膀从一块象征坚定意志和不屈精神的粗糙岩石基座中破浪而出,海浪的起伏和力量代表着变革中的困难和挑战。每一片羽毛的锋利棱角不仅代表着团队在面对挑战时展现出的敏锐洞察力和果断行动,也反映出团队在变革过程中经历的成长和修复。

05
群英毕至：构卓越领航团队

文/吴雁燕　李沁历

魏雄空降C公司至今，他所面对的局面比预期更加错综复杂。好在他并非孤身一人，在教练芮敏的洞察和支持下，这位修炼智、勇、仁品质的棋手像是在用棋子织就一匹复杂的组织与商业锦缎。在黑白棋子交错之间，他不仅赢得了团队的信任和支持，还在变幻莫测的商海中精妙布局，巩固了自己的领导地位。

群英毕至，谋大局

随着新COO的加入，高管团队迎来了第9位成员。这位COO以敏锐的市场嗅觉和创新精神，为团队带来了新的视角和想法，同时也不可避免地引发了人与人之间新的关系变化。

高管团队就是这样一直处在动态变化中。无论是团队领导者还是团队成员，任何人的加入或离开都会引发剧烈或微弱的变化。这些变化包含职责分工、权力分配、互动模式、工作流程、决策过程和团队文化等方面；这些变化在某种程度上意味着仿佛组建了一支全新的团队，既蕴含机会也隐含挑战。机会在于这些变化为团队带来了新的刺激，推动团队的发展和创新，挑战在于这些变化考验着团队成员的信任、协作、调整与适应力。也正是这个在动态变化中寻求平衡和进步的过程，推动了团队持续向前发展。

在这个过程中，团队领导者的作用尤为重要。他们需要具备敏锐的洞察力并积极主动地采取措施来预测、管理、应对或利用团队动态的变化；更重要的是，他们需要从组织发展的高度与全局出发，发挥牵引和影响力，将高管团队打造成既匹配组织现有发展阶段需要，又能引领组织往下一个阶段过渡的引擎。

从另一个角度来说，高管团队的发展上限决定了组织的发展上限，而高管团队的领导者又极大地影响着高管团队的发展上限。

在公司重启的颠覆性技术创新项目和组织文化土壤重塑项目基础上，魏雄在芮敏教练的辅导下为下一个阶段组织发展设定了这样的目标：将这支由超级个体组成的高管团队进一步发展成更加同心、同德、同力的卓越型团队，同时重塑公司使命、愿景和战略，进而引领新的组织能力体系的构建。所有这些将全方位、深度支持公司的第二曲线转型。

魏雄感到这个过程远比围棋棋局更加立体和动态。公司这艘大吨位轮船将发展成一支整编制舰队，在舰队中，规模最小同时作战能力最强的单元和领航团队应该是高管团队。高管团队时而聚集在旗舰上共同制定长远的航线和战略决策，时而分散到各个关键船只上以确保每艘船都能得到有效的管理和战略指导。

为此，新COO加入后的又一次团队教练工作坊被选在近郊曾见证奥运水上运动辉煌的场地进行。这是魏雄和芮敏共同商议后的选择，意在通过会议室内系统化的教练引导和思想碰撞、赛艇现场的亲身体验与反思，以及精心安排的晚餐，来激发团队成员全面又深层次的参与感和凝聚力。同时，具有新鲜感的场地和互动性强的参与方式有助于团队成员打破思维定式，培养创新思维，发现新的视角和解决方案。更有趣的是，精锐、敏捷、协同作战的赛艇队正好是这个阶段这支由9人组成的高管团队需要发展成的样貌。

回看，荣光与挫折

会议室宽敞明亮，透过巨大的落地窗，可以看到湖面上国家赛艇队队员们正划桨前行，他们的每一次挥桨都展现了最强个体之间的彼此协作，目的是奔向共同的目标。

为加快新COO对公司的了解和认同，同时也为了再次激发其他团队成员的成就感和自豪感，芮敏首先引导大家用长幅画卷回顾了公司从创业到现在所经历的关键事件和项目、所取得的荣誉和成果、所遇到的挑战和挫折、所积累的优势和资源、所暴露的短板，以及所倡导和实践的价值观。

这种沉浸式的复盘体验给大家带来了极强的视觉和心理冲击，老同事们心潮澎湃，魏雄和新COO则对公司的发展历史和团队成员有了更深刻的了解，并对其表示尊重与敬佩。这次阳台反思活动也为后续讨论支持公司第二曲线转型所需的组织能力、使命、愿景和战略打下了扎实的基础。

接着，芮敏引领高管团队成员进行了一次深刻的团队回顾。沿着公司起起伏伏的发展轨迹，大家挖掘出了那些在关键时刻发挥核心作用的团队要素。高管团队成员满怀豪情地用具体事例和数据生动地展示了团队是如何成为公司成功的推手的，同时也反思了公司去年实现第二曲线转型的掣肘因素。

通过对照公司发展轨迹与高管团队所做出的贡献和不足之处，大家把芮敏教练提出的论断——"高管团队的发展上限决定了组织的发展上限，高管团队的发展水平折射了组织发展水平"——从头脑中的概念理解转变为深刻的内心体验。

随后，芮敏引导团队成员对高管团队的现状进行了细致的梳理。他鼓励每位成员真实地表达各自对团队当前状态的观察和见解，并在这个过程中指导团队从个体和团队两个层面识别和萃取出能够支持团队和公司未来发展的核心能力与特质。

到目前为止，整个教练过程理性与感性交织、紧凑而富有成效。团队成员不仅对过去和现在有了完整、清晰的认识，更重要的是，还增强了责任感和紧迫感。

展望，高效与卓越

当芮敏抛出问题——"在未来，你们要成为什么样的团队才能带领公司持续发展和转型"时，空气仿佛凝固了片刻。接着，团队成员们表现各异。有人快意表达，有人沉思慢语，有人感觉无措，有人对他人的观点表示不赞同，甚至与他人产生了轻微的争执。芮敏知道，这正是一个转变场景、触发亲身体验的好时机。

窗外，国家赛艇队八人单桨有舵手项目训练正在进行。芮敏邀请团队走出会议室，亲临赛艇训练现场，让那些在水面上划桨的身影成为团队塑造的鲜活教材。

阳光在波光粼粼的湖面上洒下一层金色的光辉，他们的目光被不远处的赛艇训练吸引了过去。赛艇在水面上划过一道笔直的轨迹，那里正上演着个人能力与团队协作的完美交响乐，每一次划桨和每一次迅捷前进都凝聚着力量与节奏交织出的美感。

8名女桨手们单侧划桨，动作完美同步，每一次桨片入水和提起都如同一人所为。让大家惊讶的是，第9位舵手是一位和女桨手一样皮肤黝黑的男性。这位舵手在赛艇训练中发挥着至关重要的作用，他通过清晰有力的指令引导着队伍劈波斩浪，快速奔向目标。岸上，赛艇队教练在对讲机里不时喊着："注意水流、风向、旁边的艇，舵手稳住，注意灵活调整。"

团队成员大多数是第一次近距离观看这样的训练，他们都被赛艇队员们展现出的团队精神和协作能力所震撼，不由得思考如何将这种对目标的共识、协作的默契融入自己的工作。

进一步地，芮敏邀请魏雄聚焦舵手、其他团队成员各聚焦一位女桨手跟踪观察，他则静静地留意着团队成员们的反应。他知道，这一刻的体验比任何说教都更有力量。他轻声问道："看那赛艇，看那女桨手和舵手。你们能从他们身上学到什么？你们要成为什么样的团队？"

赛艇八人单桨有舵手项目是一项需要团队高度协作和精确执行的运动。每位团队成员都要对团队的共同目标有清晰的认识，共同制定训练计划和比赛策略。舵手在赛艇团队中扮演着领导者的角色，能够激励团队成员，做出决策，并在比赛中指导团队。

在训练和比赛中，团队需要能够快速适应变化，灵活调整策略和动作，以应对不同的挑战。面对高强度的训练和比赛压力，团队成员还需要有强大的心理韧性，以保持专注和冷静。八人单桨有舵手项目是赛艇项目中公认的"虐"字一号，具有最高强度、最大运动量。这个项目还需要有积极的团队文化，团队成员之间的信任、支持和合作对于团队的长期成功至关重要。

大家回到会议室。一束束目光聚焦在投影屏幕上，好奇的团队成员从网上搜索出了八人单桨有舵手比赛项目介绍。魏雄见状，带着一丝赞许的语气说："哟，咱们团队开始更积极主动地分享信息了。"

芮敏趁着这个机会，轻轻翻动投影页，向大家介绍各种不同的高效高管团队的类型与特质。

"资讯型团队，"芮敏轻声说道，"宛如赛艇上的舵手和每一位划手，在不同的身位上精准捕捉着促进或阻碍团队前进的资讯，并即时将其汇聚成引导团队夺冠的信息宝库。"

"顾问型团队，"他的语气渐趋坚定，"似智慧的凝聚，每位队员都是策略家，一边划桨，一边相互分享、学习和启发，共同激荡起思想碰撞的浪花。"

"协调型团队，"芮敏的声音中充满了节奏感，"凭借无声的信任和默契的协调动作，正如赛艇上桨手的同步划桨，共同培育着团队的和谐与平衡。"

最后，他的话语充满了力量与信念："决策型团队是承载着关键决策、引领方向的领航之舟。正如舵手在激流中稳健地掌握着赛艇的前进方向，决策型团队在变幻莫测的商海中，坚定地指引着组织驶向心之向往的成功彼岸。"

芮敏的话语犹如湖面上轻盈跳跃的水花，在每位团队成员的心间激起层层涟漪，他们不断思索着自身的定位和团队的未来图景。芮敏还强调，这些高效高管团队类型并非僵化不变的，而似充满活力与动感的八人单桨有舵手比赛项目，团队成员需随着内外部环境的每一次波动，进行迅速而精准的调整。

"每一次调整，"芮敏的声音中带着鼓舞人心的力量，"都是向着共同目标稳步前进的证明，都展现出团队的灵活、坚韧和适应性。"

团队成员很受启发，他们发挥极强的思考力，很快共创出何时、如何、成为何种类型的高效团队，以及如何顺应内外部环境的变化而敏捷地转换类型。

"如果，"芮敏继续拉伸着大家的心智，"你们不止步于发展为能够灵活调整团队类型的高效高管团队，还能拉长时间轴和拓展视野，成为成功引领组织第二曲线转型的高管团队，成为舰队中名副其实的领航团队，那么，你们会如何称呼自己？"

魏雄脱口而出："卓越的高管团队！"恰好这时，赛艇队员们也完训上岸，用击掌和拥抱热烈地庆祝团队的又一次努力和进步。

大家都被"卓越"这个词和赛艇队员们的状态感染了,并描绘出心目中卓越高管团队的画像:我们不仅能交付短期成果,带领舰队完成每一个航段的任务,还能长期稳定地创造价值,展现出持续的生产力和创新力,驰骋在一片又一片的大海之间;我们不仅能引领自己的舰队,还能因我们的卓越实践而引领行业发展,我们会成为其他舰队学习的标杆;还有,我们也会开放地将团队与组织的智慧进行广泛传播,不只在海洋上,还在陆地和天空中。

瞻远,北斗照耀征程

这个时候的团队成员们处于高昂的情绪状态中,而富有经验的芮敏则通过一个具体的问题让大家平静下来,他说:"对标期望成为的卓越高管团队,你们和公司现在的状态是什么样的呢?"

新COO沉思片刻后说道:"画像像空中楼阁,虽然美丽却虚无缥缈,似乎还缺少与现实世界的某种联系。"

"战略!"CTO(Chief Technology Officer,首席技术官)迅速补充道,"我们需要一套可行的组织新战略来链接现实。"

CHO(Chief Human Resources Officer,首席人力资源官)紧接着提出了自己的想法:"我们还应该重新设定公司的愿景和使命——它们引领公司发展的方向。"

钱华："对这些进行更新之后，我们还需要再更新相匹配的组织能力。"

张远："我们上回在书吧里做三层阳台深复盘时，有一个跟进的行动计划是对公司新文化进行敏捷共创。等我们把上面这些更新之后，还要给新文化添加新的敏捷项目。"

这一连串的对话和建议让魏雄不禁由衷地赞赏："我们确实是一支打过胜仗也摔过跟头，能够迅速调整和应对，同时还依然保有激情和使命感的团队。这几件公司层面的大事的确要靠我们来引领，同时这几件大事也是高管团队的练兵场和试金石。"

参考一些学术研究成果，并结合C公司的具体情况，芮敏乘着这个势头带领大家共创出这支高管团队对使命、愿景、战略及组织能力的定义。

使命定义了组织的独特身份和存在的根本原因，愿景是组织追求的长远目标和理想状态，它们如北斗星和珠峰引领和激发组织不断向更高远的目标努力。

战略是一种持续而动态的分析、决策和执行过程，它通过对组织内外部环境、资源及能力的动态性分析、前瞻性预测，以及所做出的一系列根本性决策和行动计划，指导组织各单元、各层级的成员积极参与和执行。这一过程的目的是确保组织的使命和愿景得以实现，并为所有利益相关者持续创造价值。

使命、愿景和战略三者相互依存，并与组织文化和价值观共同构成了组织成功的顶层设计。

组织能力超越了个体能力和团队能力，指的是组织整体在达成以上顶层设计，并实现更具体的目标和任务过程中，所需要发展和展现的一系列能力。组织能力是多维度的，覆盖了从顶层设计到业务运营、人才发展的每一个环节。不同的组织会根据其特定的需求和环境，强调不同的能力。

夜幕降临，郊外清朗的夜空中高挂天际的北斗星显得尤其闪亮。团队成员和芮敏教练约定，下一次团队教练工作坊将继续探讨使命、愿景、战略和组织能力。

"大家还记得那次在艺术园区书吧做的三层阳台深复盘吗？我提议，以后我们阶段性地使用这个工具对落地和执行做评估与反思。"收尾时，钱华提议道，同时向新COO做了一个邀请式的鬼脸，这让新COO对加入这样一支团队感到更加踏实，并对未来充满更多好奇和期待。

一天紧张而富有成效的头脑风暴让团队成员们感到了一丝疲惫，但随即他们又被魏雄和芮敏精心设计的晚餐吸引。

在星光的映照下，团队成员们围坐在一起，逐一分享个人的成长经历和人生志向，并表达着对彼此新增的了解、深化的理解与真诚的欣赏。这次晚餐不仅是一场味觉的盛宴，还是一座联结心灵的桥梁。大家感慨道，虽然每个人的经历和个性迥异，却彼此共享着人间的悲喜忧欢。

深夜，在众人入梦的时候，魏雄和芮敏复盘工作坊之后，共同写下了这一段话：

一支具有远见卓识、能够持续引领组织创造绩效与价值的卓越高管团队，是组织顶层设计和组织能力建设中的核心和首要抓手。团队成员需要同时管理过程、发展能力，确保组织的长期繁荣和可持续发展。他们的每一步行动、每一个决策都是构建组织未来的基石。

06

再赴辉煌：使命、愿景、战略三剑客

文/吴雁燕 程 敏 郝静萱

今日长缨在手，何时缚住苍龙？

——毛泽东《清平乐·六盘山》

使命誓言：星空下的北斗星引航

长白山以其壮丽的自然风光和独特的地理环境而闻名，山顶的常年积雪及中国最高的火山湖长白山天池为其增添了许多神秘和纯洁。这里还是观赏星空的绝佳平台。

魏雄和高管团队对于上一次在郊外夜晚远望到的北斗星念念不忘。这次，他们带着对星空的向往和对重塑C公司未来辉煌的憧憬，与芮敏教练一起兴奋地奔赴长白山。

暮色降临，夜空变得格外清澈而深邃，星星一颗接一颗地点亮，仿佛触手可及的宝石。北斗星犹如一把璀璨的勺子，斜挂在夜的幕布上。它们是夜空的引航者，照耀并激励着旅行者穿越无垠的星海。

大家仰望着这片浩瀚的星空，既体验着无边的时间与空间带来的震撼，也感受着内心的宁静与思绪的飞扬。

在这样一个与星空靠近的地方，在这样一个与心灵贴近的时刻，芮敏教练轻声地问大家："既然使命定义了组织的独特身份和存在的根本原因，那么，我们是谁？我们为了谁？我们要做什么？我们要带来什么？"

每一个问题都外延广阔又有深刻内涵，有的团队成员感觉被激励，有的感觉被挑战，有的感觉被启发，有的生发出责任感，还有的感觉一时无从下手。

在芮敏教练精心设计的流程引导下，几经心灵里的流淌与交融、思维上的碰撞和萃取，尤其是在不断拷问"我们为了谁"，以及不断从"我们为了谁"这个角度校验其他几个问题后，魏雄和高管团队携手写下这段充满力量的文字：

"作为行业的持续领航者，我们的使命是不断开拓未知领域，积极引领变革潮流，为世界带来创新、进步和美好。"

长白山的璀璨星空见证着他们对使命宣言的承诺和对未来的无限期待与憧憬。北斗星的交相辉映，也见证了他们之间愈发强烈的归属感和凝聚力。魏雄动情地说："此刻，跟大家在一起，虽然离北斗星很远，却又觉得离它们很近，我感觉很幸福。"

愿景宣言：未来旅程的航标灯

如果说使命是初心，昭示始终，那么愿景则描绘未来理想，指引目标。使命赋予愿景以动力，愿景赋予使命以方向；使命是深植于心的长期和根本定义，回答了"我们为何而存在"，愿景是使命的具体展现，回答了"我们要去何方、我们未来一段时间的成功画面是怎样的"。使命与愿景二者相辅相成，共同描绘和构筑组织的宏伟征程。

第二天一早，朝霞穿透缭绕的云雾，映照在天池宽阔的水面上，仿佛仙境一般。在这样一个梦幻且充满可能性的环境里，芮敏教练以一个富有远见的题目开启了新的讨论："让我们想象一个画面，5年后的今天，我们这支高管团队因为成功带领C公司完成了第二曲线转型，被邀请参加博鳌论坛。我们站在聚光灯下发表获奖感言，分享我们5年间的旅程和经验，讲述那些一步步引领我们成功的关键决策和行动。到时我们会分享些什么呢？会以怎样的状态去分享？"

受到题目的启发，团队成员分组展开热烈的讨论和进行创意的碰撞。讨论中充满了欢声笑语，思维的火花四溅，还不时有小组派出"密探"到其他小组打探好点子。最终，每组选出代表，以"魏雄"的角色上台展示他们的讨论成果。

此时，天池水面上的云雾消散，波光粼粼的湖面上好像闪烁着无数双好奇的眼睛，渴望聆听大家的故事，分享他们的喜悦。

尊敬的各位嘉宾：

5年前，我们站在行业和组织的十字路口，面对着前所未有的挑战和机遇。带着决心和勇气，我们以使命为动力，将创新定位为我们的核心竞争力和主导战略。

今天，我站在这里，无比自豪地分享我们的共同努力和成就。

我们是创新的引领者

在这5年间，我们将创新作为公司发展的核心动力。

我们成功研发了一系列颠覆性技术创新产品，这些产品不仅提高了行业的标准，还极大地改善了客户体验。

我们推动了公司内部的创新文化，鼓励员工提出新想法，并为他们提供实现这些想法的资源。

我们与学术界和研究机构建立了紧密的合作关系，共同探索前沿科技，推动了多个领域的技术进步。

我们是社会责任的践行者

我们实施了一系列社会影响项目，通过公司的业务活动为社区带来了积极的变化。

我们推动了公司的环境可持续性计划，减少了运营对环境的影响，并提高了资源的利用效率。

我们在全球范围内支持教育和健康项目，提高了人们的生活水平。

……

这一位"魏雄"充满激情、声情并茂地发表着获奖感言，大家以热烈的掌声共鸣他的状态，也表达着对彼此的鼓励和支持。

随后，在一位位不同的"魏雄"分享获奖感言的冲击下，团队的士气被推到了新的高度。带着激情，同时也不断运用理性进行分析和判断，高管团队郑重地写下了属于他们的5年愿景：我们以创新求胜，服务全球客户，成为全球市场占有率最高的解决方案提供商。

这时，芮敏教练邀请大家共同面向山巅和天池，大声朗读出这个愿景宣言。被自己和所有人的齐心所感动，更多的伙伴动情地表示：此刻，我们共同点燃了未来旅程的航标灯，我感觉很幸福。

战略蓝图与本质：通向愿景之路

愿景是战略的基石，为组织指引方向，激励前行。战略是愿景的支撑，为组织绘制前行的蓝图，是通往愿景之境的方法和策略，要回答的是"我们如何到那里"。

战略是一个系统工程，它包括公司战略、业务战略与职能战略三个层次。公司战略着眼于企业整体的未来发展方向和目标，它决定了企业的整体定位、资源配置和管控模式。业务战略专注于确定某个业务如何取得和保持卓越的绩效，它涉及如何满足客户需求，如何持续获取收益，以及如何保持市场竞争优势。而职能战略更具体，它涵盖营销、财务、人力资源等各个职能的价值主张和运作策略，以确保企业的日常运作横向协同、纵向贯通，并与长期战略相匹配。

魏雄和高管团队知道，他们需要根据新的愿景对公司、业务、职能三个层次的战略进行一次全面的审视和调整。

芮敏教练这时则不紧不慢地说道："市场上充斥着很多的战略流派、战略模型和战略工具，虽然人们可能倾向于指望某种战略工具或战略模型可以'包治百病'，但现实并非如此，每一种战略模型和战略工具都有其适用的范围，也都有其固有的局限性。由于全球经济的不确定性、地缘波动、市场环境的复杂性和科技的发展，现在我们比以往更难找到正确的组织战略，甚至比以往更难找到制定战略的正确方法。所以，我们现在要做的第一步不是商讨某种战略工具的细节，也不是进行'战略规划'，虽然长久以来进行'战略规划'是商业战略的主流。"

芮敏的这番话出乎了很多团队成员的意料。"那我们第一步做什么？"钱华性急地追问。

"我们首先探讨战略的本质是什么。"芮敏笃定地回应道。

战略的本质是一个很大的话题，并不存在标准答案，甚至并不存在已知的答案。

"我们该如何探讨这个话题？"——优秀的高管教练授人以渔，而非授人以鱼——芮敏教练在大家好奇的目光注视下，向高管团队抛出第一个问题。

团队成员"知道答案"！很快，团队成员达成了第一个共识，从为什么需要战略、战略是什么、谁参与进来、集体战略领导力如何发展、如何制定战略、如何执行战略、如何沟通战略和如何评估战略这8个方面入手。

"这是一幅巨大且复杂的战略蓝图，8个方面彼此交织和影响，我们需要用今天和未来的时间不断思考、探索、实践、反思和迭代。"魏雄和高管团队意识到战略蓝图的描绘与执行不是一次性的活动，而是一个持续性的动态过程。

芮敏赞许地说道："大家的洞察力反映出你们认知里的中长期主义精神，这体现出战略的第一个本质。同时，你们也意识到了，战略存在的意义并不是用来桎梏组织的行动，而是应该具有灵活性和动态性，既用于指导日常的战术与运作，也用于引领组织的变革和创新，这是战略的第二个本质。"

关于为什么需要战略、战略是什么和如何制定战略，芮敏教练向大家展示了世界上现存最早的探讨战略的书——《孙子兵法》里相对应的三句话。

兵者，国之大事。

兵者，诡道也。

故上兵伐谋，其次伐交，其次伐兵，其下攻城。

"我明白了，"钱华今天表现得格外活跃，"刚才芮敏教练分享了战略的三个层次，这是在回答'战略是什么'。从《孙子兵法》的第一句话，我明白了战略对于一个国家的重要性或者说为什么需要战略。回到我们公司，之前我们说'使命与愿景二者相辅相成，共同描绘和构筑组织的宏伟征程'，那么我想把战略加进去，称它们为'使命、愿景、战略三剑客'。"

"再把企业文化加进去，就是四支柱。"

"别忘了还有咱们这支高管团队的建设，那就是五指山啦！"成员们热烈地补充着。

"咱们这群人，不就是那个'谁参与进来'里最重要的'谁'嘛，哈哈。"

芮敏也随即补充道："在推动战略动态发展和演变的过程之中，在不断反思和深入学习的过程之中，咱们这支高管团队的集体战略领导力也在同步发展。以集体战略领导力引领组织战略演化，同时以组织战略演化促进集体战略领导力发展，这是战略的第三个本质。"

此时，午后的阳光愈发热烈，远处的峰峦被镀上了一层耀眼的金色，像是希望的火炬在山巅点燃；天池中每一朵浪花都闪烁着钻石般的光芒,像是希望的种子充满着生机与未来的可能性。

"接下来,我们继续探索,看看能否总结出战略的第四个本质。"芮敏教练继续引导着大家。

虽然如芮敏教练之前所言,战略的制定并不存在一个唯一正确的方法,但我们可以从以下三个不同的视角进行综合审视。

- 观察组织现处的内外部环境,并预测未来趋势与影响。
- 审核组织现有的内外部资源与能力,并进行评估和优化。
- 识别组织内外部的利益相关者,并澄清他们期望从组织获得的利益和价值。

当高管教练和组织从这三个"由内而外"及"由外而内"相结合的视角思考时,就反映出他们对战略的第四个本质的洞见:

组织以洞察和响应内外部环境为前提,有意识地获取、利用和发展组织现有的内外部资源与能力,以便持续为内外部利益相关者创造利益和价值。

张远正在领导刚从公司主体中剥离出来的"XYZ内部孵化器",专注于颠覆性创新技术的研发,致力于独立开展新业务和开拓新兴市场。来长白山之前他有些顾虑,担心讨论出来的战略只考虑到C公司主体,而不适合孵化器。当他知道战略有三个层次之后,就松了一口气,知道孵化器被给予空间去制定和执行独立的业务战略。当听完战略的四个本质之后,他感觉芮敏教练的思路非常开放和独特,与自己很有共鸣。

这时,他大胆举手发言:"芮敏教练,我认为战略的第五个本质特别朴素,就是'去做'。"

芮敏笑了,走过去与张远击掌致意,然后面向大家说:"我们第一步要去做什么?"

团队成员高度默契和当责,很快分成了三个战略项目小组,回到公司之后他们将分别从以上三个不同的战略视角进行文献综述、数据收集和方案设计。魏雄与芮敏教练组成了第四个战略项目小组,负责把公司的集体战略领导力模型构建出来。

又一个夜晚降临,长白山高远而璀璨的星空再次为魏雄和高管团队照亮了前行的路,大家不约而同地抬头仰望北斗星,感知更多的引领与激励。

组织能力的匹配:构建六边形组织

第二天的阳光柔和而温暖,天池的湖水也显得格外宁静,一浪接着一浪温柔地冲刷着湖岸。

大家此刻的讨论却很"刚":把公司打造成一个六边形组织。

在昨天的讨论中，大家把使命、愿景、战略、企业文化、高管团队建设分别组合并称呼为"三剑客""四支柱"和"五指山"，上个月在国家奥运水上运动中心还定义过组织能力。

组织能力超越了个体能力和团队能力，指的是组织整体在达成顶层设计、并实现更具体的目标和任务过程中，所需要发展和展现的一系列能力。组织能力是多维度的，覆盖了从顶层设计到业务运营、人才发展的每一个环节。不同的组织会根据其特定的需求和环境，强调不同的能力。

当芮敏教练把以上文字再次展现给大家时，魏雄脱口而出：六边形组织。

这个比喻太形象，太符合Ｃ公司第二曲线转型的大目标啦！大家兴奋地头脑风暴出以下几项接下来需要重点建设的组织能力。

我们这支团队持续往高效型和卓越型高管团队发展。

在整个组织内部建立对"三剑客"的共同理解和共同承诺。

在澄清战略之后，稳固第一曲线业务的持续盈利能力，并构建第二曲线颠覆性业务的盈利模式。

继续推进激励创新的新文化建设。

芮敏教练打心眼儿里为这群伙伴高兴，带领大家又完成了对具体落地计划和分工的讨论。

接着,他又"卖了一个关子":"等四个战略项目小组的任务完成之后,我会带着大家用更结构化同时更建构化的方式进行三层次战略和组织能力的深入探讨。"

"哈哈,虽然对'更结构化同时更建构化'不明觉厉,但我很喜欢这种不断有新东西要学习、要创造、要实践的感觉,咱们这是在打造一个开放与持续学习型的组织吧。"钱华乐呵呵地说道。

魏雄点头补充道:"嗯,说得好,开放与持续学习,这也是咱们六边形组织的内核之一呢。"

"谈到学习,有一个常见的陷阱,"芮敏教练对很多领域都富有洞见,"就是学的越多,想做的就越多,从而容易失去核心与焦点。这引出了战略的第六个本质:取舍分明,把公司有限的资源投入到可以取得最大竞争优势的成长机会上。"

战略的六个本质与六边形组织的构建——一副坚实的框架,将有力支持C公司再赴辉煌的征程。

室内的讨论"刚"且"坚实",室外的阳光和湖水却依然温柔。这时,芮敏教练也展现出了他内心的柔和与细腻,以诗句抒发自己与魏雄、高管团队和C公司共同的旅程感想:

桑榆晚照,棋局正盛;黑白交织,智慧闪耀。
世事棋局,层层叠叠;携手信任,再赴辉煌。

07

转型高管的滑翔伞之旅

文/曾秀华

我在自我与灵魂之间徘徊,

听见灵魂对我低语:

"在你走过的每一条路上,

都隐藏着成长的机会,

而每一个选择,都是一个故事的开端。"

——叶芝《自我与灵魂的对话》

内容框架

本文通过提炼曾秀华(高管教练)与高管何世安(以下简称何总)的部分教练片段,结合肯·威尔伯的整合模型展示了高管教练如何促进高管的整合性发展。

肯·威尔伯的整合模型将人类经验综合到4个象限中,提供了全面理解个人发展的框架。整合模型运用在高管教练中（见图2-2）的意义是：以整合的视角关注高管个人发展与组织发展的动态关系，并通过对此动态关系的教练，促进二者的协调发展。

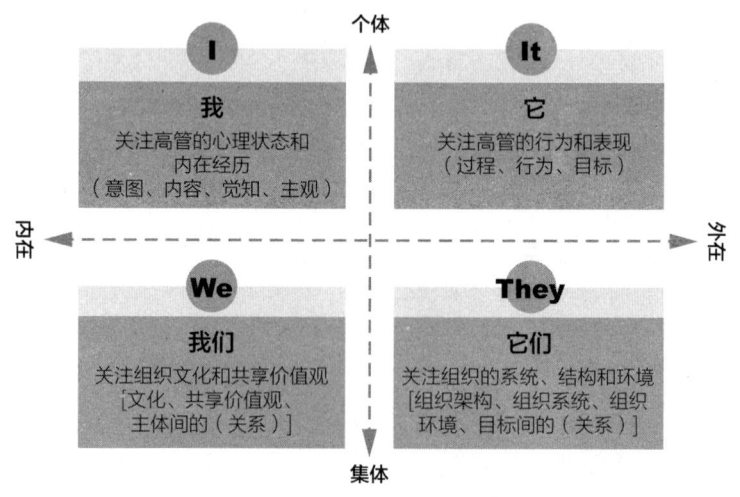

```
                    个体
         I                    It
         我                    它
  关注高管的心理状态和      关注高管的行为和表现
      内在经历            （过程、行为、目标）
 (意图、内容、觉知、主观)
内在 ←------------------------→ 外在
         We                   They
        我们                   它们
  关注组织文化和共享价值观  关注组织的系统、结构和环境
  [文化、共享价值观、       [组织架构、组织系统、组织
    主体间的（关系）]       环境、目标间的（关系）]
                    集体
```

图2-2　整合模型运用在高管教练中

为了更清晰、简明地介绍此模型在高管教练中的运用，本文使用了整合模型的简化版（见图2-3）。

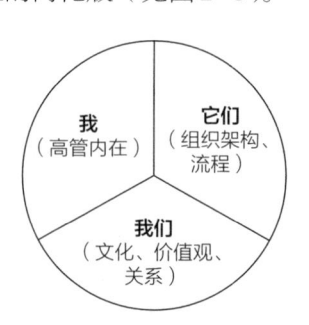

```
        我          它们
     （高管内在）  （组织架构、
                    流程）
           我们
       （文化、价值观、
            关系）
```

图2-3　整合模型的简化版

紧急迫降

回想起一年前与何总合作的教练旅程，那些如滑翔伞飞行般起起伏伏的经历，依然历历在目。

N公司是全球制药50强公司之一。随着公司的不断发展，为更好地平衡全球和本地需求，公司进行了结构改革，其中一项重要的战略举措是：针对主要业务领域，建立全球性协调支持平台。何总，原亚太地区市场部总监，在他当时的上司的推荐下，负责组建和领导新的全球市场营销策略支持平台。

就职不到3个月，何总的新上司就收到不同市场营销团队包括其手下新团队的反馈——对其领导方式极度不适和不满。具体包括：在会议中自己讲得比较多，要求大家按照他的方式推动相关策略的实施，无视团队成员的反馈，对于其他市场的反馈没有以具体的实际行动做出回应等。

在这种初航不利的背景之下，我成了他的高管教练。

作为公司最新的战略举措，新平台的搭建和整合工作迫在眉睫。何总必须尽快做出调整。经过讨论，教练目标被确认为以下几个。

- 提高人际关系敏感度。
- 基于对自己工作中惯性行为模式的反思，发展出新的调适性领导风格和模式。
- 与不同市场营销团队建立长期信任关系。

飞行员的困境（我：高管内在）

飞行员在受到外界因素干扰时，其反应速度及操作会发生微妙的变化，所以飞行员个人也是飞行中的一个关键变量。若飞行员在滑翔伞出现非正常状况时不能及时正确应对，则有可能使自己进入危险状态。

——"滑翔伞安全驾驶须知"

与何总的高管教练过程并不顺利。尽管我们在初期达成了良好的共识，并确认了合作原则，但最初的几次对话就像在拍一个篮球，刚触及球面，球就弹开了。

在一次对话中，我将这种感受分享给何总，并轻声询问他的感觉与看法。何总沉默了好一会儿。在感知到我们之间那个安全和支持的空间之后，他终于开始描述自己的困境：组织正在进行变革，他的前上司——一个非常欣赏他的人——离任了。前上司在临走前将他推上了这个位置，相信这会为他的职业发展带来广阔前景。尽管对此并不确定，但经过长时间的考虑，他还是接受了这个挑战。现在，他与新的上司和团队，以及需要负责的市场都处在磨合阶段。

公司新的战略举措必须在短期内见到成效，这让何总感到巨大压力。何总不是没有关注到不同市场团队的意见，但若要全面整合这些意见，则他难以将精力集中在项目上。这段时间，他100%投入工作，几乎没有周末和陪伴家人的时间。而且，他家刚搬到一个新的地方，如果他在这个新的职位上不能很快有所建树，就可能会使整个家庭再次经历动荡。

因此，他希望说服其他市场采用在亚太地区已经成功实施的新营销策略，并将其作为平台策略的基准。这样他可以在推广初期对其他市场进行精准的指导，以提高项目效率，更好地达成目标。对于不同市场团队的意见，他计划在后期进行整合和优化。

然而，大家似乎并没有看到之前项目的价值，反而质疑起了他的专业能力。何总感觉自己陷入了内忧外困的境地。

听到这里，我能够想象何总正在承受着的压力，也希望进一步了解他计划如何应对当前"内忧外困"的处境。他说："先排除万难把项目做好，出成绩了大家也就能理解了。"

原来，何总的假设是"先把项目做好，然后就能被理解"。为帮助他检验这个假设，我邀请他玩一个站位游戏（见图2-4）：首先在办公室里选一个位置，代表他本人对于"把项目做好"的感受和需要；然后选另外两个位置，分别代表其他市场团队及系统对于"把项目做好"的看法。

在何总逐一站位和表达时，我的主要任务是观察和反馈。

我注意到何总站在其他市场团队的位置上时，很快就能表达出他们的感受和需要。在系统上，何总做出了"大局为重，共同目标"的表达。 在我听来，这似乎是何总而不是系统的声音。我把这个感受反馈给了他,他有点儿不好意思地说:"我还是希望他们听我的。"我们笑着交换了一个不言而喻的眼神。

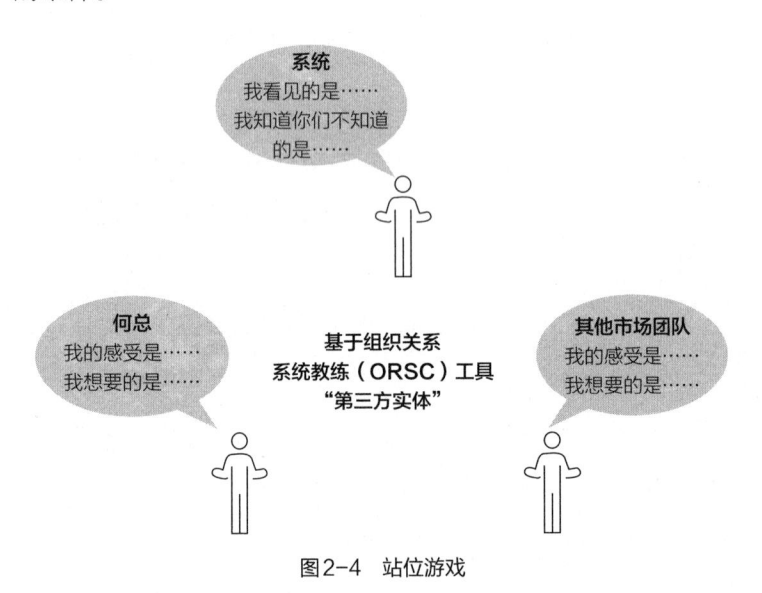

系统
我看见的是……
我知道你们不知道的是……

何总
我的感受是……
我想要的是……

基于组织关系系统教练(ORSC)工具
"第三方实体"

其他市场团队
我的感受是……
我想要的是……

图2-4 站位游戏

何总决定重新为系统选一个位置。他在办公室里慢慢踱起步来,并煞有介事地说要找一个"能接收系统信号的地方"。找到并站定后,他缓慢而凝重地说:"我还是要花时间和大家好好沟通。我需要总结一下以往的经验和案例,和大家好好分享,也需要认真听一下其他市场团队真正担心的是什么。"

当我指出他在说这些时的声音很低沉时,他愣了一会儿,然后坚定地说:"先不管项目时效了,大家好才是真的好嘛!"我们同时大笑了起来。

这时,我进一步追问:"当带着这个'大家好才是真的好'的态度投入未来的工作时,你是谁?"我注意到何总的眼睛慢慢亮了起来,仿佛被某种信念或激情点燃了。

不合适的装备(我们:文化、价值观、关系)

飞行员驾驭不同级别的滑翔伞,需要具备相应的飞行技能。如果技术水平与伞翼等级不匹配,则将影响飞行安全。

——"滑翔伞安全驾驶须知"

"秀华,你说德国市场团队是不是有点儿一根筋?我们的全球市场营销策略已开始在其他市场推行了,他们还是在一天到晚和我谈原则问题和欧洲数据保护法。"经过一段时间教练对话后,何总了解了我们工作的保密原则,偶尔也会发牢骚。

"这一根筋碰上了什么?"我的回应让何总愣了一下。他很快说:"一块板。"他一说完我们俩都笑了。在一次又一次会心的笑声中,我们之间的默契度和信任度在慢慢提高,他的回答也越来越能直接触及问题的核心点。

关于希望和德国市场团队建立什么样的关系的提问,何总想了想说:"当然是希望'你好我好大家好',但无奈的是在讨论中对方总是不留回旋的余地。"我告诉何总,他关于理想与现实的描述让我想到,这种状况的产生可能是因为他在关系中无意识地释放了"毒素"。"毒素"这个词引起了何总的好奇。

我给何总介绍了团队成员在面对不一致的观点和意见时，常会下意识做出的4种损害关系的反应：指责、封闭、轻蔑和防御。这些反应也被称为"团队毒素"（见图2-5）。

指责
激烈攻击
严厉的开场白
霸凌
压制支配
过于强硬

封闭
不参与
被动
越级
退缩
回避

轻蔑
贬损他人
恶意的闲话
暗中破坏
不尊重
侮辱性的沟通

防御
拒绝承担责任
不是我的错
受害者化
不接受他人影响

图2-5 "团队毒素"

介绍完"团队毒素"后，我问何总，对方"总是不留回旋的余地"是在释放哪个毒素。何总立刻发现是"指责"。结合"团队毒素"，并仔细回顾自己和德国市场团队过去的互动，何总发现彼此经常在玩"团队毒素"对角线游戏：你看不上我的方案（轻蔑），我也不参与你们的讨论（封闭）；我在邮件里说你哪个数据不对（指责），你写一个长邮件进行辩解（防御）。

我问何总："这个游戏继续进行下去会发生什么？""僵

局、无解、双输。"何总变得严肃起来。接着我们一起头脑风暴了一些对症的解药,比如,毒素"指责",配解药"尊重"一味;毒素"封闭",配解药"主动"一味等。

我很好奇地询问,以往在管理亚太地区的业务时何总碰上类似情况是怎么处理的。这个问题让他发现:以往他在管理亚太团队时,因为文化同源和相似性,他对团队的反应可以做出很好的预判,面对突发情况他也可以保持自信和稳定。现在面对的团队类型多样,各种不同的价值观和工作理念在不断挑战他的包容性和韧性。当压力过大的时候,他会不自主地做出应激反应,释放"毒素"。

这个发现让何总决定,他要多将一些自我调节的模式纳入日常生活中,比如,我们在教练会谈中尝试过的冥想、安排专门的运动和读书时间。

风从哪里来?(它们:组织架构、流程)

为确保飞行员对滑翔伞操控的准确性,滑翔伞飞行对气象有着严格的要求。不合适的气象,比如风速或风向不符合要求,即使飞行员已到达起飞场,也不可以贸然起飞。如果在大风天飞行,滑翔伞就很难保持前进的速度,这会导致滑翔伞无法降落在预定地点,甚至出现倒飞的情况。

——"滑翔伞安全驾驶须知"

随着我们对话的不断推进和教练目标的逐渐达成，何总的状态越来越放松，我们的对话频率也被相应调低。以至于在8月的某一天我收到他的邀约，希望临时安排见一面的时候，我还是挺惊讶的。

一见面，我就注意到他深陷的眼窝，不知是否还在转时差。"秀华，我这几天在开战略会，会上……"刚坐下没多久，何总就开始讲述战略会上发生的一些事情。我很好奇何总和我分享这些见闻的意图。"这个决策的实质在我看来是在缩小亚太地区，尤其是中国市场团队的自主决策空间。虽然这增加了我的决策权，但是我并不认可这个决策。"我很好奇何总为什么要对一个明显有利于自己的决策提出异议。

"你说这些的时候眉头是紧皱着的，好像有些纠结。"我反馈给何总。"你知道我这边的工作刚理顺了一些，这个决策是有利于我推进工作的。我当初之所以最后决定接受这个挑战，是因为我很认可总部集成资源、开发新策略来服务各地区市场团队，让市场团队有更多资源进行自主决策的战略方向。但是，按照现在的讨论方向，我的团队反倒成了总部抢占各地区市场团队资源的先遣队。这不是我想看到的。"

"那你想看到的是什么？"我接上他的话。他描述了自己想象中的愿景。我问他这个愿景和目前的决策有什么不同。他开始分享自己的担心和组织内部的不同考虑。"如果这些担心和考虑都不存在，那么你会做什么？"我又接着问。"都不存在?"他看着我,有点儿迷茫。我重复了一遍:"是的,如果它们都不存在,那么你的决定是什么?"

何总想了一下,中间摇了摇头,自言自语地重复了一遍"都不存在"。最终他抬起头,说:"我会表明我的态度和看法。"我问他:"你选择这么做的原因是什么?"他坚定地说:"不管结果怎么样,我都需要说出来,我需要组织知道我的态度。"

看着何总依然沉重但坚定的眼神,我不禁想到卡尔·桑德堡的《内在的声音》。

内在的声音,

在深夜的寂静中,

那些未曾说出口的语言,

化作心中的风暴,

冲刷着灵魂的每一个角落。

再次起航

在这之后,何总和我又进行了几次对话,分享战略会议后他的行动。他分别和不同利益相关者就总部结构改革的策略进行了深入的沟通,表达了自己的意见。尽管如此,但实施新战略的决策还是继续推进了。虽然何总有些无奈,但他还是很欣慰自己做出了与内在价值一致的表达。

在这一段时间里，何总和自己的新团队，以及全球不同市场团队的关系慢慢步入正轨。他和上司商讨了给予团队达成目标缓冲期的必要性，也分别和不同市场团队沟通了自己的目标和压力、具体的想法和过往案例，并认真倾听了他们的需要。与此同时，他不再把压力完全放在自己身上，而是邀请了一些外部资源以支持一些需要时间的、专业性相对强的任务。在他的领导下，公司汇集了不同地区的最佳案例，以及可针对使用场景做出可调适的电子化营销解决方案。他负责的全球市场营销策略平台渐渐成形。

让我惊讶的是，其间何总还婉拒了原上司给他递过来的橄榄枝。他说因为以前一直有前上司的帮助，在工作中他慢慢失去了"置之死地而后生"和自我挑战的勇气。在这个新位置上遇到的不顺利和磨合虽然给了他很大的压力，但是也让他看到了自己跨文化管理的潜能。

这份洞察和随之而来的信心及勇气，让他决定在这个开航不利的起飞场再次起航，将更多的心思花在新平台的有效搭建上，以扩大自己和团队的影响力。在企业发展的下一个周期，成长了的他或许可以获得对滑翔伞的飞行轨道和方向更理想的把控。

在项目后期对这段教练旅程的回顾中，何总发现自己的"调适性领导力"在新的位置上有了很大的发展和拉伸。与这个拉伸同步的，是何总将个人愿景与组织改革方向和目标达成一致的过程。在组织转型和个人转型期，必然充满各种冲突和不一致。但是，这些冲突和不一致也为他的个人成长，以及他和组织关系的共同发展，创造了一个又一个的机会。

教练洞见

企业转型导致的各种变化可能是很多高管的"暗夜"：结构调整的冲击、个人发展的不确定性、业务压力、人际挑战……在此期间，不少高管会像何总一样，经历着调整自我，调整与他人及系统关系的巨大冲击。

这份冲击体验就犹如有经验的滑翔伞选手到了一个新的山头，配置了新装备重新启航。个人状态的调整、与新装备的磨合、对新环境气候和条件的适应，对于新一轮的滑翔都有影响。在一个不太熟悉、缺乏安全感的场域，要保持或恢复到转场前的从容自信并不容易。何总所经历的，就是一段在"暗夜"中寻找光亮、在压力中自我关爱、在差异中寻找勇气的整合之旅。

我们可以看到，何总在整个教练项目期间的转型经历了在肯·威尔伯整合模型不同维度上的调整。

- 在教练初期，教练工作在"我"的层面。何总意识到自己项目业绩主导的价值观，发现了忽略关系对自己关注的项目成效的负面影响，并相应调整了自己的信念。
- 在教练中期，教练的关注点在"它"。尽管做了心态上的调整，但何总因为和其他市场团队在文化和价值观方面的差异，在行为上仍旧存在冲突。他发现了改变行为模式的必要性。这里既需要看见自己的行为模式（"它"），也需要关注创造共同价值和新的关系的可能（"我们"）——"我们"在"它"的层面交集结晶。
- 在教练后期，何总发现自己的愿景与组织改革方向和目标的不一致，经历了"我"和"它们"的碰撞。

在高管教练项目中，"我""我们""它们"这三者总是处于持续碰撞和协同的动态变化中的。高管在一个个碰撞中做出的选择，影响甚至决定着高管与组织共同发展的走向。推动个人发展与组织发展一致性探寻进程的，是高管一次次灵魂拷问的回答和一次次心灵滑翔的尝试。

领导者的自我教练问题

自我整合（象限"我"）

- 我的核心价值观是什么？这些价值观如何反映在我的日常工作和决策中？
- 在转型期间，我的哪些价值观可能需要调整？

关系整合(象限"我们")

- 在面对转型压力和挑战时,我通常会有哪些情绪反应?
- 这些反应可能对转型期间的关系有哪些影响?

系统整合(象限"它们")

- 我该如何看待转型期间的组织架构、流程的变化?
- 这些变化如何影响组织的工作方式和决策过程?
- 我该如何调整自己的战略以适应这些变化?
- 这些调整是否服务于团队和组织的整体目标?

综合反思

在组织转型进程中,我该如何实现"我""我们""它们"之间的动态平衡?

08

经历风云变幻,无惧扬帆远航

文/李 洁

春节前夕,程宇兴奋地来电,因他过去两年在亚太地区取得的卓越业绩,公司决定2024年派他前往欧洲开拓市场。"得知决定后,我第一时间想到与你分享。今后,我可少不了你这位教练的继续支持和指导啊!"

这个电话把我的思绪带回到2019年,我们在Y公司作为教练和客户共事的日子……

困境中的迷茫

世界500强高科技企业Y公司在中国市场耕耘多年,在改革开放的浪潮中成就突出。而随着政治经济环境的变迁和国内技术创新的崛起,市场竞争变得愈发激烈,Y公司的业绩逐年下滑。面对挑战，公司做出战略调整。程宇，公司的一位青年高管，凭借自身优势助力公司赢得过较大的市场份额，并在此次新业务部执行副总裁的甄选中脱颖而出。

然而，职位转换和业务拓展让他遭遇了前所未有的困境。业绩停滞、人才流失……各种压力导致他焦虑不安。同时，360度反馈报告显示，他的领导形象受损，与全球和本地的利益相关者及领导的沟通合作都出现了问题。CEO甚至向他发出了业绩不达标便更换人选的警告。

程宇感到从来没有过的职业迷茫，也失去了往日的自信。

在Y公司，以人为本和教练文化是核心价值观之一。为支持曾经成功的程宇走出困境，CEO决定为程宇配备高管教练。作为人力资源合作伙伴，我对业务、组织和程宇本人有一定的观察、了解和基本的信任，所以在众多内部教练中被选择与程宇合作。

领导者脱轨是在企业经营中时常会出现并需要及时解决的问题。我感觉这不仅是对程宇的一次职业挑战，也是对我作为内部教练展现客观、中立的态度和教练能力的考验。

心灵的觉醒

我们的首次教练会谈刚要开始，程宇便接到一个产品部关于客户投诉的电话。只见情绪激动的他，声音渐高渐躁，在会议室内狂踱几步后愤怒地将电话挂断。坐下后，他向我倾诉了一堆对产品和支持部门的不满：缺乏市场洞察、行动迟缓……

我静静聆听，待他停下来时轻声回应道："听了你这么多的分享，我能够感受到你的压力和不容易。透过你的抱怨，我感受到你对其他部门，甚至CEO支持力度的不满意。那么此刻，你对自己满意吗？"

他一下子愣住了！这个问题像一道闪电击中了他那颗烦躁和波涛汹涌的心，沉默了30秒，他幽幽地说道："怎么可能满意，我连业绩都完不成了！"

接着他向我吐露心声，讲述他的成长经历：学生时代就是"别人家的孩子"，职场上又一直以卓越成就领跑；有担任国企管理者的父亲用言传身教给他领导力的加持，即便有风风雨雨，他也能拨云见日创造佳绩。但过去一年的业绩不达标，他被无力感缠绕，恐惧和焦虑侵蚀着他的自信。

顺着他的思绪，我和他一起详细复盘了职业生涯的高峰低谷，以及心路历程的起起伏伏。程宇在反思后意识到，过去的荣耀如今变成了阻碍他前进的大山，害怕失败让他在业绩的重压下感到无力和恐惧。

他沉思后缓缓说道："我需要放下过去的荣耀，重新定义成功。我只有跨越这座山，才能实现真正的成长。"

我顺势问："你希望如何迈出第一步呢？"程宇看着自己

绘制的职业高峰低谷图认真地说："对于这个问题，我需要深思熟虑。"从这份认真中，我重新感受到他内心的自信和坚毅。

这更加坚定了我的教练假设和策略：对于脱轨的领导者，过去的成功可能变成他当下的桎梏，所以解决问题需要从他本身入手，如他的情绪、能量、信念、认知、目标等。先搞定人，再借事修人，从而达成因人成事。

情绪的力量

我们的教练旅程在相互信任和对组织共同理解的基础上逐渐推进，当然教练的保密性和道德规范是我承诺给他的安全和宁静的港湾。

月度业务例会上程宇和产品部康总的争吵和情绪失控，给这个旅程带来了戏剧性的变化。会上情绪失控的程宇如火山爆发般地历数产品部的失约无为，甚至用手指向康总要求其必须承诺时间和结果。坐在他对面的我用手机抓拍了这个瞬间，捕捉了他的肢体语言和表情。

当第二天在教练会谈中我把照片给他看时，程宇震惊地说："这是我吗？怎会如此失态？"

我问他："你愤怒背后的诉求是什么？"见他难以回应，

我便用冰山理论（见图2-6）和他一起逐层向冰山之下探索：他的情绪/感受是愤怒，信念/假设是产品部不通力合作，需求/期待是满足客户需求、达成业绩指标。

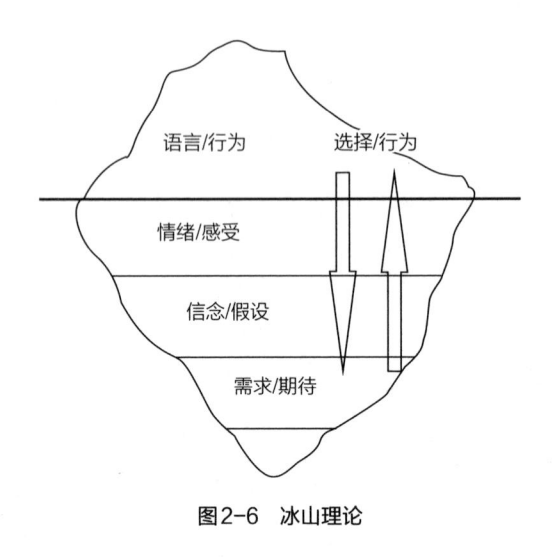

图2-6　冰山理论

这个过程像照镜子似的映射出他愤怒背后的诉求——是对产品部的失望，也是对满足客户需求和完成业绩的渴望。

我还给他看了我抓拍康总的一张照片，请他站在对方的角度感受他人的情绪和背后的诉求。

程宇开始理解，产生冲突是因为缺乏理解和沟通。我鼓励他与康总真诚对话，他做到了，双方还达成了共识。

程宇还意识到，非建设性的情绪是一种负能量，他需要有能力管理它。而要管理它首先要建立自我觉察，所以我们约定，当情绪袭来时他要站在手机镜头后面，冷静地观察它，并询问自己三个问题：情绪从何而来？情绪背后的诉求是什么？我该如何选择和行动？

知易行难，教练的及时提醒和支持非常关键。比如，当与程宇一起参加会议，观察到他情绪开始波动时，我会下意识地和他对视或用举手机的动作提醒他，让他感受到心有灵犀般支持的强大力量。

内在的成长和对情绪的管理悄无声息地改变着程宇。他的情绪爆发次数越来越少，而倾听、理解和沟通次数却日渐增多。两个月后CEO好奇地问我对程宇做了什么，我诙谐地说："我仅仅给了他一面镜子、一个镜头和机位，让他看到自己和他人。"

程宇希望改变的强烈意愿是驱动他敢于走出荣耀的桎梏、从过去的成就中突破后站上阳台再看自己和世界的起点。而作为领导者，他还需要提升自我认知的能力，继续拓展格局，只有这样才能支持个人的持续成长并带领团队和业务的创新发展。我感觉此刻的他需要更多助力，并及时就此和CEO进行了沟通。

领导力的升级

机会如约而至，CEO推荐程宇参加公司"从优秀到卓越"

的领导力培训。

这个培训的与众不同之处在于，它把程宇和其他学员们带到了意大利佛罗伦萨这座"文艺复兴"的摇篮城市，他们徜徉于美第奇宫和教堂间，沐浴在建筑、绘画、雕塑等艺术的光辉之下，在深邃的历史中感悟权力与尊严、竞争与创新对领导者的深刻寓意，进而探寻傲慢和资源、个人极限和追求卓越、利益相关者关系和组织政治智慧等之间的权衡之法。

他回来后特别和我谈及了艺术家戈佐利的那幅主题为"东方三圣的伯利恒朝拜之旅"的壁画，以及在他心中激起的波澜：洛伦佐个人和他的领导力令程宇敬佩，其子傲慢自负导致家族衰败的教训令程宇警醒。这些都加深了他对领导力的思考。

他说："这次培训真像一次穿越时空之旅，我仿佛站在历史巨人的肩上，回顾自己的领导力发展之路。我理解的领导力是超越自我，站上更高的平台，为更大的世界贡献力量。"

我顺势把与站上更高平台相关的纵向领导力和程宇喜欢的绘画及镜头感有机结合起来，他对成就者、重构者、转型者[①]等产生了浓厚的兴趣。

变革的舵手

参加完培训后的程宇焕然一新，带领团队积极开拓市

---

① 关于纵向领导力的几个发展阶段，请参见《成就卓越》或本书"后记"。

场，并找到众多新商机。可两个更大的挑战又浮出水面：一是公司原有的业务流程体系很难满足新业务对灵活、快捷的运营要求，掣肘业务发展，需要变革；二是客户对产品需求的多变和紧迫，要求总部追加额外的投资和承诺，而目前业务体量让总部对中国市场缺乏信心。

程宇没有被困难所吓倒，他带领团队首先在利益相关者中找到关键节点和人员，然后厘清思路、列出目标、从未来成功的时刻回望和倒推到现在，清晰地规划出前进的每一步路径。虽然困难重重，但变革仍有序地推进着，他作为处于成就者和重构者阶段领导者的智慧逐渐显现。

作为教练，我支持着他在这场变革中前行。我常问他："你现在站在镜头后第几层机位？你在利益相关者的镜头下又看到了什么？"更有趣的是，程宇也常反问我："如果你是我，你会怎么看？怎么做？"这些问题和答案如同镜子，映照出他的思考和成长。

在程宇发展纵向领导力的旅程中，我继续践行着"借事修人，因人成事"的教练策略。

组织政治智慧的画卷

4个月后，正当程宇即将走出困境时，全球改组把他所有努力都冻结了。他主动找到我说:"我感觉像回到了起点,但这次少了恐惧,反倒感觉会有不一样的经历。"

那一刻,我内心一阵激动。在支持程宇的这一年里,从自我认知和觉察,到纵向领导力发展,再到团队合作与变革,我们的话题触及了很多人和事,唯独没有直面组织政治智慧这个话题。而当下的变化不正是最好的契机吗?

"组织可被视为一个利益相关者地图,我们身处其中,需要理解并管理各种人际关系,理解人们决策与行为背后的动机,以及管理与权力的互动。这种组织政治智慧对于我们发挥领导力、引领复杂变革,从而制定有效的策略是至关重要的。就像我们经常讨论的那幅油画的布局,领导者需要用时间、视角、权力运用等变量来审视和调整自己在组织中的位置,以及如何影响和满足周围人的需求。我们可以像画家一样通过调色、布局和构图,以更广阔的视野去绘制自己的领导画卷。"

听到这里,程宇顿时兴奋起来,认真地说:"让我来创作这幅画卷吧!"

逆境的突破

程宇在对改组后的利益相关者地图进行更新后,重新确定了盟友、受害者、反对者的位置,并关注权威人物的影响力。

他带领团队再次出发,画卷的布局和推进过程顺利进行着。

然而,原本顺利的进程意外地被程宇的新上司——韩国人金,按下了暂停键。

当程宇跟我回顾了金参与的整个过程后,我们不约而同地想到一部电影——《煤气灯下》。

当程宇站在手机后面的第二层机位时,他清楚地看到,金原是他在亚太地区的平级同事,在全球资源有限的情况下,两人一直存在竞争关系。现在程宇的对中国区增加投资的提案,也将直接影响金在新职位上的业绩。而他没能及时意识到这些。

程宇说:"领导者也会有光明面和黑暗面,我知道该怎么做了。"他果断地找到中国区CEO,以寻求支持;同时联系前上司,以获得帮助。在权威人物的影响下,金虽然犹豫但还是批准了程宇的提案。年底,程宇带领团队超额完成了业务目标。

我在和程宇做教练复盘时,他感慨道:"这两年我学到了比MBA课程更宝贵的东西,通过学习纵向领导力的框架和在镜头后的观察,在重新定义成功的过程中,我跨越了自己内心的那座山。现在我深刻感悟到了'会当凌绝顶,一览众山小'的境界。"

组织政治智慧对高管教练来说是不可回避的话题。高管要勇敢地正视领导者的光明面和黑暗面,并与之共舞。掌握组织政治智慧是发挥领导力、引领复杂变革并制定有效策略的基础，更是领导力迭代升级，纵向发展的必经之路。

开启新的航程

2022年夏天，程宇告诉我，当他决定辞职的那一刻仿佛卸下了沉重的包袱。我并不意外，只是感到遗憾。在过去的这一年中，我们的教练话题大部分是围绕与他的新上司金的合作与沟通，以及程宇的职业和人生目标。他的业绩突飞猛进，个人发展却受到了金的自我、猜忌和控制欲的限制。

在纵向领导力的指引下，程宇意识到对金的持续妥协会使自己违背信念，妨碍个人发展。于是，他接受了国内一电商巨头的邀请，出任亚太区的新职位，尽管前路未知，但他依然选择坚定试航。同时希望我作为教练能够继续给予他支持。

我欣然接受并提出以下3个问题。

- 百年之后，你希望你的墓志铭上刻着什么？
- 过去一年，你为此做过什么？
- 未来5年或10年，你会为此做些什么？

程宇后来告诉我，这3个问题在他新的职业平台和人生旅程中不断回响，帮助他思考、决策和行动。在亚太地区取得的业绩仅仅是他开始体验不同地域、文化、经济环境的实践，他想扬帆远航，去看更大的世界。

远航的召唤

我知道,这次赴欧洲任职宛如一次远航的召唤,会带着程宇向他梦寐以求的广阔天地进发。可以预见,航程依然充满挑战,他可能会遭遇狂风巨浪、重重迷雾,但同样也会看到美丽风景。我好奇,这个曾经脱轨又成功返航的领导者在这趟新的旅途中会遇见谁?他又会邀请哪些伙伴加入?他们将一起绘制出一幅怎样的画卷呢?

此刻,我想起曼德拉的那句话:"一个人最大的荣耀不在于从未跌倒,而在于每次跌倒后都能重新站起来。"

我想,把它送给即将远航的程宇是最合适的……

教练洞见

1. 领导者脱轨现象在现实中比较常见。"一号位"和人力资源高管的认知与态度至关重要,及时发现并采取行动会对组织产生积极的影响。

2. 引入教练是对领导者脱轨有力的干预手段。内部或驻场教练会因对业务和组织的熟悉而彰显优势。

3. 组织政治智慧对高管教练来说是一个有挑战且有更高要求的话题。要做到公正激励,教练需要有中立的态度和稳定强大的内心。

4. 教练可教练之人。所有教练的成功无一不是基于领导者本人有着强烈的改变和成长的意愿的，就像程宇。

领导者的自我教练问题

1. 如果我是"一号位"或程宇，如何对潜在的脱轨因素保持警觉，并尽早采取行动？

2. 作为领导者，我该如何从组织系统层面降低成员脱轨的可能性？

3. 作为职业经理人或作为领导者，能够让我保持终身成长的驱动力是什么？

09

登峰对决：引领团队穿越变革的艺术

文/段晓英

在变革的洪流中，我们不是被动的观察者，而是积极的参与者，我们塑造着我们的未来。

——亚瑟·明德尔

变革序曲：团队再启航

"段老师，因为集团要推行一些变革，我们事业部打算先做一次团队教练。这次有点儿特别，请您用半天时间帮我们做好开场，让团队成员充分'打开'就行，后面我们内部搞定。"

初秋的一天下午，某大厂「跃系」事业部人力资源负责人冯婷发来邀请。

我们的上一次合作是在两年前。当时「跃系」正与行业某龙头牵手，因为吸纳了对方很多高管，我被邀请去做"融合"主题团队教练工作坊。团队展现出的整体超高智商让人印象深刻，而事业部副总裁王力在该领域的专业洞见与谦厚的人品魅力在现场就折服了所有人。在他的带领下，团队越来越有战斗力。

两年之后，这个团队在面临什么？冯婷提到的"特别"，特别在哪儿？怀着无比好奇，我提出要与她和王力进一步明确需求。

变革前夕：领袖的阴霾

在等待期间，我搜寻了行业和组织近两年的相关信息，再加上我对该组织文化的了解，猜测团队的项目进展并不顺利。

沟通会上气压很低。在冯婷提到集团整体战略的更新导致事业部"不得不"重新进行规划时，王力一直盯着桌面，与两年前意气风发的他判若两人。

意识到大家有些回避重点，我问道："这样的变革不是第一次，而'创新与求变'本身就是咱们的价值主张。二位作为变革的引领者，今天给我的感觉是有点儿手足无措，甚至有些抗拒，这是为何？"

王力一怔，脸色更凝重了。冯婷赶紧打圆场："这次难度有点儿大吧,老板遭受了很多质疑。过去一年,我们一直在夹缝中求生存,能做的早就做过了,所以这次真不一样。"

看到王力依然盯着桌面,我便诚恳地说:"我似乎还是不知道你们说的'特别'在哪儿?你们请我去'打开'团队,我能请你们先'打开'吗?"

过了好一会儿,王力用低沉的声音说:"这一次……是直插心脏的大手术!"

他两眼湿润了,开始娓娓道来。从三年前的只身入局、奋勇拼搏,到「跃系」如何在江湖中逐步建立地位;而曾一度被集团列为战略重点的业务却在曙光可见之时被突然强制改向,这让王力感到前所未有的孤独,他心生寒意。

此时,王力虽然理解组织的出发点,但作为局中人,也难免陷入受害者的心理状态中。而在团队中,人和人之间是互相影响的,他的抗拒也是团队的一部分。如果不扫清领导者内心的阴霾,则会影响团队其他人。

于是,我进一步指出:"我听出了你的犹豫,但也感受到了你的坚持。是什么在支撑着你和团队?"

王力心头一松,说出了很多自己的不确定之处。但最后,他表示:"破山中贼易,破心中贼难。老师,这场手术不易,由您来主导吧!我们还是要换一种姿态,先"求"变,再启航。"

变革方案：谋定而后动

没有继续追问，我借用变革登峰曲线向王力和冯婷介绍了变革的内在原理（见图2-7）。该模型是我受克伯勒－罗斯变化曲线及组织关系系统教练（ORSC）工具启发加以改编的。

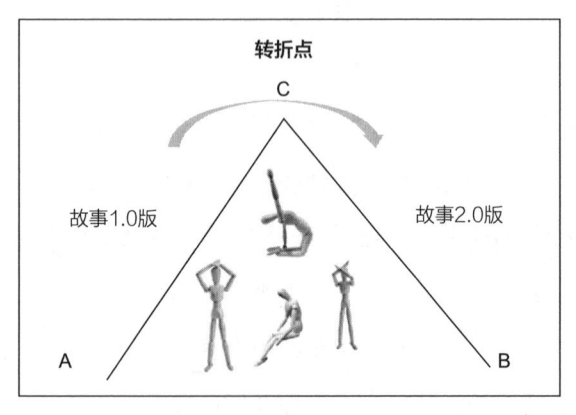

图2-7　变革登峰曲线

变革并不遵循从A到B两点之间直线最快的原理，而是像故事一样，从1.0逐步迭代到2.0。不论是个体还是团队，都要经历心理上的一个登峰过程，人们可能会悲伤、沮丧、抗拒，直到跨过转折点C，才能抵达B。

而这也呼应了彼得·德鲁克说过的话：在变革中，最大的挑战不是变革本身，而是人。

变革前是故事1.0版，包含早已被个人或团队所认同的身份，承载着过往的记忆、价值观、态度、行为模式、梦想。

变革后是故事2.0版，它是未知的，或让人充满希望，或让人心生不安。这里有着个人或团队在意识层面未能充分认识与认同的部分，也蕴藏着新的信仰与期待。

从1.0到2.0是一个递进的过程。变，意味着接纳新的未知；革，意味着舍弃旧的承载。这既需要理智提供方向，又需要情感提供动力。

只有二者合二为一，才能顺利跨过转折点C。合一，需要人心的翻山越岭，也需要意识的转变。

王力笑了笑，说："我其实也正在经历从保守到开放、从受害者到创造者的意识转变。"

我欣赏地看着他说："这很正常。作为领导者，你面临的挑战更大。在团队中，人和人之间是互相影响的。你需要经历这么一个周期，团队也如此。我们的变革项目也从这里开始，先看见与尊重过往，然后坦然奔赴新的希望，实现个体与整体身份与自我认同的跨越。"

王力补充了一点信息："事业部很可能在过程中进行重组，我希望能有两位核心管理成员（技术负责人李旦，商务负责人程潜）承担更大的责任。"

最后，我们敲定了整个项目规划，如下。

【理性目标】顺利推进组织战略调整，把控OKR（Objectives and Key Results，目标与关键结果法）关键点，支持项目商业化落地。

【感性目标】提升核心团队的变革领导力，实现"创新求变"，重塑事业部身份与远景。

【实施方案】

实施方案如表2-1所示。

表2-1 实施方案

项目	主题	时长	目的/产出
第一次工作坊	变革：启动与转变	2天	直面变革：提升情感层面的动力，从被动到积极 达成共识：组织方案落地，更新OKR
第二次工作坊	变革：我们在路上	1天	经验总结，身份重塑，更新OKR，团队"求变"进展
第三次工作坊	变革：收尾与固化	1天	团队文化塑形，变革领导力检视
过程中	一对一辅导	4次/人	支持两位核心管理成员，确保稳定性与特定领域发展

启动与转变1：释放

启动工作坊在一个海滨城市的酒店进行。

见到团队成员的第一眼，虽然大家都很礼貌，但是眼神里透露着未知的沉重感。显然大家都知道已经发生了什么和即将发生什么。

王力先开了场，对我的角色、项目的背景和要达成什么做了高屋建瓴的说明，本就气压很低的氛围貌似更低了。

作为教练，我既需要实时地感知团队成员的情绪，也需要及时地反馈和干预。于是，我先把事先准备好的"气象图"拿出来，让大家借助天气图标轮流描述自己的状态。然后，我带大家做了一些热身活动，让气氛稍微缓和一些。接着，我与团队成员共创出了这两天的工作坊原则，其中一条是"真实表达"，为后面的活动做好准备。

紧接着，我介绍了变革登峰曲线，帮助大家理解原理，并用贴纸在地上布置了"一座山"代表眼下面临的挑战（变革）。最后，请大家不要说话，跟随感受站在自己现在所处的位置上。

一开始，大家都立在原地；过了一会儿，才开始缓慢地在故事1.0的山脚下徘徊，彼此没有眼神的交集；又过了一会儿，李旦往前走了几步，站在了半山坡上。陆陆续续，大家站在了不同的位置上。

我请大家就近成组，分享感受及为什么在这里。

没人发言，大部分人都是捂着腮帮子望着地板。

过了好一会儿，李旦看王力无意说话，主动打破了僵局："又一轮，真的很无奈……这都第N次了吧？其实，再咬牙往前冲一冲就可以破局了，但是集团没有这个耐心。投资者只看实际。"

又过了好一会儿，程潜接着说："哎，我这手下好不容易培养点种子，一夜回到解放前。"

大家都很沮丧。有的看窗外，有的看地板，有人在流泪。

这正是变革的必经之路。

当人们珍视的东西被打破，张力和情绪会四处弥漫；当人们珍视的东西被打破，有些旧的东西要被放下；当人们珍视的东西被打破，新的东西将要生发。

虽然他们心里都"知道"，但是真实的情绪被他们埋藏在个体和团队的各个角落。如果不释放，就会变相地用各种方式呈现。

于是，我不断指出成员们的各种反应，并邀请他们表达此时的感受。一直沉默的王力终于说话了："为了稳住「跃系」的江湖地位，我们走过的无疑是一条'长征路'……"

这一下引发了集体的共鸣，大家开始轮流诉说自己的团队是如何一个一个机智地组建起来的，过程中有多少惊险的故事……整个空间里弥漫着惋惜、不舍、悲愤。

我一边听，一边把大家的核心词整理出来写在卡片上，像珍宝一般放在"山体"中间。等大家抒发完毕，我邀请大家围在一起，共同品味这些珍宝。

然后，我提出问题："刚才我们见证了彼此深切而丰富的情感表达。现在，让我们用'我们的团队1.0版，是一个关于_____的故事'这个句式来进行探讨。"

大家纷纷表达着，但都认为"这是一个关于信任与坚持的故事"。

这时，我邀请大家站到变革登峰曲线的山巅去感受自己和团队。他们眼里噙着泪水，用力地拥抱着身边的伙伴，向彼此表达着感恩。

上半场至此,阴霾已经消散。每一个人都带着轻松感去吃午餐。

启动与转变2:跨越

午饭后,我们先热身。我肯定了所有人上午的真实表达,表示即便我们已经放下了一些情感层面的包袱,但是要跨过转折点C,也需要一些助力——展望故事2.0。

为此,我们需要看到山那边有什么。

无论是个体还是团队,视角越开阔,能连接到的资源都是越丰富的。于是,我采用《积极希望》一书里的"扩大的自我观"(见图2-8),启发大家站在更大的系统中去探索。

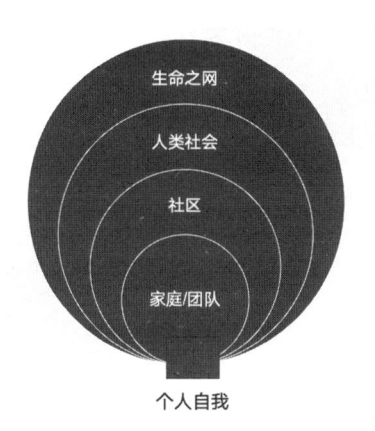

图2-8 扩大的自我观

首先,我让每一位成员先连接自己,从个人维度表达对这次变革的看法。

然后，关联「跃系」团队，再扩大到社区。就这样，系统内更多的利益相关者如集团CEO、董事会、其他事业部、员工被涉及，他们还从客户、竞争对手、行业的视角来表达。

接着，从人类社会和生命之网的角度，如国家、大自然、古人、外星人等视角去畅谈。

就这样，更多积极的、长期的、欣赏的、广阔的资源被发掘出来，整个团队的气氛也越来越热烈。

我问大家，现在对这次变革怎么看？

李旦有些激动，首先站了出来。他扫视了一下所有人，很认真地说道："我们需要突围，过去幻想太多，'屁股思维'严重，眼下，生存才是当务之急啊！"

王力向他投以欣赏的眼光。团队其他成员也都表示认同，认为团队钻得太深而忘记了拓展视角。

在大家的认同声里，一直游走在边上的技术经理也发声了："在过去相当长一段时间内，我好像都是在用肌肉记忆干活。我要重新审视一下我的坚持。"

我邀请大家再一次站在山巅，并问道："要真正让团队2.0版产生，我们要跨越的是什么？"

大家给出了答案："是幻想！放下对战略高位的幻想，放下保全原有策略与全部团队的幻想。"

他们眼里闪烁着的光告诉我，此时的团队是真的已经摆脱了内心的抗拒，愿意正视现实了。

虽然没有直接使用"积极"这样的词，他们却用坚定的神态表达着愿意拥抱不确定性。

我接着问："如果3个月后，我们突围了，那团队2.0版将是一个关于什么的故事？"

大家写下关键词并贴在墙上，满目都是积极、主动、拥抱变化、快速响应等一类的字眼。

第一天也接近尾声。我让大家带着以下两个问题进入次日。

- 这次变革对于团队，真正的意义是什么？
- 你将如何扮演自己的角色？

第二天，大家带着不同的心境继续展开讨论。有了前一天的疏通和明确，一个更为清晰的局势图浮现出来，未来两个季度的工作目标与重点也一一落实。

工作坊结束前，所有高管围在一起，面对着昨日地上布置的山峰。我问大家："现在我们到哪里了？"没有犹豫，大家齐刷刷地看向B点，除了王力。

他情绪有些起伏，过了一会儿才说："再低的山谷里，也酝酿着希望。我很欣慰我们作为团队跨越了障碍。我们都需要学会倾听内心深处的声音。老师说要真实表达，我想告诉大家，我会休假一段时间。但我相信，无论发生什么，主动拥抱就是混沌中前行的光。"

变革中：持续自我迭代

虽然王力最后的表达带来了不少震动，但是启动工作坊后，团队展现出强劲的执行力。

在王力休假期间，组织发生了很多调整。「跃系」业务被拆分，新的「跃+」部分承接了之前的主业务，李旦是负责人，带领着部分团队管理者继续前行。

我给李旦和另外两位高管开展一对一辅导，他们快速适应着新岗位。

一个月之后，我们开展了项目的第二次工作坊——也是「跃+」的首次工作坊。王力回来了，他的新身份是顾问。保持着启动工作坊中"主动求变"的态度，高管团队不仅重新审视了当下的进展，还完成了「跃+」团队使命与愿景的迭代。

三个月之后，项目在预期财务目标达成的情况下收官了。

在最后一次工作坊中，我们一起回望整个过程，大家都很感慨：当时以为变革就是翻一座山，但实际上大家每一天都在攀爬新的山峰。唯一不变的是，团队的每一位成员都用行动诠释着"主动求变，迅速迭代"。

在撰写本文时，我看到了「跃+」的大新闻：与知名企业达成战略合作，全面启动新的可行性项目。

我知道，这个业务虽然几经磨难，却也变得更加有韧性。

外部环境依然扑朔迷离，但正如王力表示的那样："无论未来发生什么，主动拥抱就是混沌中前行的光。"

教练洞见

世界级权威变革专家科特认为，成功的变革遵循"目睹—感受—变革"的模式，而非传统的"分析—思考—变革"路径。情感的参与、直观的行动都是必备项。

变革是一项巨大的事业。我们习惯了追求结果的达成，然而一味追求结果达成容易造成对"人"的忽视。变革的成功，无论是组织、团队还是个体，核心都在于触及心灵深处，激发思想共鸣。只有跨越内心不可见的山峰，才能引发积极和主动的响应。

这是对领导者洞察力和适应性的考验。

真正伟大的变革的关键在于，在每个关键时刻，领导者和团队是选择主动迎接挑战，还是在压力面前被动退缩。

领导者的自我教练问题

如果你或团队正在或正要经历变革，那么思考以下问题或许对你有帮助。

1. 在故事1.0版里，我或团队最珍视的是什么？
2. 当下，我或团队需要释放的是什么？
3. 我或团队需要做什么，才能支持故事2.0版产生？

10

轻舟破浪越万山：
民企二代CEO的领导力进阶之旅

文／王昭辉

唯有长时间地告别那片熟悉的海岸，人才能够踏上发现新大陆的征途。

——安德烈·吉德

序章：春雨中的初见

初见立昂，正值青城山春雨细蒙，桃花在雨中初绽，粉嫩如霞。我静坐于茶馆窗边，目光穿透茶香氤氲，凝望着立昂的身影。他轻快地穿行于桃林，手中的雨伞在细雨中划出优美的弧线。他的笑容温暖如春阳，却隐约带着一丝忧愁，眼中藏着不易察觉的疲惫。那是2023年初春，疫情阴霾渐去，空气中弥漫着新生的气息。

立昂，站在人生新起点的F公司新任CEO，此时掌舵公司刚满3个月。

对立昂的支持是我们跟F公司签订的服务协议中一个重要组成部分。F公司以其卓越的教育软件和数字化服务在业界享有盛誉。自2000年成立以来，历经20多年的精耕细作，F公司在2020年迎来了成功上市的辉煌时刻，年营收突破百亿元大关。

作为斯坦福经济学博士、硅谷精英，立昂手握数家500强公司的橄榄枝，却选择回国继承父业，成为F公司新掌门人。他的归来，肩负着家族与企业的双重期望。

少年的航行与回归

"我知道你选择回国有父母的因素，你自己呢，期待一个什么样的生活？"在简单的寒暄之后，我看着立昂的眼睛问他。立昂愣了愣，随后低头沉思。

片刻之后，他抬起头，眼中闪烁着回忆的光芒，说："你的问题让我想起年少时候的一个经历。那是秋天一个阴冷的暴风雨天，我刚到美国不到一年，差不多16岁，跟邻居迈克在加利福尼亚海湾出海。凶猛的海浪拍打着天使岛的山峰，发出震耳欲聋的呜呜声。船艰难地前行着，船索紧绷，发出刺耳的声音。我害怕极了，觉得整个桅杆都要垮了。而迈克站在舵柄旁边，他的呼喊中充满了兴奋，没有一丝恐惧。后来不知怎么的，风浪中那股巨大的力量被控制住了，它竟然在引导我们前进。那一刻，我被彻底感染了，当我们在狂风暴雨中驾驶那艘船时，它变成了令人激动的乐章，那种由恐惧变成喜悦的心理过程太刺激了！"

立昂在讲述这些的时候，整个人都散发着光芒，眼中充满了兴奋和力量。

"年少时这样的一次出海体验，似乎塑造了你内在很重要的一部分。"我感受到了他的内在力量。

"对，是特别重要的一部分。我觉得我就是不怕挑战，面对困难时很兴奋的一个人。这是我的人生底色吧，敢于拼搏，不畏惧，新的挑战总会让我跃跃欲试。"立昂的话语中透露出坚定和自信。

"少年自当扶摇上，揽星衔月逐日光。我听出了壮志凌云、志存高远，勇于追逐自己人生的信念和心气。"我回应道。

立昂笑了笑，说："哈哈，好像是这样，这次回国，我也是带着这样的劲头儿回来的。家里为这个事商量了大半年，一开始我想在外边闯出自己的事业，但父亲说的'传承'打动了我。"

"哦？是什么样的传承呢？"我问道。

"父亲说，当有一天生命走到尽头的时候，他想让我把这份对企业的耕耘传承下去。"立昂说到这，停了下来。那个老父亲握着儿子的手叮咛的场景似乎出现在他眼前，他的眼神中有很多的情绪闪过。

"所以我选择了回来。但现在，我觉得我不适合这里。尽管是我的家人一手创建的企业，但管理起来真的太难了。"之前兴奋的他开始惆怅起来。

"是怎样的一个难法？"

"简单来说，就是看不上、惹不起、带不动。"

初上阳台的洞察

生命中的逆境往往会让我们不断地思考人生的意义。我们想知道，也会不断追问：为什么我们要经历这样的困境？我们为什么而活？生命的意义到底是什么？

立昂正在经历这个阶段，他在追问，也在质疑这个选择。

看不上

自少年起即赴美求学，立昂心中深植的现代化管理理念源自西方的管理精粹，却在与中国本土企业的深厚人情和家族伦理相遇时，引发了内心的冲突与挣扎。他将F公司的管理视作"草台班子""泥腿子"，这份"看不上"成了他洞察真相的障碍。

惹不起

在公司的核心团队中,许多人都是与杨董事长并肩作战的创业元老。他们与杨董事长的关系错综复杂,既有组织架构的纽带,也交织着深厚的家人情感。立昂感到自己被视为一个简单的继承者,一个富二代。他渴望推动变革,却发现阻力重重;他想大刀阔斧,却又感到力不从心。

带不动

立昂渴望引领团队向前,却发现团队成员们的步调并不一致。他付出了巨大的努力,却收获甚微。他感到自己被困在两难之间,既无法前进,也难以后退。团队成员们因他的到来而增加了沟通的负担,也感到疲惫和混乱。

"我感受到似乎有几重互相制衡的系统在你周围交织,既有你内在的职业经理人理念系统,也有你身处其中的民营企业组织系统,而这背后,好像还有一种更深厚的家族系统在释放着力量。"我一边说,一边在纸上画出了三重系统(见图2-9)。

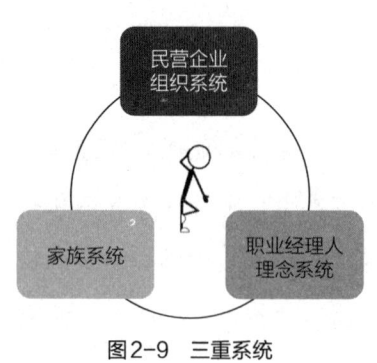

图2-9 三重系统

立昂听后,眼中闪过一丝震动,沉默片刻后,他说:

"这个比喻很贴切,我确实处于这几个系统中。这几个月,我忙于应对各种问题,从未有机会从更高的角度审视这一切。"

"想象一下,如果你暂时离开舞池,站在阳台上,俯瞰舞池中的自己、舞伴们,以及这些交织的系统,你看到了什么?"我邀请他换个视角。

立昂的眼神中燃起了光芒,他说:"这个角度有点儿意思,我能看到包括我自己在内的全局。"

这段对话如同晨曦中的露珠,清新而明亮,揭开了为期一年的高管教练之旅的序幕。我们以阳台的视角为指引,共同确定了教练的目标和工作方法,开始成为商业战场上并肩作战的伙伴。

领导者的敏捷舞步

与立昂再见时,他分享了舞池与阳台的体验,以及对那些系统的全新理解。

站在阳台上,立昂回望了几个月来被拖着走的自己,反思了那些"看不上",也让自己急于推进现代管理制度的步伐稍作停顿。在带着在阳台上的洞察回到舞池中后,他对舞伴们的看法也悄然改变。他开始看到同事们那些简单的管理方式背后的真诚,感受到大家在困难面前不推诿、坚持寻找解决路径的责任感。

"上次我们谈到的系统，还有舞池与阳台，对我的触动很大。站在阳台上，我发现我和父亲在系统中的关系及角色似乎尤为关键。"立昂似乎有所领悟地说。

"哦？说来听听。"我内心为他的洞察点赞，他确实抓住了问题的关键。

"我认为，我和父亲的关系及角色对公司的影响最大，这可能是家族系统对民营企业组织系统的影响。父亲作为创始人，带领公司走过了20多年，他的个人魅力和管理风格奠定了公司的核心基因——聚焦目标、果敢创新、永不放弃。公司的一些传统做法，在特定情况下也颇具成效。但现在公司上市了，需要逐步走向规范化管理。我们父子该如何配合，才能既保持原有的文化基因，又引领公司迈上新台阶呢？"

立昂的话语中透露出对父亲的感恩和对组织的强烈责任感。"我们商定要明确各自的职责边界，关键的企业决策将逐渐交由我负责，父亲则作为我的智囊，帮助我树立威信。我也会逐步调整我的沟通方式和管理风格。"

立昂的分享让我想到了企业不同成长阶段的领导力转变。从成长期到成熟期，领导者需舍弃个人英雄主义，注重团队合作，专注于战略规划和长期目标，持续优化组织架构，塑造企业文化，推动创新，并适时调整领导风格，引领企业实现专业化和规范化。我也感受到立昂的接班是A公司转型和持续发展的催化剂。

"你和父亲的共识推动整个组织系统发生了什么变化？"我继续问立昂。

"大家对我的印象在改变，以前他们觉得我是含着金钥匙出生的，在美国学习的管理科学知识根本不适用于中国企业。"他停顿了一下，沉默片刻后说，"在阳台上，我看到了那个在舞池中满脸不屑的自己，我曾认为他们跳的是广场舞，而我跳的才是正统的华尔兹。"立昂自嘲地笑了笑，摇了摇头，"如果我是他们，也不愿意追随这样的CEO。"

这真是一位勤于思、敏于行的CEO。"立昂，你知道领导力敏捷度吗？"我问。

"敏捷这个词，我听过很多次，但领导力敏捷度指的是什么？"他问。

"如果这个世界上只有黑色和白色两种颜色，会发生什么？"我的问题似乎带有我自己的倾向性。

"那世界会变得很单调。"立昂笑着说，眉毛轻挑，"你的意思是领导者也得有多种颜色吗？这个貌似是老生常谈了，不过……"他停下来沉思了好一会儿。

当立昂再次抬起头时，眼中闪烁着新的领悟，他说："我以前总认为美国是现代化管理理念的源头，那里的做法才是正确的，中国文化虽博大精深，但在组织管理上有待提升空间。现在看来，我确实有点儿非黑即白了，这两者其实也可以融合。"

我站起身,在白板上画出领导力敏捷度罗盘(引自比尔·乔纳伊和斯蒂芬·约瑟夫斯所著的《领导力阶梯》)(见图2-10),并与立昂一起探讨成功领导者应具备的四种互补的敏捷度。

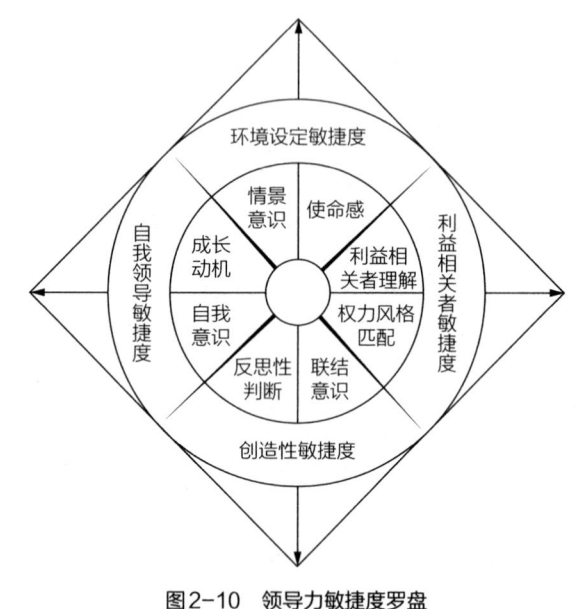

图2-10 领导力敏捷度罗盘

- 环境设定敏捷度:有效扫描环境并提出举措实现成果的能力。"回国后,面对截然不同的文化背景和组织形态,你提出了哪些商业上和管理上的应对策略?"
- 利益相关者敏捷度:与关键利益相关者沟通且赢得支持的能力。"你如何看待这些创业元老?组织内外还有哪些关键群体?如果他们是你实现目标的强大助力,那么你的沟通策略是什么?"

- 创造性敏捷度:把遇到的问题灵活转化为所需成果的能力。"如果每个问题都是变革的机会,那么你会做出哪些不同的选择?"
- 自我领导敏捷度:把挑战转化为机会,借此成长为理想领导者的能力。"在这个过程中,你将坚持什么?又将改变什么?这些坚持和改变反映出你是一个怎样的人?"

立昂对这种结构化的模型并不陌生,他迅速为每种敏捷度找到了实际的具体案例,并详细记录了自己对每个问题的思考,同时进行了自我评分。

我观察着他在领导力敏捷度的海洋中自如地航行,又追问道:"如果你站在阳台上,审视自己的领导力敏捷度罗盘,能发现什么?它们与中国文化之间有怎样的联系?"

立昂凝视着白板上的文字和线条,沉思了片刻,然后说:"就像水,遇山峦便静聚成潭,遇悬崖则飞泻成瀑。每一种形态都是水,但水又不局限于任何一种形态。水的灵活性和适应性与这个模型所表达的理念不谋而合。"我轻拍他的肩膀,对他的表述表示认同。

经过深入讨论和梳理,我们认识到利益相关者敏捷度的探索对立昂具有极大的突破意义。这涵盖两个核心要素:利益相关者理解,以及权力风格匹配。

1. 利益相关者理解。
- 列出你的核心利益相关者清单。
- 结合利益相关者价值影响矩阵对利益相关者进行立体扫描。利益相关者价值影响分析如图2-11所示。

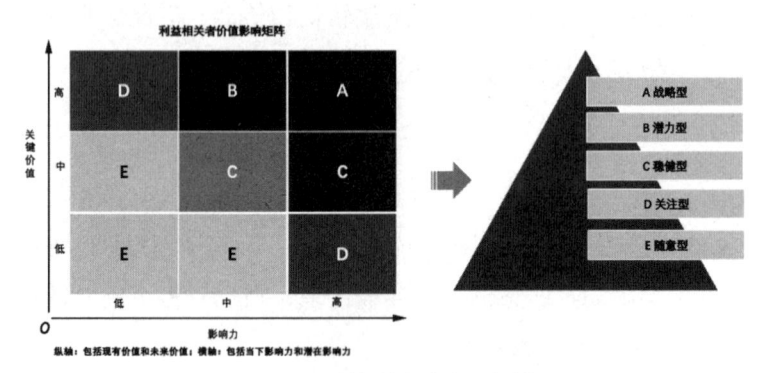

图2-11 利益相关者价值影响分析

- 根据关系强度，进行评分。3表示完全信任并可作为智囊，2表示排他性支持，1表示支持，0表示中立，-1表示不认可。由此，形成利益相关者力量图谱（见图2-12）。

| A 老张 0 | C 刘杰 1 | B 王萌 2 | A 投资人1 -1 | B 投资人2 0 |

图2-12 利益相关者力量图谱

通过关键教练问题持续澄清。
- 在实现目标的过程中，你通常依赖哪些利益相关者？
- 在关键决策中，他们是如何影响你的？

- 谁是系统中的第13个仙女[①]？

2. 权力风格匹配。

立昂对利益相关者的理解影响着他对这些个体或组织的洞察，他对权力的内在假设则决定了与利益相关者意见不合时的应对策略，比如如何使用独断性权力和包容性权力。为此，我们共同制定了系统的沟通及应对策略。利益相关者敏捷度评估及应对策略（示例）如表2-2所示。

表2-2 利益相关者敏捷度评估及应对策略（示例）

姓名	价值影响	关系强度	利益相关者理解敏捷度（1~10分）	权力风格匹配敏捷度（1~10分）	沟通及应对策略
老张（研发总监）	A	0	6	7	1. 三人组：杨董事长、立昂请老张及家人参加家宴，打开心扉畅谈，消融坚冰。 2. 双人舞：立昂和老张单独沟通，表达信任和带领公司向前的决心，也给予创业元老充分的尊重和面子。 3. 多杠杆：借助HRD的力量间接影响包括老张在内的创业元老，也跟新入高管建立同盟

通过关键教练问题持续澄清。

- 当组织内发生冲突时，你通常如何介入和调解？面临的最大的挑战是什么？

[①] 第13个仙女，出自《睡美人》。此处用来比喻那些容易被忽略却有巨大影响力的利益相关者。

- 你认为自己的权力风格在当前组织环境中的适应性如何?
- 你如何确保自己正确理解了每个利益相关者的权力范围和影响力?

在某管理例会上,老张提出增加研发预算以全面升级某软件,杨董事长迅速表示支持。立昂则表示,尽管研发部门的成绩显著,但公司在流程规范和合规性方面存在风险,建议先进行风险评估并规范研发流程。老张对此感到非常不满,认为这挑战了他的权威,担心失去市场适应能力。他心想,既然杨董事长已经决定,那么你立昂还能怎样。

立昂曾认为这些道理不言自明,但现在他认识到自己需要调整沟通策略,平衡包容性权力和独断性权力,与老张建立更好的伙伴关系,并明确与父亲的职责边界。

经过几轮沟通,老张逐渐理解公司上市后必须有更严格的监管要求。立昂也表达了对老张专业性判断和决策灵活性的肯定。虽过程中略有波折,但立昂与老张之间的信任度逐渐提升,展现了立昂在领导力敏捷度实践上逐渐获得的成熟与智慧。

整个领导力敏捷度的探索之旅,宛如我与立昂驾船航行在辽阔的海域。我们共同探索如何在变幻莫测的浪涛中驾驭船只,如何以智慧和勇气回应每一次波峰与波谷,应对每一个挑战。"长风破浪会有时,直挂云帆济沧海。"在航程中,领导力敏捷度就是我们的船帆,引领我们在波涛汹涌的商海中,不断调适前进的方向。

进阶铁三角

在立昂的领导力进阶之旅中，我不仅采用了高管教练的一对一辅导，还从国内某头部企业干部管理实践中汲取智慧，为他量身定制了"领导力进阶铁三角"（见图2-13）。

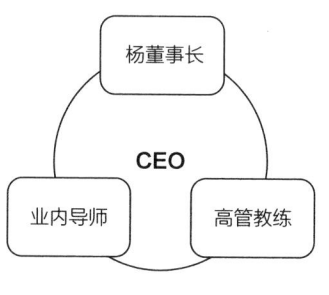

图2-13 领导力进阶铁三角

在杨董事长的引领下，立昂虚心拜师于一位业内导师，深入钻研行业动态，了解公司的运营模式和市场环境。他也开始主动与政府相关部门建立联系，学习如何与其有效沟通，争取更好的政策支持。杨董事长和立昂在保持公司原有的文化基因和建立现代化管理系统之间逐渐找到了平衡。老员工看到立昂放下了原来的姿态，躬身入局，对这位年轻的接班人有了新的认识。

立昂的改变，也带动了整个团队动能的转变，团队的凝聚力有了明显的提升。他学会了如何在不同的文化背景下调整自己的行为和策略，赢得团队的信任和支持。这不仅是他个人的成长，也是他作为一位领导者的蜕变。

双线并行的发展格局

每个人都是团队不可或缺的一部分，推动着整个系统向目标迈进。为了支持立昂，也为了促进整个系统的融合，我们共同探讨并制定了一套团队教练方案，支持F公司价值创造的持续进化（见图2-14）。

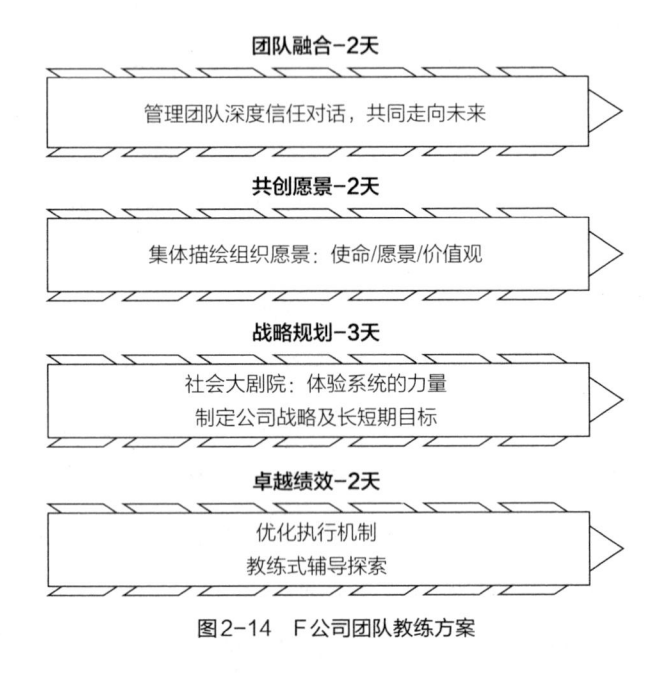

团队融合-2天
管理团队深度信任对话，共同走向未来

共创愿景-2天
集体描绘组织愿景：使命/愿景/价值观

战略规划-3天
社会大剧院：体验系统的力量
制定公司战略及长短期目标

卓越绩效-2天
优化执行机制
教练式辅导探索

图2-14 F公司团队教练方案

个人发展与团队融合同步推进，企业教练和其他管理方式并行展开，这一套方案对F公司2023年业绩的提升产生了巨大的催化作用，对增强团队凝聚力、激发潜能、创造价值产生了不可估量的意义。

终章：春节喜讯

在2024年春节之际，立昂的喜讯传来：经过一年的不懈奋斗，F公司实现了年营收12%的增长，股价更是飙升了近50%。在这样一个充满挑战的经济环境中，这样的成绩尤为可贵。

更重要的是，立昂现在对自己的选择充满了信心。面对未来的不确定性，他满怀激情地表示："就像扬帆出海，即使暴风雨即将来临，我也跃跃欲试。经过这一年的历练，我感到自己变得更敏捷和更具适应性，即使遇到挫折，我也有能力迅速调整，继续向前。"他的话语中透露出一位领导者在经历挑战和成长后的成熟与自信，预示着F公司在他的带领下，将继续乘风破浪，迎接新的高峰。

教练洞见

为期一年半的教练旅程结束了，正所谓轻舟已过万重山，曾经立昂认为不可企及的万米高峰，已成为历史。

1. 系统性的支持计划。高管的成长并非单一要素所能成就，而是源于系统性的支持计划，涉及个人、组织和系统的全面整合。

2. 相互信任的伙伴关系。建立在相互信任基础上的伙伴关系是高管教练工作的核心，这需要长时间的微妙互动才能得以实现。

3. 教练的"敏捷度"。高管教练需要对支持边界及组织政治动态保持敏锐的洞察力，不局限于单一的教练方法，让教练能力既能"独奏"，也能构成"和弦"。这不仅是教练技术的展现，也是对领导力敏捷度的示范。

4. 企业二代接班的复杂难题亦可有解。不盲目复制他山之石，依托企业的具体情境，灵活应对也可以迎来柳暗花明。

领导者的自我教练问题

立昂的故事为我们提供了宝贵的领导力成长经验，对很多开始交接传承的企业也有很多启示，以下问题或许能引发更多的思考。

1. 多重系统之间会存在哪些潜在的冲突或协同关系？我该如何管理和利用这些来推动组织发展？

2. 如果我拥有系统之眼的智慧，那么该如何审视当前的组织系统和人事局？

3. 我在展现领导力上最自豪的成就是什么？它如何影响我对未来领导者的期望？

4. 我该如何定义自己的领导风格？在接班过程中我又应如何调整或改变？

5. 我该如何建立和维护与关键利益相关者的关系，以支持接班和领导力进阶？

第三部分

拓江山,策马扬鞭开疆

01

萌芽破土：茁壮成长仍需岁月

文/程　敏

深秋的清晨，太阳刚刚探出头，几缕温柔的橙红色光线透过淡淡的蓝色云层，洒在大地上。空气中弥漫着一丝寒意，跑道两旁的树木枝叶上闪烁着晶莹的露珠。

唐焱已经开始了每日的晨跑。随着脚步的节奏，呼吸逐渐变得深长有力。冷空气吸入肺部，带来一丝丝的凉意，而呼出的气体在空气中形成一团团"白气"，仿佛是体力和意志留下的印记。远远近近鸟儿清脆的鸣叫声中，唐焱感受着每一次心跳和肌肉的律动。他享受跑步带来的自由，感到自己充满活力。

这时他看到了前面一个熟悉的身影，"一欣，好久不见！"唐焱开心地拍了拍郑一欣的肩膀。

"好久不见！"郑一欣放慢了脚步，两位曾经并肩战斗的伙伴调整各自的步伐，一起跑了起来，默契如常。

"前面银杏林里有长椅,我们去坐坐吧,特别想和你聊一聊!"在郑一欣的提议下,唐焱和他一起走进了这片银杏林。

银杏叶片随着季节的变迁已由绿转黄,微风吹过时,轻轻摇曳,发出沙沙的响声,宛如自然界独有的乐章。一条蜿蜒的小径穿行于林间,被落叶覆盖,形成了一条自然的金黄色地毯。阳光透过树梢的缝隙,斑驳地照在小径边的几张长椅上,形成了光影交错的美景。周围的空气清新而湿润,带着泥土和植物的芬芳,唐焱不禁深吸一口气,感受着大自然的恩赐。

"一欣,你很会享受啊。来来来,我迫不及待地想要听一听你的创业故事!"

"近来我常常来这里坐一坐,特别喜欢感受这里的'系统'。"郑一欣回应道,并没有直接讲述自己的创业故事。

"系统?"这个词勾起了唐焱的好奇心,也让他感知到今天的郑一欣相较以往多了些沉稳与老练。

郑一欣娓娓道来:"这片银杏林其实是一个复杂的生态系统。你看,这里有银杏树、各种小花小草及昆虫、鸟类,每个物种都在这个系统中扮演着特定的角色,共同维持着生态平衡。阳光是这个系统的能量来源,银杏树的落叶为土壤提供有机质,土壤中的营养物质被植物吸收利用,并通过根、落叶等回归土壤,形成一个闭合的营养循环。还有水和人类影响……"

唐焱一边听着郑一欣抑扬顿挫的解释,一边环顾四周。在这片林子中，除了几十棵高大的银杏树，还有无数各式各样的野花野草，花瓣和草尖上滚动着晶莹的水珠，显得格外娇嫩。这些不知名的野花野草散发着淡淡的清香，与银杏林散发的沉静气息交织在一起，让人感到心旷神怡。

唐焱忍不住调侃道："两年不见，成了系统学专家了？为什么突然对系统特别感兴趣？"

"半年前，我的高管教练带我来这里进行教练会谈，从银杏林这个系统谈到了企业系统，之后我就爱上了这里，也爱上了系统。"

"什么？现在民企也用高管教练了吗？我太落伍了！"唐焱瞬间又多了一些感慨。

"这还要感谢你呢，在Ａ公司和Ｂ公司整合的时候，周宁和我都真真切切地感受到高管教练的作用，所以我们一开始就明确了，如果我们能够成功从０走向１，就请高管教练，不仅是辅导高管个人，还辅导组织和高管团队，支持我们再从１走向10。"

唐焱此刻内心升起一股暖意，想起了３年前在刚知晓公司的重大决定之后自己带着复杂的心情写下的那首诗。

把身心投入

随时间沉淀与澄明

渐次见证

看来当时的一切带来了深远的影响和意义，唐焱内心不禁有些感动。"不好意思，走神想起了过去。你刚刚提到企业系统……"

"我想想怎么简单描述……我就拿银杏树打比方吧！"郑一欣介绍道，"正如银杏树在岁月的更迭中屹立不倒，展现出顽强的生命力，企业也需扎根于坚实的土壤，方能在商界的风雨中茁壮成长。企业的六大组织要素——高级领导团队、使命愿景与战略、价值观与文化、人才管理、职能与架构、流程与制度[①]，如同银杏树的根系、树干、枝叶、养分、生长环境与季节性变化，共同维系着企业的健康成长。企业的这六大组织要素相互依存，共同作用，构筑了企业成长的坚实基础。"

唐焱一边听着，一边思考着A公司现在的系统和组织要素。同时也好奇郑一欣为什么在6个月前和教练探讨这些。

郑一欣似乎看到了唐焱脑门上的问号，深深地吸了一口气之后，接着说："我之前一直听说创业不易，也觉得自己做好了准备，创业之后才意识到创业不易四个字的真正意思。"

唐焱轻轻地拍了拍郑一欣，就像在一起共事时常常鼓励他时那样。

"创业之后遇到很多问题，我常常问自己，在企业工作20多年，不敢说自己很成功，但也自认为是非常职业的高管，

---

① 参考来源：IAOL国际组织与领导力协会。

为什么这些之前都没有遇到呢？搞得自己经常不知道怎么解题，非常苦恼。上次和教练在这里畅谈之后，我理解了。我虽然在不同企业工作过多年，但是从企业的发展阶段来看，我工作过的企业都处在相对成熟的阶段。现在的公司是从初创阶段走向成长阶段，遇到的挑战和需要完成的核心任务不同，所以打法也不可能一样。"

唐焱点点头，他觉得今天和郑一欣的谈话太有意义了。两人决定一起去附近吃早餐，一边吃一边继续这个"企业发展阶段"的讨论。

在点餐的时候，两人不约而同地点了菜单上的"健康早餐"，两人相视一笑。

从古至今，人类对长寿的追求从未停止。这种追求不仅体现在个人层面，即寻求长寿的秘诀，也反映在企业层面，即企业对基业长青的渴望。

在个人层面，对长寿的追求源自对生命的珍视和对未知的恐惧。人们通过健康饮食、运动等方式来延长寿命，提高生活质量。这种对生命延续的追求，体现了人类对存在的执着和对时间价值的尊重。

同样地，在企业层面，企业的发展阶段和可持续发展也是企业管理者和投资者极为关注的话题。企业的发展可以分为多个阶段，如初创期、成长期、成熟期。每个阶段都有其特定的挑战和机遇，企业必须采取不同的战略和管理措施来应对。

在初创期，企业刚刚起步，通常掌握的资源少，面临的风险高，确保生存并在市场上找到立足点是核心要务。

在成长期，企业的产品或服务已经获得市场验证，通常企业的收入、市场份额、规模等会快速增长，并且企业会通过各种举措扩大竞争优势。

在成熟期，企业的市场定位和地位已经稳固，企业通常拥有稳定的客户群体、成熟的产品或服务、持续的收入和利润，同时各方面增长开始放缓或停滞。

要实现基业长青的愿望，企业需具备前瞻性和适应性，准确预测企业发展将会面临的风险并提前做好准备，能够在不同的发展阶段做出正确的决策，以确保企业的长期生存和发展。这是一个需要不断努力、适应和创新的过程。通过对企业发展阶段的深入理解和有效管理，企业可以朝着基业长青的目标稳步前行。

"来，我以茶代酒，为你过去两年让企业顺利进入成长阶段干杯！"唐焱发自内心地祝贺郑一欣。

"谢谢！现在的挑战很多啊。"郑一欣回应道。

"说一说现在最大的挑战有哪些？"问题一说出来，唐焱自己笑了，觉得自己像一位高管教练。

"创业团队内部问题是我现在遇到的最大的挑战。"郑一欣语气低沉而坚定，"有一项调查表明，风险投资人认为65%的投资失败与创业公司的管理团队有关。我之前不太相信，但现在我很有感触。"

郑一欣向唐焱继续分享着自己的如下体验和思考。

在初创阶段，由于资源有限、团队规模小，团队成员之间的关系和角色分工更加灵活和非正式。随着企业的发展，这些因素发生了变化。

一方面，团队成员之间的关系发生了变化。在初创阶段，团队人员少，成员之间可能因为共同的目标和紧密的合作而形成紧密的关系；随着企业规模的扩大和人数的增加，团队成员之间可能需要更加专业和正式的沟通方式，而且团队协作和跨部门沟通变得更加关键。

另一方面，角色分工发生了变化。在初创阶段，团队成员可能需要承担多种角色和任务；随着企业的发展，角色分工可能会变得更加专业化，需要具备更多的专业知识和技能的人才，角色和职责需要更加稳定，以支持企业的持续运营。

"我还在慢慢体会其他的变化，包括比较敏感但关键的权力机制与利益分配，我感觉要面临的是一个大的变革项目呢。"

唐焱一边在内心感慨创业者的艰辛，一边回应郑一欣："还好你是和周宁一起创业，两个人比一个人强多了。"

郑一欣笑了笑，唐焱敏锐地捕捉到了他似笑非笑的神情，关切地询问："周宁还好吗？"

郑一欣没有直接回答，提议找个时间三人一起聚一聚。

唐焱欣然答应，期待着下次对"创业搭档"的访谈。

回到家,唐焱发了一首小诗给郑一欣。

银杏叶的每一次飘落

都是你创业故事中的一页

记录着坚持与希望

银杏树的年轮

刻下了你创业的岁月

每一圈都是智慧与勇气的见证

02

枝蔓横生：共同理想下的分歧

文/李沁历

银杏树，植物界的活化石，有着数亿年的生存智慧，见证着自然界的演变与适应。郑一欣和周宁自从带着梦想告别A公司的安稳工作，投身于创业的风潮中，便踏上了自我锻造的征途。正如银杏树在岁月的洗礼下愈发坚韧，他们也在创业的路上不断强化自己的"生存肌肉"，以不屈不挠的精神迎接每一个挑战。

从创业初期的艰难求生，D公司一步步进入快速成长期，正当所有人期待D公司大展宏图时，却出现了意料之外的转折。正如那句老话所言："能共苦不能同甘"，公司内部的矛盾开始浮出水面。

近日，一则新闻在财经与商业媒体间迅速蔓延：D公司联合创始人郑一欣和周宁，这对让业界看好携手并进的合作伙伴，在公司地下车库发生了激烈的争执，这一幕被偶然目击的员工拍摄下来并上传至网络，争执的核心是关于公司服务器上源代码的控制权。这一敏感话题震惊了业界。视频不仅引起了公众的广泛关注，也激发了媒体和公众的激烈讨论，是什么导致这一幕的发生？

在企业发展过程中，创始人之间乃至创始人与高管团队之间的权力角逐往往屡见不鲜。所谓的权力是指在企业运营和治理中所涉及的一系列关键要素，包括但不限于所有权、经营权和监督权。这些要素不仅定义了企业决策的结构，而且它们之间的相互作用和平衡对于确保企业长期稳定和高效运作至关重要。所有权通常涉及对企业资产的控制和收益的权利，经营权则关乎企业日常业务活动的管理与执行，而监督权则体现在对企业战略方向和绩效的监督与评估上。

这种权力之争并非权谋剧中的钩心斗角，却也因为人性的驱使而成为企业成长旅程中的常见挑战，可能伤害企业的内部健康和外部竞争力。在共同创业和企业成长的过程中，郑一欣和周宁作为联合创始人，也不可避免地面临着权力分配和治理的挑战。

面对这样的挑战，领导者需要展现出宽广的心胸、宏大的格局和远大的视野。领导者必须超越个人利益，站在企业整体和长远发展的高度，合理分配、行使和平衡这些权力。这不仅要求领导者具备卓越的战略思维能力，还要求他们能够学习和运用组织政治智慧，在组织内部建立一套既具备一定灵活性又保持合理透明度的运作机制和系统，以实现权力的合理分配与制衡，包括权力分散与集中、权力行使与监督等方面。

当权力之争仍然不可避免时，领导者需要具备高超的沟通能力、冲突解决能力、情绪管理能力、决策能力及极强的耐心与韧性。

郑一欣和周宁，两位分别拥有营销和技术背景的创始人，原本低调务实，他们从未预料到，在自己眼中再平常不过的一次争执竟然会在网络上被放大并造成如此负面的影响。这次意外事件不仅对他们个人造成了影响，还对公司的声誉，甚至对即将到来的A轮融资造成了损害。同时，这也成了一个转折点，他们开始意识到作为处于快速成长期企业的负责人，聚光灯下的一举一动都会受到公司内部和外部的审视与评判。他们开始深刻反思，如何更加审慎地处理内部矛盾。

这时，他们回想起了在A公司的经历。当时的CEO唐焱经常引入外部高管教练来支持公司应对各种挑战。这段记忆启发了他们，加上现在公司已经度过初创期，他们认为在这个时机也许可以借鉴这一做法。

引入外部高管教练来支持应对和解决公司内部挑战与分歧、完善运营管理和战略思考等是一种成熟的应对策略，可以帮助公司在未来更加稳健和高效地发展。

同时，在面对高管间的矛盾、冲突甚至斗争的议题时，

第三部分
拓江山，策马扬鞭开疆

高管教练不仅要解决具体问题，还要能促进高管们认知的升级、心理和情感层面的成长，帮助他们积极运用和升华心理动力机制[①]。借助外部高管教练来支持解决分歧，这是一种成熟的应对策略，也是心理动力机制的升华。

银杏树以其顽强的生命力和卓越的适应性抵御着严寒和酷暑，这与公司在成长旅途中应对各种挑战不谋而合。公司同样需要展现出坚韧不拔的精神和采取灵活有效的应对策略。对于D公司这类已经完成从0到1的初创，并正在从1成长到10的组织来说，尤其需要巧妙地获取和运用更多资源并持续提升组织能力以创造更大的商业价值。这涉及明确的战略规划、不懈的创新、周密的风险管理、强化企业文化建设、优化组织结构甚至调整公司治理结构，以确保公司在激烈的市场竞争中稳健成长，并完成从初创到成长的华丽转变。

在教练平台公司的协助下，郑一欣和周宁开始了寻找高管教练的工作。在公司会议室，他们首次见到了春望教练。他50来岁的样子，保持着长年运动的良好体态，目光深邃且步伐沉稳地走进了房间。在进行了简洁的自我介绍之后，春望教练首先开启了话题。他选择最近公司面临的公关危机作为切入点，直接问道："我注意到了网络上被广泛关注的视频，公司目前所面临的挑战似乎主要源于两位。你们怎么看？"

---

① 心理动力机制通常指的是个体或群体内在的心理力量和动机，它们驱动行为和决策。

周宁坦诚地回答:"确实。我们已经反思了这一点,未来我们会避免在公共场合发生此类争执。""关于源代码的问题,实际情况并不像网络上所描述的那样。"郑一欣紧接着补充道,试图做出解释。"那么,你们认为这一事件的本质是什么呢?"春望教练的这个问题让两位创始人陷入了沉思。

公司在从初创期过渡到成长期时,其组织结构、制度和流程等尚未完全定型,这正是塑造和加强组织文化与组织能力的最佳时机。春望教练注意到两位创始人在面对他的问题时选择了沉默,意识到这可能涉及他们未曾考虑到的领域。春望教练语气温和地说:"组织就像一个复杂的系统,我所看到的两位对源代码的争议,实际上是领导力系统和企业系统、治理系统三者之间冲突的外在表现[1]。你们怎么看?"

春望教练不仅将问题从具体事件扩展到了组织运作的全局,而且提出了"领导力系统"这个新的概念。郑一欣和周宁对"领导力"一词并不陌生,但将其视为一个系统并与企业系统发生冲突的说法对他们来说是全新的认知。领导力如何构成一个系统,与企业系统又是怎么回事,它们与治理系统之间为什么会产生冲突——这些激发了他们对组织内部运作更深层次的探索欲。

---

[1] 参考IAOL国际组织与领导力协会的侯氏组织模型,组织运作于外在的社会环境之中,并由资源系统、企业家系统、家族系统、治理系统、企业系统和领导力系统共同交织构成了复杂的内在系统。

在经过深入的筛选和考量之后，郑一欣和周宁共同决定聘请春望作为他们的企业教练。春望教练不仅因其深厚的教练功底，还因在领导力系统、企业系统及心理动力方面的专业深度而受到青睐。他能够兼顾个体的发展和组织的需求，为两位创始人提供细致入微且全面的辅导。

经过首次深入的交流，春望教练明显感受到了郑一欣和周宁之间那种由共同经历和深厚友谊所铸就的特殊关系。他们从大学时代的同学关系，发展为在A公司并肩作战的同事关系，再到如今共同创业的合作伙伴关系，他们以信任为基石形成了多年的紧密合作关系。春望教练深刻理解这个基石的重要性，决定采用一种创新的、个性化的协作方式来支持他们，以期在他们的创业旅程中发挥最大的协同效应。

除了进行一对一辅导、一对二辅导，春望教练还会列席高管例会和重要的客户会议，通过观察郑一欣和周宁的现场表现，提供针对性的行为和思维等方面的反馈。这种实时的反馈机制旨在支持两位创始人提升对自我的认识、对彼此关系的认识，优化行为和决策过程，并提高在复杂商业环境中的敏锐度。这种系统、综合的视角和专业反馈方法将对郑一欣和周宁的成长，乃至公司的长远发展产生深远的积极影响。这种系统视角的教练方式正是当下郑一欣和周宁所追求的。

随着与春望教练合作的深入，郑一欣和周宁逐渐开阔了视野和思维，并经历了一场认知上的变革。他们学会了透过表面现象挖掘更深层次的因素，探究它们与战略的关联性。恰在此时，在他们所处的行业中的某龙头企业推出的爆款产品突然走红全球，甚至在部委的例行中外记者问答会上都成为热门话题。郑一欣和周宁立刻意识到，这可能是公司突破性发展的一个契机。

他们迅速召集高管团队，在例会上讨论这一现象。可是，讨论很快演变成了两位创始人之间的争论。郑一欣坚持认为，应该迅速集中资源做出好产品，并通过提供卓越的客户服务来创造价值，同时采取有效的市场策略以提高竞争优势。而周宁则认为，虽然公司已经度过了初创期，但在组织架构和人才管理等方面还需加强，不能盲目激进，应该先稳固基础，通过深化跨职能合作来实现战略目标。

随着两位创始人的争论愈发激烈，团队成员们彼此交换着无奈的眼神，会议室里的空气似乎凝固了，气氛变得沉重而尴尬。在这样的氛围中，每个人都感到了一种难以言说的不适。

春望教练在整个讨论过程中始终保持沉着冷静，他的目光锐利而专注，仔细聆听着每一种观点和论据。直到两位创始人都充分表达了自己的观点，会议室里的紧张气氛达到了顶点，春望教练才缓缓开口。他以那从容不迫且平静的声音介入了讨论："我了解了你们的观点，它们都非常重要。一欣，你的创新精神和对市场的敏感度很关键。周宁，你对公司内部稳定性和长期发展的考虑也同样宝贵。"

"看,你们都关心公司的长远发展。我们是否可以将这两种观点结合起来,制定一个既能快速响应市场,又能确保公司长期稳健发展的战略呢?"通过春望教练的引导,两位创始人开始意识到他们有着共同的目标,并寻找结合各自观点的可能性。团队成员们也逐渐参与到讨论中,共同探索解决方案。

当讨论逐步深入,带着对这个团队有能力在高压下进行深入思考和探索的信任,春望教练不失时机地抛出一个出人意料的问题:"刚才大伙儿讨论了两个不同战略方向的交集点,那你们制定战略的战略是什么呢?"

这个问题打破了常规的线性思维方式,激发大家进行更有深度、高度和广度的思考。他们开始从不同角度探讨问题:有的聚焦于新热点对公司价值的潜在贡献,有的思考公司成功可能对行业产生的深远影响,还有的回想起自己加入公司的初衷——被郑一欣和周宁的梦想所激励,希望共同创造不凡的成就。春望教练的提问不仅提升了讨论的深度,也促进了团队成员之间的相互理解和信任,讨论变得充满激情和创意。

在这场激烈而深入的讨论中,郑一欣和周宁表现出沉思的姿态,他们开始更多地倾听,减少插话,尤其是对对方发言的打断和辩驳。春望教练提出的一个个问题促使团队成员们超越了眼前的争议,从战略层面进行更高层次的思考,这帮助他们从宏观层面寻求解决冲突的办法,也使郑一欣和周宁认识到教练方式对处理冲突的有效性。

春望教练将两位创始人的变化看在眼里。讨论结束时正值中午时分，午餐过后，春望教练邀请郑一欣和周宁到附近的银杏林散步。他清楚自己的真正客户是谁，有些敏感话题不宜在所有团队成员面前展开。在秋日温暖的午后，阳光透过树梢，洒下斑驳的光影，三人在银杏林的林荫道上悠闲地走着，享受着这份宁静与和谐。

郑一欣和周宁的联合创始人关系经历了从团结和谐到不可避免地发生冲突，再到面对冲突、超越冲突的变化过程。这一系列变化就如同古老而坚韧的银杏树一样，随着季节变化生长、繁茂、落叶，并再次焕发生机，这是一个自然而必要的成长过程。这是人际系统和企业系统发展的一部分，体现了系统内部进行动态调整与适应的能力，也是系统互动的一部分。这个过程包含问题澄清、根因识别、目标设定、选择制定和结果评估等关键环节要素，这些都可以被识别，并且通过改善沟通和深化理解来解决，同时也需要领导者在过程中保持客观与冷静。

在行进中，春望教练以温和的语气询问："我注意到你们后来的发言有所减少，当时你们心里是怎么想的？"周宁感受到春望教练的洞察力，他坦率地回应："确实，教练。我意识到我们通常一头扎进去，专注于解决具体的问题，而你的方法是不同的。"

第三部分
拓江山，策马扬鞭开疆

春望教练轻声笑着回应："现在你好像也是在针对'问题'发表观点？"周宁也笑了起来，他的回答反映出对教练方法的认同和自我反思的能力："哈哈，没错，我的回答又停留在表面了。作为公司创始人，我和一欣之间有着坚实的信任基础，虽然我们有分歧，但不会损害我们的关系。然而，我认识到，有些争论如果被团队成员所见，可能会影响他们。你的介入帮助我们从更广阔的视角和更高的维度看待问题，化解了分歧。我觉得公司发展到了这个阶段，有必要从你示范给我们的视角和维度建立更正式的机制，以加强团队成员之间的信任，使团队成员结合感性与理性，灵活应对未来的冲突。"

春望教练赞同地点头，并进一步提出了他的观点："信任是基石。除了加强信任，建立一套机制也至关重要。机制的建立意味着一家公司逐渐走向成熟，同时你们要确保公司权力架构、利益分配与个人风格、机制相辅相成，以促进你们自己的领导力系统的演化。"随着他们深入林中，宁静的银杏树和秋日的阳光为他们提供了一个思考和对话的理想环境，使他们的交流更加深入和有意义。

在组织中，权力的确是一个敏感、复杂而棘手的话题，常常被有意或无意地回避，就像"房间里的大象"一样，是一个显而易见却鲜少被触及的问题。这种回避的态度可能会影响组织的健康沟通和透明度，从而影响协作、效率和结果。郑一欣与周宁两位联合创始人之间的争执突显了权力结构设置和其合理运用的重要性，其核心在于正视权力问题，对所有权、管理权和监督权均进行与组织发展相适应的分配与制衡，防止权力分配不当、模糊或滥用所导致的冲突。春望教练选择与团队成员私下沟通，就是为了更深入地探讨和解决这些问题，寻找更为有效的权力运用和管理策略。

权力、利益和风格构成了领导力系统的基础框架，而领导者与追随者在特定情境下的互动则是系统的动力源泉。这些要素相互交织，共同推动组织目标的实现，并影响团队成员创造价值。正如银杏树在生态系统中的角色，领导力系统中的每个要素都在维持整体平衡中发挥作用，虽有边界和潜在冲突，但更需相互支持与协同。

在更广阔的商业生态系统中，领导力系统还需与治理系统、资源系统及企业系统等其他关键系统建立和谐与一致性的关系，形成一个互利共生的网络。这需要领导者具有站上高处和跨越边界的意识与能力。

对郑一欣和周宁而言，眼前的银杏林不仅是自然界的一部分，也是他们公司发展历程的生动隐喻——它见证了D公司从创立到成长的过程，体现了不断适应和革新的精神。

当唐焱和郑一欣共进完早餐，聆听了郑一欣关于近两年创业历程的分享，他不禁由衷地赞叹："看着那片茂盛的银杏林，回想起我接手的新A公司已经发展得枝繁叶茂。我不敢想象自己能否像你和周宁一样，勇敢地投身于一片未开垦的土地，我不敢肯定自己是否能有你们这样的勇气和决心。"

　　银杏林以其静谧的姿态伫立，不仅是时间流逝和季节变换的守望者，也见证了郑一欣和周宁的成长历程。这片银杏林同样启发了唐焱，让他对不同发展阶段的组织及每个成员在其中扮演的角色和所做出的贡献有了更深刻的认识。他们约定，定期相聚交流，相互分享经验和见解。正如银杏林中的树木，尽管各自生长，但在根系深处紧密相连，相互支持，共同抵御外界的风雨。

03
改弦易辙：从创业者到企业引领者

文/李沁历

数学是一种不断进化的文化，音乐是一种具有复杂情感的几何。

对创业者郑一欣和周宁而言，工作与生活的界限早已模糊。即便在周末，他们也不忘与春望教练相约，将平日无暇顾及的教练辅导安排在大剧院的咖啡厅。在这里，他们不仅能够享受工作日难得的闲暇时光，还能在对话结束后与家人一同聆听音乐会，兼顾工作与家庭。

在春望教练的引导和支持下，郑一欣和周宁逐渐对系统思维有了新的领悟，他们开始更深入地挖掘问题的本质，从而在思考和决策时更加全面和精准。今天这次对话的核心议题是他们一直感兴趣，却鲜有时间深入探讨的领导力系统。

春望教练将领导力与系统思维结合，令他们认识到，领导力不仅仅是领导者个人魅力的展现，还关乎如何在复杂多变的环境中进行有意识的、系统性的、与环境和追随者共舞的构建、创造和影响。正如这座大剧院，它的设计和运作精妙地体现了一种系统与宏大之美，散发出一种难以言喻的卓越感和现代感。而位于大剧院一层的精品手冲咖啡店里，爵士蓝调的慵懒声线与精致而清新的咖啡豆香在空气中交织，再搭配暖阳穿透大块落地窗照射在复古风格家具上的光影，这个小系统里又弥漫着一种独特的松弛感和高级感。这种层层叠叠、大系统包容和嵌套小系统的复合而流动的美感，正是他们所追求的领导力境界。

为了深化和具象化这次对话，春望教练带来了他参与编著的《成就卓越》。他们一同翻到书中关于纵向领导力模型的第06章，通过共读和讨论的方式开启了这次教练对话。共读一本书是春望教练针对他们二人的背景和学习风格，经常采用的富有成效且具有启发性的教练方式。

郑一欣和周宁分别拥有营销和技术背景，他们接受的学术训练，以及在过往职业经理人与创业初期经历中所拥有的专业优势，锻炼和塑造出他们出色的分析能力、强烈的好奇心和快速学习的能力。当结合舞池和阳台的概念去探讨领导者发展的七个纵向领导力阶段时——从投机者、遵从者，到运筹者、成就者，再到重构者、转型者和整合者——他们发现这些阶段依次展开，宛如一个精心设计的算法流程，极其有趣。周宁激动地拍了拍大腿，眼中闪烁着认同和兴奋的光芒。他转向春望教练，语气中带着难以抑制的激动："春望教练，你知道这让我想到了什么吗？"

他停顿了一下，似乎是在寻找最合适的词汇来表达他的领悟，"这就像我们在编程时逐步解决复杂问题的过程，每个阶段都是代码中的一个函数，它们相互调用，共同构建起一个强大的系统。"周宁的比喻不仅精确，而且生动，将纵向领导力发展的抽象概念与自己的专业背景巧妙地联系起来。

郑一欣，这位对古典音乐情有独钟的营销专家，也发表了自己的观点："我觉得这像现在播放的音乐。从低音到高音，不是一蹴而就的，而是由各个音符构成的，高低起伏。"他的比喻同样富有见地，将音乐的和谐与纵向领导力发展的连续性相提并论。

春望教练忍不住为他们的想象力和深刻的理解鼓掌叫好："你们的比喻真是太生动了，让我对纵向领导力发展的理解也变得更加丰富了。"他继续说道，"领导者在发展纵向领导力的过程中，无论是稳健地起步还是迅速地成长，每个阶段都有其适用的场景和独特的功效，都是构建成功之路的关键。我们不能轻视、忽视或试图跳越任何一个阶段，正如音乐中不能缺少任何一个音符一样。"

"同时，"春望教练继续补充说，"领导力系统的演进还可以类比斐波那契数列的增长,每一步都是基于前两步的积累与融合,这种累积效应与领导力发展的路径不谋而合。领导力系统不是单一维度的反映,它是领导者成长自然法则中逐步演进的过程,其中每个阶段都是以前一个阶段为基础的,不断积累和创新,最终达到新的高度。"

"目前我们的领导力发展到哪个阶段了呢?"郑一欣和周宁好奇地问。自我认知是领导者成长的起点,他们可以通过自我反思、寻求他人反馈、审视成果,以及采用科学严谨的评估工具来深入、完整地了解自我。借助各种艺术形式是探索自我、理解他人、洞察世界的途径之一,它能够帮助领导者以更全面、更深刻的方式认识自己,同时巧妙地绕过各种非建设性的心理防御机制。

作为回应,春望教练通过意象对话的方式[①],鼓励郑一欣、周宁通过纵向领导力工具卡片挑选、故事与案例讲述、象征性的语言重构和愿景畅想,引导他们创建画面,将个人特质与纵向领导力系统的理念相结合,进而以一种近乎艺术的形式展现出来,来识别现状及构建富有吸引力的未来图景。

为了让他们对自我、人际、环境的现状理解和回应更明确,以及在循序渐进中找寻路径去不断超越、变得成熟,春望教练还提议二人去做一个纵向领导力发展阶段测评。

---

① 通过各种引发联想或想象的手法,来激发、整合人们觉察到的和未经察觉的,显性的和隐性的见解和潜力。

周末的这场大剧院之约让郑一欣和周宁对领导力品出了不同的味道。在旋律的起伏和节奏的律动中,他们仿佛看到了领导力的节拍——时而激昂,时而平静,体验到了领导力不仅具有科学的严谨性,还具有艺术之美。

自从行业内的某龙头企业推出了一款风靡全球的爆款产品,郑一欣和周宁便意识到市场对于高品质产品的需求是持续且迫切的。同时,由于处于A轮融资的关键时期,D公司迫切需要打造自己的明星产品以吸引投资者的目光。然而,尽管周宁带领的研发团队投入了大量资源和时间,但新产品的市场反响远未达到预期。好在郑一欣在跟数家投资机构接触中通过描绘富有感染力的未来愿景,引起了其初步的兴趣。

恰逢此时,郑一欣和周宁收到了他们的纵向领导力发展阶段测评报告。春望教练在仔细阅读后,发现报告中的数据似乎印证了他之前的猜测:新产品的市场表现与他们当前的领导力发展阶段有着密切的联系。

在又一次紧张的高管例会结束后,春望教练缓步走进了郑一欣和周宁共同使用的小办公室。他语气平和地开启了对话:"我猜你们已经看到了自己的纵向领导力发展阶段测评报告。"春望教练的目光在两人间游移,寻找着他们对报告的反应。

郑一欣的表情显得颇为淡定,而周宁则显得有些焦虑,他的眉头紧锁。"报告显示我处于'运筹者'阶段后期。一欣,

第三部分
拓江山，策马扬鞭开疆

你呢？"他一边说着，一边从郑一欣手中接过报告，眼中充满了好奇，"哦，你处于重构者阶段早期。"

春望教练见他们已经阅读了报告，便继续问道："结果和你们自己的预期相符吗？"郑一欣轻松地笑了笑，回答说："我之前一直以为自己处在成就者阶段呢。"周宁也附和道："我也是这么认为的。"

发现两人对自我的评估存在偏差，春望教练便详细解读了报告中关于他们当前所处领导力阶段的特质描述。他解释说："处于任何一个阶段的领导者都有其特定的行为模式、思维习惯和情感驱动。这些模式、习惯、情感因素会影响他们的决策和管理方式，这些都没有好坏对错之分，关键在于领导者所处领导力阶段与环境和任务的匹配性。比如，现有阶段下，你们都可以向下兼容到投机者，正是由于投机者的机敏和富有冒险精神等特质，促成了你们创业并取得了早期的成功。同时，在外部环境的推动和内在决心与意愿的驱使下，领导力阶段是可以发展的。作为组织的最高领导者，你们的发展既会牵引又会限制组织的发展，所以你们必须提升自己的纵向领导力，以带领公司从初创期顺利发展到成长期。"

"原来如此，"周宁听后若有所思地说道，"我现在明白了，为什么我在产品开发中总是倾向于使用瀑布模型[①]。"他

[①] 瀑布模型是一种经典的软件开发方法，一个步骤完成之后再进行下一步。其优点在于结构清晰、易于管理，缺点在于缺乏灵活性和过于线性，难以适应需求变化。

还坦诚地分享了自己的困惑,"尽管在理论上我知道敏捷开发[①]的重要性,但在实际工作中我总是在不经意间追求完美,想要把每个细节都做到最好,还容易在遇到难题时钻牛角尖,一根筋,不想换方法解决。"

春望教练点头表示理解,并指出这种运筹者阶段的倾向并非全然不利,它体现了周宁对产品质量的高标准要求和对细节的关注。但他也提醒周宁,在这种特质的驱使下,如果选择瀑布模型,则产品在推向市场之前很难获得用户反馈,进而导致产品可能无法准确满足市场需求,也会影响团队的响应速度和产品的市场时效。他鼓励周宁在保持对质量和细节的追求,即发挥运筹者阶段优势的同时,也要始终以开发新产品这个举措背后要达成的大目标为牵引和方向,并适当地提高灵活性,以更好地适应市场的变化和团队的需求,而这些正是处于成就者阶段的领导者会关注和实施的。

数学中的斐波那契数列、音乐中的和谐与节奏,都为他们提供了灵感。他们开始尝试将这些概念应用到产品开发和市场策略中。通过这种跨学科的思考方式,郑一欣和周宁开始重新审视和调整他们的产品开发策略,他们更加注重用户反馈,采用敏捷开发的方法,快速迭代产品,以更好地适应市场变

[①] 敏捷开发是一种以人为核心、迭代、循序渐进的软件开发方法。它强调在开发过程中的灵活性和适应性,以应对快速变化的需求。敏捷开发通常涉及跨功能团队的合作,它的核心理念是交付价值给客户,并在整个开发过程中持续地与客户合作。

化，以期创造出既能触动人心又能在市场上取得成功的产品。

在郑一欣心中，对公司的未来是有一幅宏伟蓝图的，向投资机构描绘的未来愿景绝非信口雌黄。他渴望突破Ａ公司的传统框架，塑造Ｄ公司独树一帜的战略、风格和文化，在行业中弯道超车，取得领先优势。怀有高远志向是处于重构者阶段的领导者具有的一种典型特质。在Ａ轮融资的关键时刻，他经过深思熟虑和长远布局，考虑引进一位专长于政策研究和政府关系的高级经理，这个角色对于公司在行业中的发展至关重要。

正当他准备和周宁探讨这个想法时，周宁一脸严肃地走了进来。郑一欣揶揄着问道："怎么了这是？"周宁气呼呼地解释道："上次和春望教练讨论后，我也想尝试结合敏捷开发和瀑布模型。我刚才和研发经理小李讨论，他比我还要固执，坚持要尽善尽美。"

郑一欣忍不住笑出声来，说："你也有今天，终于遇到比你更固执的运筹者了。"这时，春望教练走进了办公室，听到了他们的对话，笑着说："我好像听到有人在叫我的名字。"办公室里的气氛顿时变得欢乐起来。他们又迎来了新的教练辅导。

在轻松的氛围中，春望教练倾听了他们描述的关于公司的当前挑战和未来规划。周宁首先提出了自己的顾虑："一欣，你提到的这个人选，薪酬肯定不菲吧？咱们公司还处在成长期，融资也尚未到位，而且这个角色对于Ａ轮融资似乎并没有直接的助益，我们是不是应该暂时搁置这件事？"

郑一欣认真思考着周宁的问题，他知道这是一个需要权衡的决策。这个角色对公司的长远发展至关重要，但也会带来短期内的成本压力。他决定在接下来的教练对话中深入探讨这个话题，以确保他们能够做出最符合公司当前和未来发展需求的决策。

春望教练轻轻一笑，提出了一个引人深思的问题："你们面临的一个是公司中长期发展的需求，另一个是迫在眉睫的挑战，二者都是在公司运营的舞池中不容忽视的话题。如果站在阳台上，从纵向领导力发展的角度来看，你们认为自己分别处于哪个阶段在考虑问题？你们如何平衡对未来的规划和对当前的关注？"

这个问题让郑一欣和周宁醍醐灌顶，他们开始从不同的角度审视自己的决策。他们想象自己站在大剧院的不同楼层的阳台上——从一楼的基础操作，到二楼的管理决策，再到三楼的战略规划，以及四楼的愿景构想——每个层面都提供了不同的视角和思考维度。春望教练的提问不仅让他们重新审视了自己的立场，也在提醒他们不要忘记创办D公司的初心和使命。

"要是你们再尝试站在对方的阳台上去看呢？"春望教练继续引导他们思考。

这个问题激发了两位创业者的思考，他们开始跨越自己的需求与视野，从对方的视角审视问题。进而，郑一欣还主动提议二人分别站在员工的阳台、潜在投资机构的阳台、友商的阳台上去审视这两个问题及公司的长远发展方向和策略。

由此，郑一欣和周宁不仅考虑了短期的挑战和长期的战略，还探索了如何在不同的层面上融合各种矛盾与悖论，做出最有利于公司整体发展的决策。

在这样的教练对话中，郑一欣和周宁对纵向领导力的理解不再局限于单一的视角。他们的横向认知有了扩展，对彼此的理解加深了，周宁对研发经理小李的情绪也被同理心所取代。他们认识到，纵向领导力不仅是一种能力，还是一种在不断变化的环境中适应和成长的心智模式。

在紧张而充实的讨论之后，郑一欣提议放松一下，以音乐来点缀每次教练辅导的尾声。他精心挑选了维瓦尔第的《四季》，维瓦尔第当时革命性地使用了标题音乐的技巧，郑一欣觉得特别契合今天的思维碰撞与突破。《春》悠扬的旋律开始在办公室内回荡，春望教练借此机会引导两位创始人进行反思："今天的教练过程，如果用一个比喻，你们觉得它像什么呢？"

周宁，擅长数学的他，首先发言："我觉得今天的教练过程就像是求导法和数值解法的结合。"他的话引起了郑一欣和春望教练的好奇。

周宁解释道："它们是我以前在写论文时采用的两种模式。第一种是求导法，我先深入思考一个完美的想法，然后通过实验来验证，收集完所有数据后才开始写作；第二种是数值解法，我有了初步的想法后，先迅速写出初稿，然后通过实验来不断验证和修改，逐步完善。"

"面对简单问题时，求导法非常有效；但公司现在所处的环境和项目更加复杂，需求不断变化，这时候迭代的数值解法就更为适用了。"周宁停顿了一下，继续说。

郑一欣和春望教练都被周宁的比喻和他对问题深入的理解所打动，对周宁能够将数学概念迁移到领导力发展中的能力表示赞赏。

随着《夏》的旋律在办公室内缓缓流淌，郑一欣也在和谐的氛围中对这次教练辅导发表了自己的独特看法："这首音乐让我想起了五线谱上跳跃的音符，它们就像数学中的函数，起伏不定，自由解构。我们的创业之路不是单一的山峰，而是连绵的山脉，像一条波涛起伏的波浪线，波峰波谷交替出现。我们无法预知每次波峰的高度和波谷的深度，那么在这种情况下，我们该如何寻找最优解呢？"

"仅凭数值解法可能不够，因为在复杂的函数面前，采用数值解法可能会让我们陷入局部最高点。如果我们从第一个较低的高点开始迭代，那么我们可能会被困在那里，而不是到达更高的全局最高点。"郑一欣继续解释。

郑一欣的话语在办公室内回荡，与《秋》的旋律融为一体。他提出了一个深刻的见解："摆脱这种困境的关键在于我们是否愿意接受处在局部最高点左侧或右侧的低点。如果我们能够接受这一步的下降，那么从这个低点开始，我们就可以通过迭代跳出局部最高点，最终到达全局最高点。这意味着我们必须在创业中接受短期的挫折，才能实现长远的成功。"

为了便于理解，郑一欣随手画了一个草图（见图3-1）。A点和B点都是局部最高点，C点位于A点和B点之上，代表此阶段最优解。它清晰直观地显示，在追求长期成功的过程中，就像攀岩一样，我们可能需要经历短期的挑战和调整，以及可能出现的下降。在追求全局最优解时，我们要有远见和耐心，以及敢于接受和战胜短期挫折。

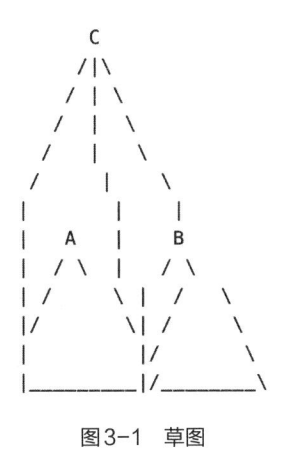

```
                C
               /|\
              / | \
             /  |  \
            /   |   \
           /    |    \
          |     |     |
          |  A  |  B  |
          | /\  |  /\ |
          |/  \ | /  \|
          |    \|/    |
          |     |/    |
          |_____|/____\
```

图3-1 草图

周宁和春望教练都被郑一欣的这番话深深打动，在《冬》跳跃与断续的旋律背景之下，大家都陷入了沉思。这种愿意接受短期挫折以换取长远成功的心态，正是领导者所必需的。

春望教练在心中默默赞叹着：一欣这样的发展需求和独特视角，是推动我不断学习和进步的最佳源泉。周宁则对郑一欣的洞察力和视野表示由衷地赞赏。他意识到，郑一欣不仅具备了成就者的战略眼光，还有着重构者超越常规的思维模式。

在这次一对二教练辅导结束之际，郑一欣和周宁重新定位了自己的角色——从创业者进行深度转型，成为企业长久发展的引领者：他们要像重构者一样展现好奇心、想象力、创新力和愿景力，像成就者一样制定战略、明确目标和达成成果，像运筹者一样追求工匠精神，共同打造一个在行业中独树一帜、备受尊敬的公司。他们的这一新定位关乎个人领导力的改弦易辙，也关乎引领公司走向未来，更关乎通过公司与行业的创新式互动，引领整个行业向前发展。

04

上下求索：融资的迷阵

文/李沁历

周末的破晓时分，郑一欣和周宁驱车前往郊外的国家公园，心中满是对大自然的向往。随着车辆在蜿蜒的道路上行驶，城市的喧嚣渐渐远去，扑面而来的是田野的宁静和山峦的轮廓，以及清晨特有的凉爽和清新的气息。

到达目的地，国家公园的壮丽景色令人心旷神怡。阳光从云层间穿透而出，给山峰镀上一层金色；树叶在微风中轻摆，鸟鸣声在森林中回荡，营造出一种幽深的氛围。攀岩地点是山谷中的一处峻峭岩壁，四周的植被葱郁，清澈的溪流环绕，岩壁上的天然抓手和踏脚点既是挑战也是乐趣。

自从与春望教练在银杏林中对话后，郑一欣和周宁更加热爱在大自然系统中度过的时光。银杏林中的散步成为他们日常工作中的美妙插曲，而周末家庭日的攀岩活动则成为他们特别的放松方式。

攀岩是一项考验身体协调性、灵活性和力量性的运动，要求攀岩者不仅掌握高超的攀岩技巧，还需要具备极强的心理素质，克服攀岩时的恐惧和焦虑。攀岩者还必须适应不同岩壁和环境条件，进行策略规划和风险管理。这项综合性的运动充满挑战，激励人们走出舒适区，享受克服困难后的自我超越感和成就感。

在攀岩的过程中，郑一欣和周宁感受到阳光的温暖、风的吹拂，以及自然景观随着高度而变化的壮丽。他们沉浸在其中，内心愈发平和与明晰，呼吸变得深沉而有力，每一次手脚与岩石的接触都带来踏实与稳定的感觉。

获得天使轮融资后，D公司不仅在商业模式和产品原型上取得了长足进步，还在技术革新、产品优化和市场拓展上展现出持续的增长势头。随着市场、销售、财务和人力资源等关键领域专业人才的陆续加盟和融合，高管团队的构建也日趋完善。这些成绩正如攀岩者在每一步向上攀登时收获的坚实、有力和自信。

攀岩者会在攀登过程中不断寻找新的支点和路径，郑一欣和周宁也在为公司的持续成长而积极推动A轮融资。投资者对公司未来的信心及市场的良好反馈，无疑会进一步为这家有了盈利的初创期公司继续攀登更高、更陡的岩壁注入新的动力。

周一上午，春望教练一如既往地列席了公司高管例会，本次会议议题是针对A轮融资的战略部署。高管团队成员们深入探讨了影响融资进程的一系列关键因素：政策的不确定性、市场的波动性、法律的合规性及资金的流动性等。

正当大家认为已经将所有的因素都纳入考量时，春望教练抛出了一个引人深思的问题："你们是否忽略了第13个仙女的存在？即那些被人们忽视的潜在重大机遇或风险。"

在春望教练与郑一欣、周宁的共同工作历程中，这个问题已经成为一种"暗号"，引导他们不断拓展思维的边界，探索那些未被充分发掘的可能性或盲区，以期发现新的视角、机会或规避潜在的误区和风险。

面对春望教练的提问，大家一时间陷入了沉默。春望教练随即微笑着补充道："让我来指出一个可能的'仙女'，你们是否没有充分考虑投资者关系管理（IRM）的重要性？"他的话音刚落，团队成员们顿时眼前一亮，纷纷表示赞同。紧接着，他们迅速展开了新一轮的讨论，共同探讨如何将IRM更好地融入他们的融资策略中，以确保能够获得并维持投资者的信任与支持。

在企业的成长历程中，资金链断裂往往是企业倒闭的主要原因之一，故股权融资对于企业，特别是对创业企业来说，是一种至关重要的资金获取途径。在进行股权融资时，企业必须谨慎、综合地考虑多个关键因素，包括董事会的权力分配、法律合规性、尽职调查、股权结构设计、估值和定价、投资协议的条款、风险管理及员工激励计划等。这些因素不仅关系到融资的成功与否，也直接影响企业的长期利益和市场表现。

同时，IRM作为企业与市场沟通的桥梁，其重要性不容忽视。IRM的核心在于通过有效的沟通和互动，构建企业与投资者之间的信任关系，提升公司治理的质量，进而增强企业整体价值，实现对投资者的尊重、回报和保护。

郑一欣和周宁在经历了之前媒体曝光的意外事件后，通过与春望教练的共同工作，重新认识到了IRM及其他利益相关者的重要性。他们意识到，作为企业领导者，必须时刻保持对全局的敏锐洞察，不仅要考虑直接相关的各方利益，还要关注那些可能被忽视的因素，理解这些因素如何相互影响。他们学会了从更高的视角审视问题，确保在实践中能够全面考虑并平衡各方利益，避免潜在的风险，推动企业健康发展。

然而，在推进A轮融资的紧张谈判中，郑一欣和周宁还是遭遇了重重挑战。投资机构对公司股权结构提出了质疑，尤其是两位创始人各占30%的股份引发了其对决策分歧和未来发展隐患的担忧。这种均等的公司股权结构在创业初期有助于保持团队的和谐，但在公司成长到一定阶段后，会因为权力过于分散而难以形成有效的决策，或出现在资源配置和业务优先级上存在不同的意见。特别是在面对重大战略选择时，这种公司股权结构可能导致决策陷入僵局、效率低下和方向迷失。这无疑给两位创始人带来了巨大的压力，他们感到自己精心构建

第三部分
拓江山，策马扬鞭开疆

的合作模式似乎在一瞬间变得非常脆弱。

投资机构还对公司产品未来的易被替代性风险表示了担忧，在技术不断进步的今天，这也不无道理。为了在行业内保持竞争优势，公司不仅需要在产品开发上持续创新，还需要在客户运营管理上进行大量投入，否则这可能成为企业持续发展的瓶颈。郑一欣和周宁面对的挑战不仅限于产品创新，还包括如何通过精细化的客户运营管理来提高和巩固公司的长期市场地位。

此外，投资机构还指出，尽管目前财务团队在基础财务管理上是称职的，但随着公司在后期资本融资工作的增多，财务团队在资本运作层面经验的欠缺是一个大问题。这提醒两位创始人，随着公司规模的扩大和融资需求的增加，必须建立一支适配的专业财务团队，以降低运营风险。

春望教练凭借其深厚的经验和敏锐的洞察力，察觉到了郑一欣和周宁在面对投资机构质疑时的内心波动。在对他们的焦虑和压力表示了深切的理解后，春望教练引导他们展开了深入的对话。

"一欣、周宁，我注意到投资机构对你们均等的公司股权结构表示担忧，认为这可能会影响公司的决策质量和效率。你们对此怎么看？"他温和地开启了话题。

郑一欣沉思了片刻，然后坦诚地回应道："春望教练，我们确实意识到了这个问题。我们不希望股权结构成为公司发展的阻碍，特别是在关键决策上。"春望教练点了点头，继续追问："那么，你们打算如何应对目前这个情况呢？"

周宁深吸了一口气，语气坚定而深沉地说："经过这次谈判，我反复思考了我们的处境。我认为，我们需要重新调整股权结构，确保公司有一个清晰的领导和决策核心。同时，我们也应该重新考虑员工期权池的比例，以此来激励团队，这也能更好地分散股权风险。"

"周宁……"郑一欣欲言又止。

周宁打断了他的话，继续说道："一欣，我知道你想说什么，先让我说完。上次教练辅导结束总结时，你谈到全局最高点。这启发了我，我们要站在全局最高点上，回看我们创业的初衷。在A公司的职业经理人并不是我们追求的终点。我们之所以选择创业这条艰难的道路，不就是为了实现更大的梦想吗？一欣，我知道你比我更适合带领公司走向未来。"

周宁的话音刚落，嘴角又勾起了一抹笑容："从大学时代起，在研发领域我总是略胜你一筹，今后在这方面，你还得听我的呢！"郑一欣什么都没说，他缓慢而有力地伸出拳头，与周宁的拳头碰在一起。这一碰，胜过千言万语。

在这个关键时刻，让渡权力和利益无疑是一个巨大的挑战。春望教练不仅被他们深厚的友情所感动，还为他们能够超越个人利益，展现出如此宽广的胸怀和远大的格局而感到钦佩。他们的决定不仅体现了对公司未来的长远考虑，也展现了真正领导者的风范。

在经历了这次深刻的对话和自我反思之后,郑一欣和周宁决定采取行动,对公司的股权结构进行调整。这涉及每位股东的利益,需要进行细致的协商和沟通,以确保所有股东都能接受最终的方案。为了公司的长远发展和提高决策效率,郑一欣和周宁需要明确各自的角色和责任,确保决策过程中的权力平衡,这是组织发展中必须健全的。

同时,他们也意识到了团队多元化的重要性,陆续引进不同背景和专业领域的人才,以丰富团队的视角和技能;利用人工智能、大数据分析等技术手段提升运营效率和客户满意度。通过这些措施,郑一欣和周宁不仅优化了公司的治理结构,还为公司注入了新的活力。他们离 A 轮融资成功似乎又近了一步。

又一个周末的清晨,郑一欣和周宁特地邀请春望教练一同前往国家公园,挑战那面令人望而生畏的近乎垂直的岩壁。他们驱车抵达山脚下,抬头望去,那座岩壁在阳光下显得格外壮观。春望教练和两位创始人在欢声笑语中开始为攀爬做准备工作,仔细检查快挂、攀岩绳、安全带等每一件可能关乎生命安全的装备。

第一段由春望领攀,他的动作稳健而有力,每一次抓握和踏步都显得那么自信。郑一欣和周宁在下方为他提供保护,三人之间的配合默契无间。春望顺利到达第一段顶部后,固定好了锚点，为接下来的攀岩者提供了坚实的保障。

接着，郑一欣接过了领攀的重任。他深吸一口气，调整了一下安全带，开始向上攀爬。他能感受到每一次接触岩石带来的反馈。他的动作逐渐变得流畅，仿佛与岩壁融为了一体。随着高度的增加，他的心情也愈发紧张，但内心的兴奋和对完成挑战的渴望驱使他不断向上。

天气说变就变，就在郑一欣即将到达第二段顶部的时候，乌云遮住了阳光，一阵寒风带来了雪花。原本干燥的岩壁变得湿滑，攀岩粉在潮湿的表面上失去了作用。春望教练和周宁在下方注视着，他们的眉头紧锁，心中涌起了不安。他们知道，这样的天气条件对攀岩来说是一个巨大的挑战。

三人简短地交流了几句，果断决定放弃继续攀爬，选择安全下降。春望教练的声音坚定而平静，他鼓励郑一欣保持冷静，按照原计划一步步下降。郑一欣的心中虽然有些遗憾，但他明白安全的重要性。三人开始小心翼翼地下降。雪花纷纷扬扬，他们的视线逐渐变得模糊，但他们靠着对彼此的信任和多年的攀岩经验，一步步稳稳地向下移动。周宁在最下方，他的眼睛紧紧盯着上方的队友，时刻准备着提供必要的帮助。经过一段紧张而充满挑战的时间，他们终于安全地回到了地面。

在向上攀登和向下折返的过程中，三人的默契和果断决策展现了他们对不确定性的判断力和对风险的敏感度。他们深知因时、因地制宜的重要性。这与他们在经营D公司时"择善

第三部分
拓江山，策马扬鞭开疆

机、洞善时"的态度不谋而合。

尽管公司已经开始盈利，但现有的资金渠道并不足以支撑他们对市场拓展的雄心壮志，尤其是在研发方面，未来需要持续且大量的资金投入。如同攀岩，D公司在市场和资金管理上需要保持稳健的步伐，同时也要在面对风险时确保安全。他们需要一个更加周密的管理机制来确保资金的有效配置、周转与增值，以支持公司在资金渠道的稳定性和持续性。

在这样的大环境下，A轮融资对郑一欣和周宁而言，不仅意味着资金的及时补给，还是公司战略发展的关键一步。他们计划在开发新产品上加大投资力度，并力图开拓充满潜力的海外市场。整个公司因此战略目标而士气高涨，周宁更是带领团队夜以继日地推进研发工作。

正当他们全力冲刺之际，外部环境却像那次攀岩中突如其来的恶劣天气一样，给公司带来了意料之外的变故：海外市场的准入门槛不断攀升，国内政策对产品的监管也日趋严格。这些不确定性让原本计划中研发成果的上市变得遥不可及，投资机构的信心动摇了，它们对行业的投入变得更加小心翼翼。

压力之下，郑一欣和周宁感受到了前所未有的挑战，仿佛再次身处迷雾之中，前路不明、心绪不宁。

在这个艰难时刻，春望教练把两位创始人召集在一起。在低沉的氛围中，春望默默地为两位创始人斟上热茶，用这个小小的举动传递着温暖和支持。

郑一欣打破了沉默:"周宁,还记得数学中的数值解法和求导法吗?现在的处境,你觉得像哪一种?"周宁沉思片刻,答道:"更像是把数值解法放在了一个系统中。我们在攀岩时,高低起伏,在不同的参照系下,怎么判断此刻是处于局部最高点,还是全局最高点?每个点的变化都是我们无法预测的。"

郑一欣点头赞同,他的眼中闪烁着坚定的光芒:"没错,那次攀岩的环境多么恶劣,我们不是也安全地回到了地面吗?谁知道退一尺不是为了日后的进一丈蓄势呢?更何况,我们还有春望教练的支持。我相信,三个臭皮匠能顶一个诸葛亮。"郑一欣越来越展现出一个卓越领导者的风范。

"一个诸葛亮真的比三个臭皮匠强吗?"周宁幽默地反问,三人相视一笑,笑声在室内回荡开来。

此时,在郑一欣和周宁的视野中,每一个决策都像是一次稳健的攀登,每一次努力都是向顶峰迈进的一步。他们准备好了面对可能的风雨,同时怀揣着对未来美好的憧憬和期待。

正如诗中所云:

迷雾寻路心如炉,
攀岩历险再江湖。
方程复杂真解近,
三士智慧胜诸葛。

05

创业奇旅：寻找内心的平和与力量

文/吴雁燕　李沁历

人生是一场自我发现的英雄之旅，你我都可以是一个英雄。

——约瑟夫·坎贝尔

在瞬息万变的商业世界中，每一位创业者都是勇敢的探险者，他们在面对市场的风浪和组织的挑战时，不仅要保持激情和野心，还要寻找内心的平和与力量。孙丽的故事，生动地书写了创业奇旅中一段向内探索的篇章。

启程

孙丽的办公室墙上挂着一幅她早期"扫街"时拍摄的照片，孩子们在老街道上玩着足球游戏，充满了无忧无虑的生命活力。足球在空中划过一道完美的弧线，所有孩子的目光都聚焦于那个跳起抢球的身影，他的表情生动、动作张扬，充满了对胜利的渴望。这张上过LFI杂志的照片曾是孙丽的骄傲，也是如今混沌日常中的一份慰藉。

随着时间的流逝，工作和家庭的责任日益繁重，那份捕捉瞬间光影与情感的纯粹喜悦似乎变得遥不可及。孙丽凝视着照片，心中涌起一股复杂的情绪。她怀念过去的自由时光，烦心于当下多重角色的拉扯，同时也渴望着未来可能的转变。

这时，手机屏幕上儿子的名字闪烁了几次，未接来电的提醒像无声的责备，让她心烦意乱。电话铃声再次响起，是郑一欣："孙丽，儿子找不到你，就给我打电话了。我就知道你还在办公室加班。不能再这样熬下去了，考虑一下教练辅导吧。还记得我给你说过的公司给找我的春望教练吗？和他聊了几次，对我帮助还是挺大的。"

孙丽的目光从照片上移开，落在了杂乱的文件堆上，那里有公司的业绩报告和未来市场预测、有红头文件、有为B轮融资准备的路演材料……她的声音带着犹豫："我……太忙了……不确定自己是否需要这个。"

电话那头，郑一欣的声音则充满期冀："教练帮助我解决了很多难题，我觉得也能帮到你，尤其是能让你回到以前自信的样子。"孙丽沉默了片刻，目光又移到照片上，似乎再次感知到了当时按下快门时的自信、轻盈与掌控感，于是深深吸了一口气，仿佛下了决心："好吧，我试一试。"

好强的人、独立的人、已经取得成功的人往往抗拒求助，视合作为一种示弱和依赖行为。然而，当遭遇难以单枪匹马解决的挑战，或者意识到过往的成功路径不再有效，或者觉察到合作能带来更卓越的成果时，他们会抛开那份固执，放下面子，向外界伸出合作之手。我们深深地理解，这背后的驱动力可能源于他们对热爱的追寻，也可能源于他们对潜在失败的担心和恐惧，但无论如何，做出这个选择都是旨在达成更高远目标的明智之举，这不仅有益于他们本人和家庭，还有益于组织和更大的利益相关者系统。

启蒙

孙丽希望与高管教练的合作能帮助她缓解焦虑，重新找回生活的平衡，以及找到内心深处的平和与力量。春望于是推荐了自己的同行观山，一位既稳定如山又通透如玉，既有全局视角又能关注局部的教练。

观山邀请孙丽在一个摄影展上见面。在宽敞的画廊里，孙丽终于可以放慢节奏，细细体味每一张照片里的独特视角和故事。她的目光在一幅展示宁静湖泊的黑白照片上停留，湖面如镜，照映着天空的广阔，几只飞鸟掠过天际，给画面增添了鲜活动力。她不由得想要再次轻触快门，将这平静又动感的瞬间定格。

观山微笑着迎向她:"孙丽,你好,我是观山。我冒昧提议在这见面,想让你暂时从工作环境中抽离出来,希望能让你有一些不同的洞见。"孙丽回以微笑,她感受到观山身上散发出的沉稳与专业,她也表现出久违的从容与平和:"观山教练,谢谢你的邀请。这些作品真的很美、很有力量。"

"你从摄影中学到了什么?"观山直截了当地问道。孙丽沉思了片刻,然后说:"摄影是一种艺术,一种生活态度,它教会我如何观察世界,如何发现美,如何表达美。"她停了一下,又无奈地说:"但现在,我甚至找不到拿起相机的时间。"

观山先是点头表示理解,又接续上他对摄影的洞察:"摄影还可以是一种冥想,一种让我们放慢节奏、深入观察生活的方式。它也是一种情绪和思想的表达,是我们内在与外界的链接。摄影的可能性是无限的,每个人的独特视角和创造力都能展现出这个世界的万千面貌。"孙丽点头,感到观山的话语触动了她内心最柔软的地方。

外在成长的路,本源却来自内心,能带给我们行动的力量和生命的意义。当我们开启探寻内心的旅程时,就意味着我们要去探寻那块一直都在却从未踏上过的珍贵宝地,或者去拂去被自己或外界的要求、偏见、怀疑和限制性信念所蒙上的灰尘。这时,惺惺相惜的教练伙伴、恰到好处的教练时机和放松安全的环境都是不可或缺的启蒙要素。在这样的条件下,我们宛如摄影师缓缓调焦，卸下镜头前的滤镜，按下心灵的快门，允许真实的自我在感知的光影中清晰呈现。

跨越

在画廊的咖啡厅，孙丽和观山找到一个安静的角落坐下。咖啡上的蕨类叶形拉花，每一片叶子独自呈现又被一根线条分明的叶茎有序地串联起来，这给了孙丽表达的突破口："我现在感觉自己被撕裂成好多块。一欣也在创业，我的公司正处在关键时期，儿子又面临中考。我努力在工作和家庭中寻找平衡、自信和优越感，但感觉越来越难、越来越失控、越来越害怕。"

观山认真地听着，他的问题紧贴孙丽的表达，同时简洁有力："对你来说，最难的是什么？最想掌控的是什么？最害怕的是什么？"孙丽深吸了一口气，开始述说自己处在妻子、母亲、领导者三重角色中的混乱、挣扎和焦虑："我觉得自己在不断地转换角色，最难的是每个角色都让我感到不安和愧疚，最想掌控的是自信和自我价值感，最害怕的是因那些不安和愧疚而产生自我怀疑甚至否定。"

观山深切地理解孙丽的感受，他的话变得温和而富有启发："带着展厅里这些照片散发的美和力量，带着你的自信，你期望看到怎样的自己？"孙丽的目光这时变得闪亮，她缓缓地回答:"我想看到一位美丽、智慧的妻子,一位不再错过儿子成长瞬间的母亲。我也想看到一位领导者,一位取得阶段性创业成功、在事业上富有雄心不断追求卓越的领导者。"

"如果这三个角色之间有一个交集,那是什么呢?"观山的问题像一颗石子投入平静的湖面,激起了孙丽心中的涟漪。

孙丽陷入了沉思。她回想起自己曾经在摄影中追求的那份纯粹和专注,说道:"在摄影中,我知道每个画面都有它的焦点。在工作和生活中,我需要找到那个焦点——能让我的角色和谐共存的平衡点,以及需要澄清为什么选择那个焦点。"

观山点头,他的声音低沉又清澈:"正是如此。孙丽,找到你的焦点,让你的每一个角色都能找到恰当的位置。这个焦点也许是卸下所有的角色之后那个纯粹和本真的你自己;这个焦点也许是按下快门、建构整个人生画面的你自己。这个焦点可能是微小的,在不同场景中灵动变化的那个点;这个焦点可能是宏大的,服务于超越你自己的更大系统的那个点。"

孙丽的眼神逐渐明亮,她开始理解,生活和摄影一样需要构图和焦点。她需要,同时也可以在多重角色的外在冲突中找到内在的和谐,并借由内在的和谐更好地管理外在的冲突。"我开始明白,我需要既在画面里又在镜头外去重新定义这些角色在我生命里的意义,需要不断提醒自己分清轻重缓急,还要设定好边界,找到它们共存的方式,以及通过这个过程找到最原本的我自己。"孙丽的话语中透露出新的希望,"哈哈,我也知道何时再拿起我的相机了，去健身房的路上、跟儿子散步的公园，以及公司的茶水间，我周围有那么多美丽鲜活的人和事。其实，也不一定非要用相机，我的眼睛不就是最大广角、最清晰、最高动态的镜头嘛。"

观山微笑着，他知道孙丽已经带着新的理解跨越了她创业奇旅的第一道围栏，她的才华、优势和抱负将支持她以新的方式前行。然而，路途不会平坦，在镜头内外她会不时地面临人和事的挑战，那些焦虑、不安、疑惑及恐惧还会悄然闯入她的心中，考验着她的韧性和选择。在应对挑战的过程中，她原有的对自己、对他人、对世界的认知镜头和底层操作系统可能需要被打碎和重组，她将面临新与旧的挣扎、时不时的迷失，或者回退到封闭和防御的状态。

深谷

在接下来的日子里，孙丽在观山的支持下开始在她的三重角色中聚焦重点，有意识地区分轻重缓急，寻找内心的平和与力量。她学会了如何在妻子、母亲和领导者之间切换，同时不失去自我和自我关照。她拾回了曾经的清晰和满足感。

然而，生活总是充满了意外。一天晚上，孙丽在无意中看到儿子的手机上出现了一些她认为不该属于他这个年龄的与女同学的情感交流内容。由于现在正处在即将中考的紧要关头,她气愤地责备了儿子。儿子青春期的叛逆更让对话变成了激烈的争吵。儿子愤然冲出家门,孙丽的心仿佛也随之跌入了深渊。郑一欣知晓后,责怪孙丽没和儿子好好沟通,两人之间的争执迅速升温。

在情绪的冲击下,孙丽的脑海中闪过教练观山的话:找到焦点! 孙丽深呼吸了几下,让自己平静下来:"一欣,现在的关键是找到儿子,而不是互相指责。"一欣看着孙丽,意识到她说的是对的,他们需要团结起来,找到儿子。

那晚,他们走遍了儿子可能去的所有地方——街头、同学家、篮球场——每一个角落都不放过。时间一分一秒地过去,孙丽越来越焦虑,既因为担心儿子,也因为她知道第二天一早的会议对公司来说意味着什么。

天亮前,在离家不远的公园里,夫妻俩终于找到了儿子。一早,孙丽带着黑眼圈,依然坚定地走进了会议室,用她的专业知识和热情向投资者展现了公司的实力和潜力。会议结束,公司B轮融资取得了成功。

孙丽在那一刻感到了一丝轻松,但随之而来的是深深的无力感。她知道,工作上虽然取得了进展,但与一欣、儿子的关系还需要她花费更多的时间和精力去修复。

孙丽刚迈出会议室的门槛,她的得力搭档E公司CFO便走近她,"孙丽,现在B轮融资已经完成,我想是时候告诉你了。我怀孕了。"CFO的声音微微颤抖,却透露着坚决,"你也知道,我之前因为工作放弃了两次做妈妈的机会,我……我年纪不小了,这次,我和家里人都决定把这个孩子生下来。"

孙丽被这个消息惊到了。作为一位母亲,她深深理解CFO那份对未出世孩子的渴望与保护之情;但作为公司CEO,面对这么突如其来的人事变动,她措手不及,知道自己将不得不面对重组团队的挑战。

她深吸了一口气,告诉自己"找到焦点"。她稳定好情绪,伸出手轻拍CFO的手臂:"我理解,也支持你的选择,没有什么比家庭和即将到来的新生命更重要。"

虽然B轮融资这件大事已尘埃落定,但经历了一连串事件的孙丽感到了极度的疲惫。长期的压力和焦虑开始显现在她的身体上,脱发和失眠成了家常便饭。在辗转反侧的深夜,她不止一次后悔当初创业的决定,也质疑自己为何不满足于只做一家所谓小而美的企业,还害怕自己的能力与格局驾驭不了更大体量的组织。在家里和公司里,她有时会因为一些小事忍不住发火,也会犯下一些低级错误。

一天早上出门前,站在镜子前的她看着自己职业妆容掩盖不了的憔悴模样,心中涌起一股不安。三重重担的加重,让处在交集之处的焦点又变得模糊起来、摇摆起来。她知道,这正是一个寻求内心的平和和力量的关键时刻。就像一欣早先提醒她的,她不需要自己一个人熬。孙丽决定再次约见教练观山。

回归

还是在上次见面的咖啡厅，孙丽向观山讲述了自己最近的困扰。当说到儿子和女同学的"情感交流"时，观山打趣道："你和一欣是什么时候认识的呀？"孙丽愣了一下，忍不住笑了起来，她回忆起了自己的青涩岁月。她和一欣也是在初中时互生好感的，同为"学霸"的二人，在繁忙的学业中相互激励，你追我赶，一起考入了理想的大学。

观山的问题给了孙丽一个不同角度的思考机会：关于同理心、换位思考，以及包容。

孙丽的心情明显好转。观山趁机展开了更深层次的对话，探讨摄影之道与领导艺术的相通之处。

"摄影眼"是一个摄影术语，指的是摄影师通过观察和感知来捕捉并表达视觉元素的能力。这种能力使摄影师能够在日常生活中发现并创造美丽的图像。摄影眼的一些关键特质包括观察力、构图能力、光线感知、情感表达、技术掌握、创意思维、持续学习、文化理解、审美能力、耐心和坚持等。

摄影眼是一种融合了技术精准、创意无限、审美独到和情感真挚的综合能力。它不仅是摄影创作的核心，与领导艺术也有着惊人的相似性。

"孙丽，在拍摄照片时，除了我们上次聊到的焦点，你还会考虑到什么？"观山问。"我喜欢拍人物，对此有一种本能的好感。除了技术能力，我现在会考虑到的其实是我自己。自己的状态和心境决定着心中真实意图的表达，决定着看到了什么样的被摄者，决定着我与被摄者之间的关系。"

观山微笑着点头，眼神中透露出赞许："那么，作为领导者，你想要拥有怎样的状态和心境呢？"

这个问题如同一道光，同时照亮了孙丽的眼睛与内心。她开始反思自己创业的初心和公司的发展蓝图，自己在扮演每一个角色时的理想状态，以及内心深处自己与自己的关系。

"身为领导者，我拥抱自己的全部：我既刚强也脆弱，既成熟又有一些幼稚，内心既向往光明也有黑暗的角落；我能够引领组织在大风大浪中前行，同时也深知自己需要大家的支持与鼓励；我追寻高远的目标，同时也需要在疲惫时停泊入港口歇息。同样地，作为妻子和母亲，我努力在两种角色中找到平衡点，也允许有时做得不到位。"

"哇，为你的真实和接纳自己的多面性鼓掌。"观山感叹道。

被鼓励之下，孙丽继续说："在拍摄时，我还经常思考关于一位著名摄影师提出的决定性瞬间——在拍摄过程中捕捉到的，最具情感和故事表现力的时刻。这其实是一个悖论：是我通过自己的选择和技巧在按下快门的那一刻创造了决定性瞬间，还是场景和人物本身在那一刻就注定了它的决定性？同样地，我现在的创业旅程是为了实现个人的梦想、家庭的期望，还是为了达成公司的愿景、整个行业的繁荣？这一切的终极意义究竟是什么？我在问自己，过去这些年和未来的诸多选择和努力最终是为了什么？是为了共同的福祉，还是更深层次的自我实现？"

就如决定性瞬间其实是个人技艺与场景共同作用的结果，这一连串的问题与孙丽内心按下的快门融合起来，捕捉到了她创业旅程的每一个片段：每一次决策、每一次挑战、每一次成功和失败都是她人生故事中不可或缺的一部分，更是为了向更多的人传递那份清晰而洪亮的意图，为了激发更多人的善意、坚持与希望。

这令孙丽感受到了一种前所未有的力量。她在困顿中发现了自我，并开始在回归自我的同时超越自我。

复活

在观山的持续引导下，孙丽开始用自己独特的"摄影眼"审视自我、理解他人、洞察这个世界。她用摄影师的眼光去观察，去感知，去表达。同时，她也不断提醒自己用外部镜头反过来观察自己，从不同的角度来理解自己的行为、情感和意图。她以全新的视角，去面对生活中的每一次挑战和机遇，去爱她自己和她爱的人，去领导团队和组织。

一段时间后，孙丽在事业和家庭之间找到了平衡，身心状态也得到了改善。她和一欣成为彼此事业的坚强后盾，儿子也顺利完成了中考。

恢复了健康和活力的孙丽将公司引领到持续稳健发展的轨道上。随着CFO产后的回归，团队注入了新的活力。孙丽还将摄影中的敏锐观察和深刻同理巧妙地编织进她的领导风格中，为公司带来了一股清新而独特的气息。

"在摄影时，你还是谁？"教练观山的这个问题，一直萦绕在孙丽脑海中，久久回响。

06

金色心语：银杏林里的深度对话

文/程　敏　郝静萱　吴雁燕

> 一个人绝不可以让自己心里的火熄灭，而要让它始终不断地燃烧。
>
> ——文森特·威廉·梵高

又是一个秋天，又是一个云南腾冲银杏村最灿烂的季节。整个村庄被1万余亩、3万余棵银杏的金黄色所覆盖，形成一幅"村在林中，树在家中，人在画中"的美丽画卷。

又是一个秋天，又是一个努力打拼后收获的季节。D公司CEO郑一欣和E公司CEO孙丽萌生了一个想法——带着他们两家公司的高管团队及其家人一起享受一个既充满乐趣和轻松，又能增进团队了解、信任和凝聚力的假期。他们期待沉浸在银杏林的美景中，放慢日常忙碌的脚步，聆听彼此内心的声音。

随行的还有一直支持着他们的高管教练春望和观山。两位CEO相信他们的加入会让这个假期变得不一样，春望和观山也为此次假期准备了很多大大小小的"惊喜"。

"真心话大冒险"

午后，大家陆续来到村里的一家茶馆。茶馆布置得温馨而雅致，几张古朴的八仙桌上摆放着精致的茶具，一个巨大的木雕屏风和几幅山水画把腾冲的山水和银杏树栩栩如生地引入室内。

透过木格窗，可以欣赏到茶馆周围银杏林的美景。大片连绵的金色银杏叶在秋风中轻轻摇曳，阳光洒在叶片上，闪烁着温暖的光芒。

背景音乐是春望和观山特别准备的古筝联奏曲，乐声清澈而悠扬；空气中弥漫着淡淡的毫香，是二人精心挑选的云南景谷白茶。大家的心情不由自主地轻盈、愉悦和放松起来。

待大家坐定，春望教练宣布今天的深度会谈活动——"真心话大冒险"——正式开始。观山教练接着说："在这个充满禅意的茶馆里，让我们真诚地分享，勇敢地冒险。每一句真心话，都是我们彼此信任的基石；每一次大冒险，都是我们团队精神的体现。"

春望随即拿出了一个抽签用的竹筒，里面装着写有问题的竹签。"游戏规则是大家轮流抽签，对抽到的问题进行回答，回答之后可以任意挑选对方公司的一位团队成员回答同样的问题。被选到回答问题的团队成员回答结束后抽一个新问题，如此循环，直至回答完所有的问题。当然，任何人对任何想回答的问题，即使没有被邀请也是可以自愿回答的。"春望教练解释道。大家听完，纷纷给教练们的创新点子点赞，也开始跃跃欲试起来。

第一位抢先抽题的是E公司CTO，他抽到的问题是："创业最让你兴奋的是什么？最大的担忧又是什么？"

他沉思了片刻，分享道："创业最让我兴奋的是能够将一个想法从无到有变为现实，就像银杏村从一个小村庄变成了一个知名的旅游景点。这个过程充满创造新事物、开拓未知领域的激情和自由。E公司也是这样，从一个简单的想法成长为一个充满活力的企业。我最大的担忧是市场变化速度太快，在资源有限、市场竞争激烈、技术快速迭代的环境下，我们该如何跟上最新的趋势，如何确保企业的生存和发展呢？"

随即他邀请D公司郑一欣回答这个问题。

郑一欣："对我来说，创业最让我兴奋的是可以突破我工作了很多年的业界翘楚A公司的传统框架，探索和塑造D公司独树一帜的战略、风格和文化，在行业中弯道超车，取得领先优势。我最大的担忧是公司发展不好，愧对员工和他们的家人。创业至今我投入了很多时间和精力,所以还担心不能平衡好工作与家庭。"

"我担心资金链断裂。""我也是!"两边团队都有人抢答。

第二轮郑一欣抽到的问题是:"创业对你来讲最重要的是什么?"

他沉思了片刻,说道:"创业之初,我大多凭直觉做决策,在抓住机会的同时,也做出一些误判。现在我知道最重要的是保持警觉,打破自身经验、特质、能力带来的思维定式,决策要以数据和市场反馈为基础,不能拍着脑袋来。团队的力量、合作的价值和家人的全力支持也很重要,没有这些支持,我很难走到今天。"

说完,郑一欣的目光转向E公司CHO,邀请她来接棒。

CHO说:"我之前就职于一家大型成熟企业,过去一直在体系化、系统化、流程化的环境中工作,认为一切都应该按照规则和流程来执行,这样才能保证效率和质量。进公司之初,我试图将大公司行之有效的流程和规范带入这里,却发现它们显得笨重且不合时宜。我曾一度非常有挫败感,甚至质疑自己的能力。后来在丽总的帮助下,我慢慢地意识到创业公司每天都有新的挑战和不确定性,需要即时决策和应对。对我来讲最重要的是,打破那些固有的思维定式,做到灵活适应,与团队一起在不断试验中前进。"

看着CHO,孙丽会心地笑了,说道:"对创业公司来说,灵活性和创新精神最重要。规则和流程在这里如同航海时指引大方向的罗盘,而不是束缚创新和快速反应的锁链。假如过早地将重点放在管理体系化、系统化、流程化,那么不仅可能会削弱我们在不确定的环境中把握机会的能力,还可能因过早地限制员工的主动性和创造性而失去初创期企业最宝贵的特质——创新精神。"

随即进行新一轮抽签,CHO抽出一根签念道:"在创业过程中,你希望扮演什么角色?"她不假思索,脱口而出:"战略伙伴、桥梁纽带。"

CFO:"团队的激励者。"

周宁:"资源协调者、创新的表率。"

郑一欣:"挡风遮雨者和促变者。"

孙丽:"指引方向者、文化塑造者、价值创造者。"

最后一个抢答的孙丽接过签筒,抽出一根,念出一个直击心灵的问题:"创业对你来说最艰难的是什么?"空气中此时似乎也凝固了一丝沉重与焦灼。孙丽深吸一口气,慢慢地让自己平静下来,思绪仿佛又回到了那段充满未知和挑战的岁月。

她缓缓地说:"创业对我来说最艰难的莫过于工作与生活不能兼顾,我的内心感到非常挣扎和痛苦。创业的重压让我不得不牺牲与家人相处的宝贵时光,每当我看到家人期待的目光,每当我听到儿子在电话那头的呼唤,我的心就如刀割一般。有时,当我回到家看到儿子失望的眼神时,我的心便沉到了谷底。我意识到,我不仅是一个CEO,还是一个母亲、一个妻子、一个女儿。我开始反思,我是否在追求事业成功的同时,忽略了生活中最宝贵的东西。"

她的声音带着一丝沙哑,但眼神中透露出坚定,继续说道:"后来,在观山教练的帮助下,我学会了如何在多重角色中找到焦点,如何在工作和家庭之间找到平衡点。这个过程并不容易,我需要不断地自我审视,不断地调整和尝试。我感谢教练的指导,感谢团队的支持,更要感谢我的家人,他们的理解和爱是我坚持的动力。"

说完,孙丽深情地看向郑一欣,并伸出手,邀请他接过话题的接力棒。

"对我来说最艰难的是我们在产品开发中遇到重大障碍。我们投入了大量的时间、精力和资金,但产品就是无法达到预期的效果。这不仅仅是技术上的挑战,还直接影响了我们的资金链。那段时间,我甚至不知道下个月的工资还能不能按时发放。周宁和我差点抵押了我们各自的房产,那种压力,那种责任感,真的让人喘不过气来。而且,这些感受还不能在团队面前表现出来。作为创始人,我需要保持冷静,需要给大家信心。但内心里,那种焦虑和无助是难以言表的。"

一些团队成员的眼里闪烁着泪光,被郑一欣的坦诚和坚韧打动。

这次轮到郑一欣抽签,他从筒中轻轻抽出一根,念道:

"在创业这个过程中，你最想感谢谁？"他看向两位教练，说道："我申请不遵守规则，我最想感谢的有两位。"

"哈哈，一定有一位是我们丽总吧！"E公司的几位伙伴兴奋地猜测。

"当然，我最想感谢的人是我的太太孙丽，既然你们都猜到了，原因我就不说了，我相信各位应该和我有同样的体验。家人全方位的支持真的是我们最大的财富。"郑一欣看到很多伙伴都向他投来认同的目光。

"我同样最想感谢的人是我的好搭档周宁。我们作为联合创始人，在共同创业和企业成长的过程中，不可避免地面临很多挑战。大家知道在融资的关键时刻，周宁为了公司的长远发展，让渡个人权力和利益，展现出宽广的胸怀和远大的格局。无论是我个人还是代表公司，周宁，请收下我最诚挚的感谢！"郑一欣站起来走向周宁，两位好搭档的手紧紧握在一起。大家都被两位领导者的深厚情谊深深打动。

郑一欣邀请E公司的CFO接棒。

"我最想感谢的人是丽总。丽总的支持和鼓励让我有机会在创业企业中做新手妈妈高管。"她话虽然不多，但是眼圈红了，大家感受到短短的话语中包含很多不易和感动。"大家知道我放弃了两次做妈妈的机会，因为我没有信心。后来我看到丽总自己的转变，她在工作和家庭之间寻求动态平衡，宛如在错落的银杏林中寻找和谐一样。她是我人生的榜样。"

CFO随即抽到的题目很有意思:"创业的旅程像什么?"想了想,她给出了与银杏相关的答案:"创业的旅程就像银杏村的季节变换,有春夏的生机勃勃,也有秋冬的萧瑟考验,但每个阶段都有其独特的美丽和收获。"

CFO邀请了D公司的周宁。

周宁:"创业的旅程就像攀登一座未知的山峰,每一步都充满挑战和惊喜。也像是在大海中航行,有平静的时刻,也有风暴时刻,我需要不断调整船舵方向,最重要的是有信念、勇气和坚持。"

"你想过放弃吗?是什么让你坚持到现在?"周宁随即又回答着他抽到的问题,"我从来没有想过放弃,即使在最困难的时候。是我们这个卓越的高管团队让我从来不愿意放弃,我们就像同舟共济的船员,在波涛汹涌的大海中相互扶持,共同抵御每一场风浪。"

周宁:"E公司有没有伙伴主动回答这个问题啊?"

"我来!我来!"E公司的CHO高高地举起了手。

CHO:"我好几次想要放弃。我在面试的时候被两位联合创始人的使命感和个人魅力打动。来了之后我常常感到理想很丰满,现实很骨感,尤其是之前就职的公司是一家外企,文化冲突很大,我觉得有力使不上,有时会后悔自己的决定。后来观山教练和我的几次教练会谈对我帮助很大,我找到了融合点,学习到组织政治智慧、流动性的重要性等。观山教练带着我们一起共创的公司使命和愿景也是我坚持的动力，之后每当遇到困难时，我都会用公司的使命和愿景来给自己鼓劲。所以我现在还在这里！"

CHO："太巧了，我抽到的问题是，教练对公司的影响是什么？我想再次邀请郑一欣回答，因为是他将教练文化带进了我们两家公司。"

郑一欣："是啊，教练文化对我们两家公司的帮助太大了。我个人也受益匪浅，有教练相伴，我学会了如何在挑战面前进行深刻的自我反思，审视自身行为模式，调整自己习惯的方式以适应变化，以及借用教练教给我的'舞池与阳台'教练工具。抽离焦灼，站上阳台，审视目标与全局，保持镇定和清醒；躬身入局，跳入舞池，兼收并蓄，机勇敏捷，展现智慧与影响。"

郑一欣抽到的问题是"未来会是什么样的"。"我想邀请所有人来回答这道题，好吗？"说完之后，他又意识到自己"创新"的特质，对着两位教练笑了笑。在教练的鼓励下，大家纷纷给出了自己的答案。

我们的企业能够成为行业的领导者，不断创新，持续发展。

我们会给投资者、员工和自己持续带来商业回报。

我相信我们的未来是充满无限可能的，只要我们保持初心，坚持努力。

我们的未来不会一路坦途，虽有起伏却一直在向上、向善。

我觉得我们会是最被客户信任的合作伙伴。

我们的未来就像银杏村那样能够源源不断吸引更多的客户，成为永恒的美景。

我对公司的未来充满信心，我们将继续扩大市场份额，同时探索新的业务机会，就像银杏树的种子随风传播，生根发芽。

随着气氛越来越热烈，高管们自发向彼此提出了更多深入的问题。他们分享了收获与失去、放弃与坚持、幸福与痛苦、初心与使命，以及企业成功的要素、初创期的挑战和特点、对未来的规划。

金色的收获

观山和春望教练精心策划，将这几天两支高管团队在银杏村的美好时光通过一张张照片串联起来，制作成一本精美的纪念册。

纪念册的封面是一张团队在银杏林的合影，背景是一片灿烂的金黄，象征着秋天的丰收和团队的凝聚。

内页则分为九个章节，每个章节都以一张大家在茶馆里分享的照片作为开篇，旁边附上了"真心话大冒险"的九个问题和大家的回答，让每张照片背后的故事和情感得以流传。

封底是一张团队日落时分在银杏林的合影，象征着这次活动的成功和圆满。在这张照片中，大家手拉着手、肩并着肩，身后是金色的银杏林和绚烂的晚霞，共同构成了一幅动人的画面。

在封底的前一页，教练们特意留下了空白，请大家把这次银杏林之旅的收获和对未来的祝福亲手写下来。

我们不仅收获了彼此之间更深入的信任和理解，也收获了对未来的希望和信心。

看到了更立体、更丰富的每一个人，我们的联结感和信任感加深了。

被伙伴"看见"和认可的感觉太棒啦！

创业不易，未来的路也一定不易，我会珍惜创业中的每一种体验。

我相信，只要我们能够携手同行，共同面对挑战，我们的企业就能像银杏林一样，经历四季的更迭，从春的萌芽到夏的繁茂，再到秋的收获和冬的沉淀，每一个季节都有其独特的价值和意义。

《树的秘密生命》里有一段话可以代表我的感悟：风吹起时落叶凋零，春日则新芽绽放，这完全是理所当然的自然规律。然而，如果我们仔细地思考并且观察整个过程，就会发现它根本是一大奇迹。因为要完成这些程序，树木特别需要一项天赋——时间感。它们怎么知道冬天即将来临，又怎么知道某段时间上升的气温不只是冬天里的一段插曲，而是真正宣告春天来了？自然界给了我们太多启示和思考。

未来我们可能会面临更多的挑战和困难，但每一次的挑战和困难都是成长的一部分，都是我们变得更强大的机会。我们学会了在变化中寻找机遇，在挑战中成长。无论成败，我们的故事就像这片银杏林，都将会被更多的人所知晓，所传颂。

银杏树在入冬前只做两件事：活在当下与为未来做准备。

穿越荆棘，浇灌希望，滋润意志；金色的收获，是岁月最美的礼赞！

07

组织重塑旅程的峰与谷——
重塑组织能力,突破业务瓶颈

文/姚 蕾

当你聚焦于远处的山峰时,山谷就会成为写满希望的旅程。

——斯宾塞·约翰逊

一、没有常胜组织,唯有不断重塑

G公司成立近十年,构建出服务B端客户、产研销一体化的业务模式,并成为细分领域的领导者。然而,近几年行业与客户变化,市场竞争日益激烈,导致公司的市场地位受到威胁。

为此,去年年底公司明确了新的战略方向和转型实施路径。

然而,新的问题也接踵而至。公司现有组织能力难以承载高管团队雄心勃勃的战略目标,关键硬仗虽已启动,但在日常经营的压力下举步维艰。

总经理邀请我和团队支持重塑公司组织体系，构建新的组织能力，以支撑业务转型与突破。接到邀约，我们在欣喜之余深感压力。我们欣喜于总经理的决心和完成重塑之后希望的召唤。压力则源于改变的不易。在行业探索和一次次"战役"中，高管团队已经形成与现有业务匹配的思维、行为和互动模式，内部也沉淀出相对应的组织体系和能力。而此次重塑和转型需要高管团队转变思维、行为和互动模式，需要高管团队回归创业初心，放下已有成就，穿越山谷，攀爬更高的山峰。这无疑是一次充满艰辛的旅程。

二、穿越时空定义问题，制定冰山上、下的策略

1. 共识出发的意义，比出发本身更重要

在项目需求访谈中，有的高管对于业务转型非常坚定，有的则忧心忡忡，后者表示："我们在两年前就进行了业务转型，做过业务流程梳理、架构调整、人才引入……但反作用力太大，外部环境不好，公司不能再承受大的动荡了。"

由此看来，高管团队虽然已经明确了战略方向，但当行动遇阻时，团队信心动摇。所以，我们第一步要做的是和高管团队一起探讨"为什么出发"的问题。

我们在会场中心摆上标有"客户""机构""竞争对手"的三把椅子，邀请高管们分别入座扮演三个角色，说出各自所面

临的挑战、对公司的需求和期待。

起初，大家有些漫不经心。直到一位刚处理过客户投诉的高管，用客户的语气声情并茂地描述了对公司从信任到失望的过程，大家才认真起来。

大家纷纷表达。"我们花在思考'为客户创造价值'的时间，比创业之初少太多！再不改变，我们就要被客户抛弃，被竞争对手超越了！""我们贴在墙上的'以客户为中心'的理念没有真正落实到业务行动、组织机制流程中，我们又怎么会赢得客户？"

基于这些发现，高管团队就业务转型的方向与路径达成共识。总经理感慨道："当我们摇摆怀疑时，重新回到起点看看我们为什么出发还是很有必要的。"

2. 定义问题比解决问题更重要

看似面临相同挑战，实则解决不同问题。

我们在项目中分享业务转型成功案例时，高管团队常常认为可以用同样的方法解决自己的问题。有些企业甚至直接引入优秀企业的管理者，在自己的企业中复刻优秀企业的系统，结果往往很难达到预期，甚至影响了自身的业务发展。

我们邀请高管团队结合行业周期、发展阶段、业务模式、组织能力、团队特质与经验等，从多维视角重新审视案例中的挑战。大家发现不同组织处于不同外部环境和内部条件中，定义问题和解决问题的入手点也大相径庭。这就是很多企业学"优秀企业",结果使自身带入新困境的原因所在。

当企业处于成长阶段时,高管团队大多学习敏锐、行动力强、求胜心切,总是急于寻找解决方案,希望快速推动业务发展。他们往往也会掉入错把行动当目的的陷阱,在焦虑中盲目启动新行动,结果制造了新问题,进而不断用新行动解决新问题。

定义"对"的问题,而非急于制定"对"的策略。

我们邀请高管团队写出长期困扰公司的问题,并澄清和达成共识。面对贴了一墙的问题,大家时常被问题表象困住,甚至把表象当作组织核心问题,急于进入探寻解决方案阶段。

我打断大家:"如果问题墙是一个舞池的话,我看到大家被一个个问题邀请共舞,沉浸其中。我想请大家先暂别'舞伴',站在可以看到全局的地方。"

待大家站到离"问题墙"远一些的地方后,我继续追问:"这么多的问题,哪些问题一旦解决就可以使公司关键绩效与核心竞争力实现根本性提升?"

一位高管提出了一个深刻的观点:"有些问题是不是并不需要我们急于解决?随着其他事项的推进,这些问题可能会消失或不再是阻碍我们的问题,而当前的策略可能并不是最佳选择……"

站在明天定义今天的挑战和问题。

我们在地上画出"过去—现在—未来"时间轴,请高管团队分享过去十年的关键挑战、行动、成果和感受。随后，我们请高管团队将五年战略规划写在对应时间轴上，并从未来角度思考：针对业务转型、业绩增长，在企业今天面对的诸多问题中，哪些是需要大家解决的核心问题？

我们基于《企业生命周期》向高管团队展示了企业不同发展阶段的业务挑战与组织能力（见图3-2），并阐释处于不同阶段的企业如何在灵活与控制、整合与分化之间调整，以应对内部挑战和不断变化的外部环境。

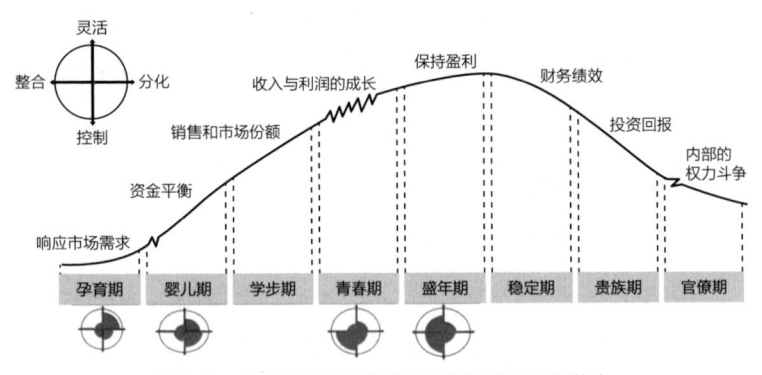

图3-2 企业不同发展阶段的业务挑战与组织能力

高管团队将过去及现在的挑战对应到企业不同发展阶段，看到公司目前的组织能力很难支持其从"青春期"走向"盛年期"，实现进一步的市场拓展和竞争优势重塑。

这一发现使大家将转型目标凝聚到"坚定推动业务转型，打造以客户为中心的组织体系与能力"上。

3. 冰山下的策略比冰山上的策略更有力量

我们基于肯·威尔伯的整合模型呈现了一幅组织体系冰山模型图（见图3-3），从个人、集体、内部/隐性、外部/显性四个方向带着高管团队对组织进行了全面审视。外部环境变化引发组织变化，组织体系内各要素相互依存，一个要素的变化会对其他要素产生影响。

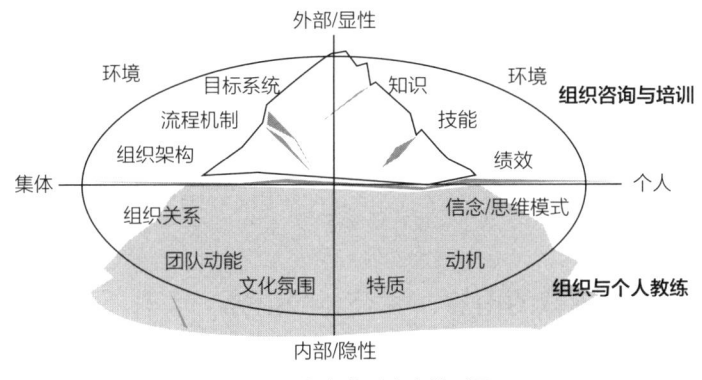

图3-3 组织体系冰山模型图

在业务转型中，管理者往往聚焦于冰山上的目标系统管理、流程机制建设、组织架构调整及知识、技能更新等。这一系列的策略和行动看似路径清晰、推演合理，但推动起来困难重重，甚至会引发业务动荡，最终企业在质疑声中回到原来的轨道。

这是因为管理者忽视了在冰山下真正推动或阻碍业务转型的力量，没有及时在组织关系、团队动能、文化氛围、员工信念/思维模式等方面进行调整。

然而，冰山下的策略与行动是一座山峰与另一座山峰之间长满荆棘的山谷，是管理者带领团队重塑组织能力的必经之路。

高管团队结合这幅组织体系冰山模型图，就未来一年的组织教练目标与策略达成以下共识。

（1）冰山上（明线）通过咨询和培训，建立以客户价值创造为导向的解决方案销售流程，并落实在营销序列的任职资格和人才管理中。

（2）冰山下（暗线）通过一对一辅导和团队教练，支持高管团队建立新业务下的思维、行为和互动模式。

这个探索过程也让我们和高管团队之间、高管之间开始从"我"走向"我们"，让穿越山谷之路变得充满希望。

三、穿越荆棘的山谷，攀登新的山峰

在一年的组织教练项目中，我们和高管团队带着智慧和勇气一起在冰山上共创支持业务转型的流程和组织体系，同时深潜冰山下，探索和重塑新的思维、行为和互动模式。

1. 达成目标共识比目标本身更重要

总经理向我们提到，公司业务和团队规模不断扩大，决策和执行效率也随之降低。高管团队的会议漫长且低效，一件事情被反复讨论却没有结果，最终不得不由自己拍板，其他人随声附和。然而这样做出的决策在执行过程中常常会出现不同的声音，推动异常艰难。

达成共识不是消灭差异，而是求同存异。

为了让高管团队看见并探索"共识决策"的模式，我们把组织问题讨论过程中五对需要平衡的关键决策要素提炼出来，并用观点共鸣五线谱（见图3-4）呈现出来。

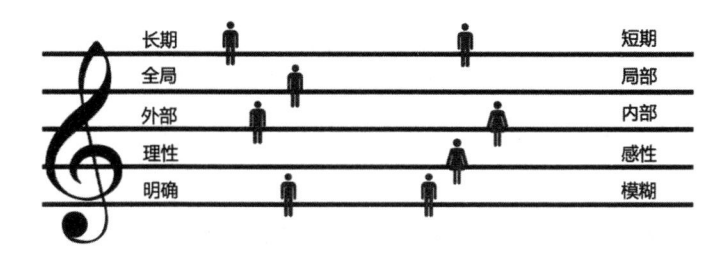

图3-4 观点共鸣五线谱

在关键决策讨论时，高管团队经常陷入或明或暗的观点较量中，有人用高音量突显自己，有人沉默不语，如同一支能量阻滞的乐队在磕磕绊绊地演奏乐曲。我们请大家暂停，并选择在自己的思考要素端站位，然后陈述观点。

当观点在不同的维度相遇、补充、激发、升华时，大家仿佛是由个性鲜明的乐手组成的一支乐队，时而激情、时而沉静地演奏着动听的音乐。随着音乐的流淌，决策的方向也变得越来越清晰。

在这个显化思考要素，既自我表达又互相激发、补充的过程中，高管团队体验到观点表达背后的团队动力和模式。大家也认识到，达成共识并不意味着消除不同观点，当团队只是在表面上达成共识时，冰山下可能暗藏暗流涌动的团队动力。然而，当团队有不同观点时，冰山下将蕴藏激情喜悦、一致协同的团队动力。

2. 看见系统中的"人"比构建组织体系更重要

我们在带领高管团队重新定义客户、优化流程、共识角色定位过程中，每当触及业务难题时，总有人会转移话题，或进行具体业务细节的讨论，或用一个笑话缓和气氛。当我们努力将讨论引回正轨时，团队却又陷入了沉默。

情绪和关系驱动人与组织，人与组织驱动绩效。

研讨会后，我们用组织体系冰山模型图和高管团队一起回顾了这一阶段的项目行动和内在感受，探寻团队在冰山上和冰山下发生了什么。

一位顾问面色沉重地说："我们很想推动团队把业务梳理清晰，但是感受到团队的不理解和抗拒……"

一位高管沮丧地说："团队今天的表现让我很失望，也让我很惭愧……"

"期待、抗拒、失望、惭愧……这些情绪都是每个人代表这个系统发出的声音。"我问大家，"系统想要传递给我们什么信息呢？"

HR负责人说："大家开始很积极，注意力是集中的，但大家很少用这样的方式思考和讨论，不习惯，思路跟不上，心思也就不在这儿了……"

我邀请大家用手边的物品代表当天参加研讨的团队成员，在桌子上摆一摆团队的关系。看到七零八落的分布，大家纷纷说："神散，形也散！太散了！"

我又邀请大家摆一摆心中期待的团队关系。结果呈现出一个手拉手的同心圆。

在场的伙伴也围坐成一个同心圆，我问大家："从开始三三两两地散座讨论，到现在围坐成同心圆，发生了什么？接下来大家需要做些什么？"

大家打开了思路，在组织体系冰山模型图的冰山下贴满了用不同颜色即时贴写下的新行动，如同开满鲜花的山谷。

3. 相信系统的力量比干预行为本身更重要

虽然研讨内容得到了高管团队的一致认可，但是新流程和标准在执行中走样。我们了解到一线销售人员内心充满了质疑和抗拒。

"原来的'三板斧'挺好的，有必要这么复杂吗？"

"这么多表格和要求太麻烦了，做完这些事，哪儿还有时间跑业务！"

我在地上画出了两座山峰和它们之间的山谷，代表组织转型U型图（见图3-5），并说道："第一座山峰代表现状，我们曾经以产品为中心的销售模式为我们打下一片天地；第二座山

峰代表未来,我们期待以客户为中心的销售模式引领业务持续增长,中间是我们要穿越的山谷。"

图3-5 组织转型U型图

我邀请大家基于自己现在的状态站在一个位置上,并解释自己为什么站在那里,有哪些感受和表现。

一位停留在"现状"的高管眉头紧锁地说道:"我们已达成共识的流程和标准很好,但我担心强推会引发销售员离职、业绩下滑,甚至出现难以控制的局面……"

站在"山谷"中的高管说:"团队确实有些抗拒,不过,我相信我们选择的路是对的,我已经调整了工作方式,每周去一个区域,和团队谈心,大家已经开始一点点理解……"

高管之间分享转型中的心路历程,包括个人和团队在冰山上的尝试、挫折与成果,冰山下的困惑、沮丧和喜悦……

我邀请大家再次站位。这次,我感觉有一股力量在整个山谷中流动,高管们的脸上一点点呈现出明朗和信心。

我用这张图让高管团队明白:在组织体系建设和落地过程

中，高管团队不仅要有勇气率先放下已有成就，走进长满荆棘的山谷，展现新的思维、行为和互动模式；也要相信系统的智慧和力量，允许大家处在不同的转型阶段，并彼此鼓励。只有这样，高管团队才能在冰山下联结得更紧密，最终带领整个组织穿越山谷，攀登新的山峰。

四、从山峰到山峰的新旅程

经过一年的组织教练，高管团队从关注业务到关注人和团队，从个人决策到"共识决策"，逐步建立起从业务到组织、从机制流程到组织动力的认知。

营销负责人使用新的流程和标准更新了团队知识、技能。面对业务转型中的抗拒情绪，高管们实现了从忽视到看见、接住并转化。

在结项时总经理悄悄对我说："我们今年的销售达成了年初的挑战目标。大家都开始模仿你们主持研讨会的方法，调动情绪，呈现观点假设……我们现在的会议热烈、高效……"

教练团队也被邀请继续支持高管团队开启新的旅程。

五、教练洞见

1. 管理者是系统的一部分。管理者的语言、情绪、行为等是系统动力的一部分。管理者需要时刻跳出系统看自己对系统产生了哪些影响，又如何被系统所影响，并尝试运用这一影响力支持组织系统。

2. 保持全面的视角。管理者需要看到组织体系冰山上的显性系统（组织架构、流程机制、知识等）、冰山下的隐性系统（组织关系、团队动能、文化氛围、特质、动机等），以及系统外的环境变化，用全面视角定义问题、制定策略。

3. 理性与感性结合。当遇到阻力时，管理者通常会关闭感性通道，进入自己擅长的逻辑思维通道，强力推进业务，但这样往往会遇到更大的阻力。管理者需要学会调整情绪，把理性与感性相结合，更好地感知人和组织系统，支持组织转型。

六、领导者的自我教练问题

1. 在组织转型过程中，我对自己在组织系统中的角色定位是什么？我和团队、组织的关系是怎样的？我期待自己和组织的关系是怎样的？

2. 我的决策模式在"观点共鸣五线谱"中是如何呈现的？这个模式对高管团队和整个组织转型有哪些冰山下的影响？我需要如何拉伸自己的视角和边界？

3. 面对不同观点，我的内在感受是什么？每一个不同观点的价值是什么？团队氛围是否支持大家表达不同观点？

08

心动,风起,帆移

文 / 罗蔚芬

将者,智、信、仁、勇、严也。

——《孙子兵法·计篇》

心动——觉察与触动

在团队教练工作坊的复盘会议中,董事长和总经理对取得的成果表示超出预期的满意,认为采纳我的建议将培训改为团队教练是十分正确的决定。这使得公司问题得以全面展现,团队也产生了迫切的改善动力。

然而,这并未使我停止思考:团队在工作坊中的觉察、建议和目标需要高层的决策和行动,他们对此有多大的决心?作为教练,我应如何继续提供支持?

总经理提到团队教练工作坊不仅实现了目标，还解决了他两个月以来的人事难题。我随即追问，如何避免人事安排再次受阻，以及组织能力如何适应市场需求的变化？

现场引发的沉默，显示出他们内心又一次受到了触动……

这使我不由得回忆起这次团队教练工作坊的缘起。

这是一家专业的制造业信息化管理解决方案供应商，由资深专家创立，并凭借技术实力稳步成长。随着公司规模的扩大，创始人成为董事长，并提拔了一位创业伙伴担任总经理。尽管业绩持续上升，但公司面临着内外部双重挑战。

外部挑战包括IT技术人才的涌现降低了行业门槛，导致竞争加剧，竞标价格下降侵蚀了利润空间，同时客户对服务质量的要求日益提高。

内部挑战主要包括团队沟通和合作问题，尤其是外企招来的研发经理与担任产品经理的老员工有矛盾，影响了项目进度；客户服务经理与客户对接人关系紧张，影响了服务合同的续签；各团队之间的远程沟通存在准确性和有效性问题。

总经理计划通过两天的培训来解决团队沟通和合作问题。然而，我认为这些挑战仅触及表面，深层次挑战需要深入探究，便提议举办一次团队教练工作坊，旨在解决沟通和合作问题的同时，揭示组织深层次挑战，促进团队成长。这一提议也得到了他的认可。

公司的愿景是成为制造业信息化管理解决方案的首选服

务商，使命是为客户信息化管理创造价值，价值观强调团队协作、服务客户和互利共赢。基于这些顶层设计，我与董事长、总经理共同制定如下团队教练工作坊目标。

- 增强紧迫感。通过直面挑战和组织动力，增强团队的紧迫感。
- 对齐方向。回归公司的使命和价值观，明确共同目标。
- 明确目标与路径。厘清优先事项，设定里程碑，明确实现目标的路径。
- 行动落实。责任到人，确保行动和承诺得以实施。

我的教练策略和方法如下。

- "明线"与"暗线"交织。"明线"上解决团队沟通和协调问题，"暗线"上帮助管理层识别组织层面需要改变之处。
- 建立安全的场域，通过戏剧化方法来重现挑战和冲突，鼓励尝试不同方法，直至找到有效的沟通方式。
- 在团队成员愿意改变时，及时推进他们的行动。

我的思绪回到复盘会议当下，我起身将电脑连接上投影仪，并投放了一组记录团队成员在教练工作坊中的照片，瞬间打破了沉默，那一幕又一幕场景浮现在他们眼前。

首先，我参照图3-6所示的团队诊断4个象限，在地上划分了4个区域，并邀请团队成员根据自己的感受选择站位。结果，除了有两人站在高生产力和高积极性的象限内，但也非常靠近中心原点，大多数人站在了高积极性但低生产力的象限内。

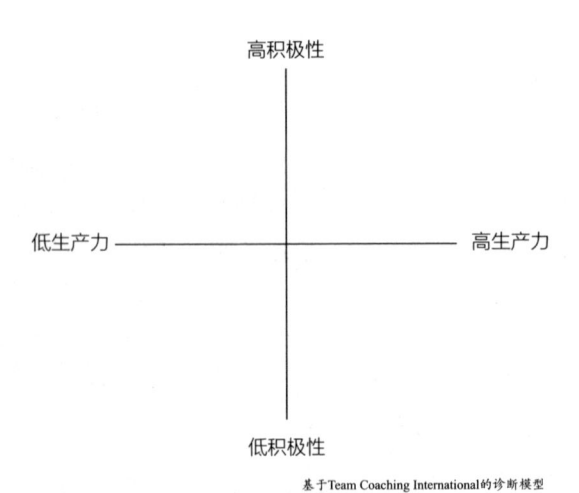

```
                    高积极性
                      │
                      │
                      │
   低生产力 ───────────┼─────────── 高生产力
                      │
                      │
                      │
                    低积极性
```

基于Team Coaching International的诊断模型

图3-6　团队诊断4个象限

因为独自选择了低生产力和低积极性的象限，研发经理李星引起了所有人的注意。在集体的注视下，他直抒胸臆，表达其对无效返工和沟通不畅的不满，而这引得产品经理高芹面露委屈，现场气氛也因此陷入紧张中。

随后，我引导团队成员思考并表达他们对组织理想状态的期望，大家纷纷向高生产力和高积极性的象限移动。

接着，我让大家用报事贴写下对改善组织状况的建议，并将其贴在白板上。总经理对这些内容进行了分类，我则记录下了这一过程，如图3-7所示。

1. 厘清角色和任务
2. 改变资源分配不均
3. 合适的人在合适的岗位上
4. 既要沟通，也要果断决策
5. 改善绩效奖励和激励机制

图3-7 总结如何达到高生产力和高积极性的组织状态

董事长对这一环节表示高度认可，并提到自己也拍摄了照片。我抓住这个机会，提议深入讨论这些建议，从而将组织问题引入接下来的会议讨论之中。

风起——顺应时势，乘风破浪

我指向了一张名为"挑战现况"的照片，并询问此前客户服务经理韩大林与产品经理高芹职位安排逾期2个月的原因。董事长直接指出，这是由于高管团队过于重视创业时期的友情，决策过于情感化。总经理承认了这一点，他对于老员工职位安全问题的担忧使他不能果断做出决策。

董事长进一步追问总经理，如果未来团队成员在面对组织变动时再次产生抵触情绪，他将如何应对？面对诘问，总经理陷入了沉默，似乎在思考解决问题的方法。

同时，随着屏幕上照片的翻动，工作坊的一幕幕场景再次浮现在我眼前。

场景a：打破部门之墙。

我展示了一张名为"打破部门之墙"的照片，它记录了研发经理李星态度的转变，也是团队从冲突走向协作的转折点。

李星在团队诊断站位环节对无效返工和沟通不畅表示不满，抱怨产品经理高芹的不作为。通过用戏剧化方式再现实际工作场景，他意识到了沟通的重要性，也得以理解高芹当下能力的局限。同时在意识到短期内公司若不能迅速响应客户需求则将面临客户流失的风险之后，他主动选择放下指责，采取"深入客户现场，了解真实需求，减少误解导致的返工，提升研发效率"的积极的行动计划与开放协作的态度。

这股正能量赢得了其他团队成员的热烈掌声和赞誉。我迅速按下快门，捕捉下这个宝贵的瞬间。

场景b：当下觉察，当众授权。

应总经理事前之托，我对客户服务经理韩大林在工作坊中的表现给予了更多关注，并得以记录下他自我觉察的关键时刻。一次，我见他逐个分发资料，便立即叫停，并轻声询问是否有更高效的办法。他略一愣神，随即领悟，笑着将资料分成两叠，请旁边的其他团队成员帮忙分发。这使他觉察到自己在管理上事事亲力亲为的习惯。另一次，我见他暂离工作坊接了两个电话后立即投入工作，便让他思考：此时此地，处理这些事非他不可吗？他显得若有所思，再次有了自我觉察。

韩大林手下有两位得力女干将，杨婕与张红。在用戏剧化的方式重现客户冲突时,董事长鼓励杨婕替换正在与客户进行激烈争辩的"现场经理"韩大林,重启对话。杨婕接下来的对话缓和了"客户"的激动情绪。我询问"客户"扮演者为什么情绪变得缓和了?他答道:"我感觉到对方是在认真听我讲,真心想帮助我解决问题。"我又让扮演"现场经理"的杨婕说说面对情绪激动的客户时该如何处理问题。她表示首要任务是带着同理心安抚对方情绪,展现解决问题的诚意。我看见韩大林边听边点头,似乎对自己的沟通方式有了新的认识。

随后,董事长抓住时机让张红和杨婕站在一起面对"客户",韩大林则站在她们身后。董事长表示希望他授权两位得力女干将负责客户日常沟通。韩大林连连点头,董事长随即当众拍板落实了这一决定。

总经理迅速用镜头记录下这"当众授权"的重要一刻。

休息时,总经理向我透露,让韩大林授权张红和杨婕去对接客户的决定已经讨论多时,工作坊的氛围、韩大林的自我觉察及董事长抓住时机的"临门一脚"终于让这个人事调整有了结果。

场景c:大局为重的觉悟。

为提升团队远程沟通的准确性和有效性,我引入了"我说你画"游戏。游戏结束后,团队通过反思达成共识:规范的表达和统一标准至关重要。明确的流程、详尽的文档和及时反馈是保证远程沟通质量的关键。

产品经理高芹在游戏中受到启发，主动提出想要提升技能。然而面对学习所需时间的提问，她却沉默不语，显露出内心的不确定。

董事长没有"单点施压"，转而再一次表扬了研发经理李星先前打破部门壁垒、深入客户现场的精神，并顺势指出研发需要聚焦，建议李星专注于产品开发。顺着话头，董事长推荐由拥有IT专业背景、理解力和表达能力出色的"90后"员工程嵘榕辅助高芹，以支持业务并缓解她的压力，让她有更多时间学习产品经理的技能。

高芹在管理层的视角下，看到了更大的目标和格局，最终勇敢地接受了程嵘榕作为助手的这一决定。总经理捕捉下这一时刻，现场响起了热烈的掌声，之前的紧张气氛也得到了缓解。

我私下询问总经理前情，他说，此前让程嵘榕辅助高芹的事宜已经讨论了两个月，高芹却出于自身的职业不安全感一直婉拒。我表示，鉴于高芹是创业初期的老员工，这件事再次反映出总经理在人事决策中过于重视创业时期的友情问题。

在总经理沉默片刻后，我提议回顾工作坊中他参与共创的目标和承诺，探讨如何带领公司实现从低生产力到高生产力的转变，以及需要做出的首要改变和对团队的支持。

帆移——就绪，扬帆

此时，工作坊的另一幕浮现在我眼前。

总经理将各组的讨论成果汇总在白板上，用红笔圈出了必须实现的关键目标。他强调，今年必须续签的几个大客户绝不能丢失。

客户服务经理韩大林率先进行了自我检讨，他认识到自己在沟通中缺乏换位思考是与客户矛盾激化的原因之一。他表示将与团队一起更主动地接触客户，展现诚意，倾听客户的反馈，消除双方的隔阂，并通过有效解决问题来体现公司服务的优势。

就在大家热烈讨论时，韩大林突然鼓起勇气提出了一个问题："大客户续签合同后，客户服务部门是否可以获得额外的奖金？"总经理和董事长交换了眼神，认为这是一个值得考虑的问题。他们对韩大林的提问表示赞赏，并承诺将会与人力资源部门讨论这一提议。

投影屏上，"优先目标"与行动计划（见表3-1）被清晰展示，瞬间将我的思绪拉了回来。

总经理指出，这些成果是在工作坊之后与高管团队共同梳理并确认的。

我引导总经理回顾并思考工作坊中我们对达到高生产力和高积极性组织状态的探讨："在实现这些'优先目标'与行动

计划的过程中,哪些建议可能成为障碍?"

表 3-1 "优先目标"与行动计划

序号	目标	关键衡量指标（如何知道达成目标）	责任人	达标截止时间	任务分解	状态说明
1	大客户合同续签数量	A组客户	XH	Q2	附件1	-
		B组客户	HDL	Q4	附件2	-
		C组客户	WY	Q3	附件3	-
2	新客户签约	总金额	-	附件4	附件4	
		新客户量	-	附件5	附件5	
		成本	-	附件6	附件6	
3	新版软件发布	6.0版	LX	Q3	-	-

总经理审慎地分析道："这些建议都会成为达标的障碍，但相比之下，前两个障碍较容易清除，而后三个则需长期努力才能清除。"董事长补充道："对于与员工发展密切相关的第三点，公司必须加大针对员工成长的投资，并吸引优秀人才，以支持业务发展和战略布局。"他也强调了第四点——沟通与果断决策的重要性，并特别提醒总经理关注这一方面。

董事长随后转向我，询问我作为专业顾问除了绩效管理和激励方面的咨询服务，是否还能为公司提供额外的帮助。我思考到，组织的发展与其领导者的意识水平紧密相关，因此对总经理的教练辅导是引发组织深层次变革的关键一步。

我以轻松的语气提出这个建议，用比喻的方式提出要升级总经理的内在"操作系统"，并打上必要的"补丁"，以优化系统。

这个比喻引发了团队成员一阵会心的笑声。

最终，会议决定，我将为总经理提供为期一年的高管教练服务，以提升其领导力。同时，作为顾问，我还将协助人力资源总监优化企业现行的绩效管理体系，确保其与薪酬、奖励、人才培养及晋升等方面紧密结合。

项目成果与价值

总经理在领导力的实践中不断精进，不仅深化了对自我角色的理解，还在意识层面实现了质的飞跃。随着内心世界的不断丰富，他的领导视野也日益宽广，为组织效能的提升注入了源源不断的动力。

随着总经理能力的提升，董事长逐渐减少了日常管理上的直接干预，转而专注于公司的未来策划、战略布局，并与关键利益相关者进行了深入的沟通。

在绩效管理体系的革新上，管理层对绩效管理理念达成了共识，优化了流程，确保了其与薪酬、奖励、人才培养及晋升等方面紧密结合，共同构筑了高效能组织的坚实基础。

公司重塑了价值观，确立了"正直、客户、结果、共赢、创新"为新的核心价值观。该价值观不仅引领了员工行为，还使公司在外部环境的变化下得到发展。

服务质量的持续提高有效减少了客户投诉，而合同的顺利续约则是对服务卓越承诺的有力证明。

最终，团队的不懈努力推动公司业绩达到了既定目标，彰显了公司在市场中的竞争力，也证明了团队的凝聚力和执行力。

教练洞见

1. 客户寻求的培训往往未能触及组织的核心问题。团队教练工作坊提供了一个宏观的视角，使领导者能够全面审视团队状况，增强自我认知。实践证实了这一策略的有效性。

2. 一次工作坊不足以应对所有组织和领导力的挑战。集体的自我觉察为管理层的改进奠定了基础，而高管教练在复盘时推动行动是至关重要的。没有持续的高管教练和绩效管理咨询项目，便难以实现组织深层次变革。后续的顾问或教练支持对于巩固成果非常重要。

3. 组织的发展受限于领导者的意识水平。为总经理提供高管教练支持是及时且必要的。新晋升的总经理需要不断提升自我认知和意识水平，以提升领导力，进而增强公司竞争力。

4. 变革的动力源自组织系统内部。董事长及其他关键领导者在推动组织变革中起到了不可或缺的作用。

领导者的自我教练问题

1. 随着新技术的不断迭代,公司的战略目标需要做出哪些适应性的调整?

2. 公司应如何以创造性而非反应性的姿态迎接新的环境和市场变化?

3. 如何重塑有利于提升组织竞争力的企业价值观?

4. 如何合理安排那些曾与自己共同打江山、忠诚度高但可能不适合目前岗位的老员工?

5. 如何实现高效决策?在决策过程中,是什么常常困扰着我?

09

拨开迷雾见月明——晓月的领导力蜕变之旅

文/马天颖

"每一次选择,都是一次自我蜕变的机会。"

——罗伯特·路易斯·史蒂文森

晓月是一家软件公司的年轻高管,面临多重角色的挑战和沟通难题。在为期半年的高管教练项目中,我见证了她在挑战之下的领导力蜕变,这展现了教练在同时推动个人成长与组织发展中所发挥的关键作用。

挑战:晓月的领导力考验

晓月任职的公司是一家从事城乡数字化服务的高新技术企业,总部设在北京,下属两家外地分公司。经过10多年的发展,公司在智慧住建、智慧国土、智慧应急、物联网应用等领域具备了较强的竞争力。受外部环境影响,近两年公司业绩增长乏力,高管团队十分忙碌却收效甚微。总经理S总于是着手推动公司的变革,同时希望高管团队成员能迅速适应公司变革的需要,若跟不上就会做人员调整。在此背景下,S总邀请我担任两位高管的教练,晓月就是其中一位。

晓月担任公司产品总监,兼任下属分公司的负责人,还参与项目管理、项目运维、房产网管理工作。身兼多重角色的她却对自身职业定位和角色认知不清晰,在工作中缺乏明确的方向感,面临是耗费精力处理日常事务还是专注于产品创新的冲突。这影响了她在产品总监岗位上的专注度和创新能力,也导致她在公司内部沟通和部门协同中遇到阻力。

在S总看来,产品总监这个重要岗位的职责是缺失的,他希望用教练的方式督促晓月尽快胜任;晓月认为这正是自己职业发展和个人成长的难得契机。S总给予的压力、晓月自己的动力,两种力量交织,为这个项目形成了一股独特的推动力。通过讨论,我们将教练目标确定为:明确职业定位,专注于产品总监的职责;改善沟通,提升领导力。

职责:明确职业定位

我和晓月第一次教练会谈的主题是"明确职业定位"。我请晓月画一个"平衡轮",列出她目前的主要工作,并根据自己对每项工作的"热爱程度"进行1~10分打分,同时评估在每项工作上"精力投入"的百分比,以此帮助晓月从这两个维度对各项工作进行审视。晓月画出平衡轮(见图3-8)之后,我邀请她进行整体的观察,并询问她看到了什么?感受到了什么?

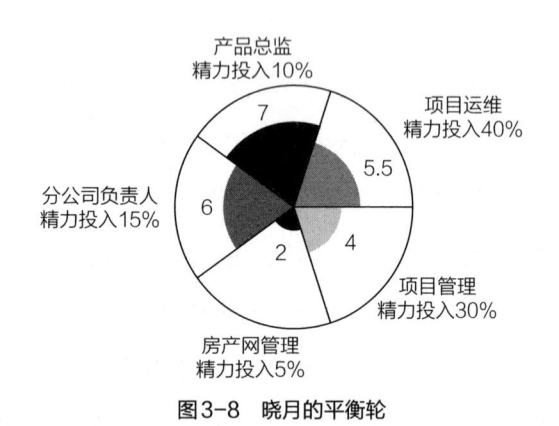

图3-8 晓月的平衡轮

晓月看到了自己工作的全貌,并发现自己的"精力投入"主要落在"项目运维"上(40%),而在"产品总监"上的精力投入却很少(10%)。就"热爱程度"而言,"产品总监"的打分最高(7分),这一点她十分坚定;对"项目运维"的"热爱程度"虽不太确定,但依然打了不低的分数(5.5分)。

对于"精力投入",晓月坦诚地说:"我把大部分精力花在项目运维等日常事务中,每天都像在救火,根本没有明确自己的主要职责,在产品总监上的投入与公司对这一岗位的职责要求有很大差距。"

对于"热爱程度",晓月讲述了在给"项目运维"打分时的内心纠结,她不能确定自己负责这项工作到底是出于热爱,还是因为别的原因。

我顺势轻声地询问:"是什么让你纠结?如果未来3~5年一直做项目运维,你的职业发展会怎样?"

晓月悠悠地回答:"我发现自己做项目运维熟悉、顺手,有被需要的感觉,容易从中获得认可。但如果未来几年一直做项目运维,那么我不会有什么成长和进步。"

"你期望未来在职业发展中专注于哪个方面?"我继续问。

"产品总监!"晓月坚定地回答。

"做好产品总监,对你来说意味着什么?对公司来说又意味着什么?"我再次拉伸晓月的认知。

晓月沉浸在深思中……

我安静地注视着她。

此刻的沉默往往会埋下一颗深刻的、自我觉察的种子。

过了一会儿,晓月说:"做好产品总监对我来说意味着能够在热爱的领域充分发挥专业技能,能够更专注地做好产品创新工作;也让我有机会不断学习和成长,不断接受挑战。这正是我个人职业发展的方向。"

"对公司来说意味着什么,我还要再想一想。"

我能理解晓月此刻的状态,毕竟这是她以前从未深入思考过的问题。

过了两天，晓月发来了她的总结和思考。她说："一直在脑中的那团迷雾消散了，拨开迷雾见月明，我看到那轮内心真正向往的明月。人生始终处在不断选择的过程中，我不能因为被需要而去做事，而要因为真正热爱去做有挑战的事。"

晓月认识到，做好产品总监，将推动公司产品创新，引领行业趋势，不断满足客户需求，增强市场竞争力，给公司带来持续增长。她说："我们的产品部门要给前方'打仗'的市场部门、项目交付部门提供源源不断的优质'粮草和弹药'。我希望自己有勇气面对这个挑战，专注于产品创新，提升管理能力，激励和带领团队共同实现公司的目标。"

几天后，晓月与S总进行了一次深入交流。晓月讲述了她对产品创新的想法及教练会谈带给她的启发，表达了其专注于产品创新并做好产品总监的决心。

通过"平衡轮"直观全面的展示和深入思考，晓月明确了职业定位，S总也更加坚定了，决定继续由晓月担任产品总监，这对晓月的领导力发展有着十分重要的意义。

沟通：领导力提升的关键

明确了职业定位的晓月开始专注于做好产品总监，聚焦产品创新。作为公司的一项重点工作，她负责牵头制定公司的产品规划，这需要公司其他部门的支持与配合。然而，随着工作的开展，与另一位总监的沟通让她倍感挑战。

就此问题，我们进行了一次深入的教练对话。

"你面临的真正的挑战是什么？"

她沉思了片刻，然后说道："真正的挑战是害怕冲突，我希望大家能和谐相处。"

"你真正害怕的是什么？"我继续探询。

晓月的眼神中透露出一丝不安，她低声说："我害怕失去S总的信任，害怕失去同事的尊重，害怕被否定。"

我轻声问道："你内心期待的是什么？"

晓月深吸一口气，坦诚地说："我期待我的声音被听见，我的意见和建议得到重视，我渴望在团队中发挥更大的影响力。"

"如果站在对方的立场，那么你如何看待这位总监的反应？如何看待他的期待？"

晓月回想着当时的情景，缓缓地说道："对方一直比较强势，我通常妥协更多。而这项工作既然是公司的重点工作，那么我认为对方应该支持和配合，应该提供相关的信息和数据。"晓月停了停，反思道："当时我强调自己的需要多了点，可能让对方感到了冒犯。我需要换位思考，理解对方的心理需求。在这件事上我好像太用力了。"

"有了反思，未来你会如何面对冲突？"我提出了一个关于改变的问题。

晓月沉默了一会儿，目光坚定地说："我希望未来能直面冲突，我更愿意把冲突看成意见分歧。先理解对方，多从对方的视角看问题，尝试用建设性的方式解决分歧，更积极地寻求团队的共识。"

教练会谈引发了晓月对自己的新的觉察，她在工作中开始不断尝试做出改变，横向沟通能力有所提高。

在另一次教练会谈中，晓月坦诚地表述了她向上沟通的困惑，她感觉自己信心不足，不够主动。

针对这一问题，我请晓月设定一个工作场景，通过角色扮演做了一次模拟演练。晓月表示通过这次体验减少了担忧，增强了面对真实场景沟通的信心，承诺以后会更主动地向上沟通。

沟通能力的提高是领导力提升的关键所在，但不能一蹴而就。在随后的教练过程中，我请晓月定期分享沟通经历和体会，并给予相应的反馈，支持她持续提高沟通能力，逐步建立主动、倾听、换位思考的意识。晓月觉得自己在沟通方面收获很大，能够从不同视角审视问题，聆听并尊重他人的意见，这使得沟通和跨部门协作顺畅了很多。

松动：固有信念的转换

晓月的产品总监工作取得了不错的成绩，然而，就在她逐渐进入状态的时候，丈夫突然生病需要住院手术。要不要请假陪护丈夫这个看起来并不难抉择的问题却让晓月十分纠结。

在一次以工作为主题的教练对话后，她提出了这个紧迫的个人话题。作为在这家公司忠诚服务8年多的员工，她一直优先考虑工作，很少因私事请假。

我提出一个直击心灵的问题："在这个关键的时刻，你的先生会怎么看你？如果你不去陪护，将来你会如何看自己？"

她有些泪眼蒙眬，哽咽地说："我不是一个冷漠的人，我对同事、下属都能给予关爱，却忽略了我最爱的人。这个问题点醒了我，让我重新审视自己，重新审视工作与家庭的关系。"晓月决定给予家人更多的爱护和关注，打算安排好工作，请假去医院陪护丈夫。这让她感到前所未有的轻松，也让她深刻反思个人价值和家庭责任。

我很好奇：到底是怎样的生活背景、经历、信念成就了今天的晓月。教练结束后，我邀请晓月模仿玛丽·派弗《我来自》的风格，写一首她的《我来自》。晓月欣然同意，并发来了她的诗作。

《我来自》

我来自四季分明、光照充足的太行山脉，

我来自有着罗敷之美、黄粱之梦的古都邯郸，

我来自姐弟相亲、父母相爱的五口之家，

我来自爱家爱子、坚韧勤劳，

我来自两个可爱孩子的妈妈，

我来自温柔善良、柔弱隐忍，

我来自"挺一挺总会过去""吃亏是福""不争不抢"，

我来自"不给人添麻烦""你得考虑别人，学会谦让"，

我来自黄河之滨、太行之阳的河南理工，

我来自热爱主持和摄影，校园时代偶有微光，

我来自电商、来自智慧城市的助力者，

我来自一名职场女性，遇到教练变得更加坚定、自信、果敢，

我来自一个内心有爱、鲜活、绽放、完整的生命。

诗句中描绘了晓月对世界和生命的热爱，令我沉浸其中，我被她那深沉的隐忍和无私打动——"隐忍""不给人添麻烦""你得考虑别人，学会谦让"。然而，这些固有信念让她在丈夫最需要她的时刻犹豫不决，内心充满了矛盾和挣扎。我也理解了为什么晓月在"像救火"的日常事务上投入过多，也看到这种固有信念是怎样影响她的工作、她与同事的沟通、她领导力的发挥的。

收到我读这首诗的感受，晓月有些惊讶。原来，多年所受的家庭教育形成了她的固有信念，而这些信念在不经意间投射到了她的工作和生活中。晓月开始重新定义"考虑别人"，把家人和爱人也加入其中；重新看待"隐忍""谦让"；重新思考自己沟通的立足点和出发点。

我相信随着晓月这些固有信念的转换，随着她的职业定位的明确、领导力的提升，她会成为一个更优秀的产品总监，成为一个更有影响力的人。

月明：回顾与前瞻

教练项目即将结束，在召开S总、晓月和我的项目总结会的前一天，我和晓月先进行了一次面对面的交流。回顾整个过程，晓月认为对她影响最大、印象最深刻的就是第一次关于职业定位的教练会谈，对她而言，这次会谈犹如一轮明月照亮了她未来职业和领导力发展的前路。

"现在重新评估，你把精力主要投入在哪些方面？"

她十分感慨地说："自从明确了职业定位，我就一直在调整工作重心，我把更多的时间和精力投入产品总监的工作中，更专注于产品规划、产品创新和产品经理的培养。S总给了我足够的信任和支持，这给了我信心和力量。"

我微笑着注视着晓月，给了她大大的赞许！

我又问："站在未来看现在，你是如何看待产品总监的职责的？"

晓月沉思后回答："作为产品总监，我视自己为团队的领航者和支持者，我的工作重点是推动公司的产品创新和人才培养。我需要从公司整体发展出发，明确产品方向，并激励团队成员发挥各自的特长，共同实现目标。我希望自己成为CEO信赖的伙伴，成为照亮团队前行的那轮明月。"

在项目总结会上，S总和晓月一致认为，教练项目实现并超越了初期确定的两个教练目标，公司产品总监岗位从职责缺失到职责真正落实，及时有效地匹配了公司变革的需要。

对晓月个人而言，教练项目帮助她明确了职业定位，个人的专业特长得以发挥。未来，她会更自觉地将个人职业发展与公司的目标相统一，力争做到和谐发展。

她还提升了沟通能力和领导力。她理解了组织内部有效沟通的重要性，有意识地从公司发展的高度、从他人的视角思考问题，有了更多的同理心，沟通也更加有效，促进了跨部门的协作。

此外，她工作与生活的关系趋向平衡。晓月不仅学会了多关爱家人，也在工作中敢于做减法和进行合理授权。

随着新一期高管教练项目的启航，晓月将带着前一阶段的洞察与成长继续她的领导力蜕变之旅。正如明月照亮夜空，她的每一步都将走得更加坚定，在不断前行的路上，迎接新的机遇和挑战。

教练洞见

清晰的职业定位是个人领导力发展的出发点。高管应保持个人职业定位与组织目标的一致，从而实现个人职业发展与组织发展的协调同步。

有效沟通是领导力发展的基石，对于个人发展和实现组织目标至关重要。高管应致力于提高沟通能力，增强团队的凝聚力和执行力，促进跨部门协作，从而推动组织目标的实现。

领导者的自我教练问题

1. 作为领导者，我该如何认知自己的角色和责任？我需要从哪些方面深化自我认知，以更好地履行职责并提升领导力？

2. 我该如何确保个人的职业定位与组织目标相一致，并在实践中体现这种一致性？

3. 我该如何提高沟通能力，以促进组织资源的优化配置，发挥协同效应？

4. 在追求职业成功的同时，我该如何平衡工作与生活，以维持长期的幸福感和工作动力？

10
创业高管团队的蜕变之舞

文/商未弘

他们,曾是职场上最亮的那些星。他们,怀揣梦想,踏上了创业这条坎坷路。

创业,可不简单。资源少,名气小,从蹒跚起步到一次次创造奇迹,他们得冲在前线推动业务,还要掌舵、筹集资金、培养团队……忙得像八臂哪吒。

缺乏经验,没人指点,做出的每个决策都可能左右公司的未来。即使在无助的时候、迷茫的时候,他们也要坚定不移地带领团队推进公司发展,在投资者面前展示自信。

作为高管教练,我曾与各种类型的企业和领导者合作过,对这些富有勇气、坚韧和使命感特质的创业者,我心怀敬意。

再燃蝶梦

组织变革的第一步,是创始人的蜕变。

创始人蜕变的第一步,是重新激发对组织长远发展、创业初心和情怀的渴望。

艾薇在找到我时,已创业5年。公司处在专业服务领域,虽模式成熟,却竞争激烈且市场分散。凭借海外学习经历和卓越的职场背景,她曾满怀信心地引领公司向行业第一的目标迈进。

然而,此刻的她显得有些局促不安。

近几年订单量下降,客户需求日趋复杂多变,团队遇到的挑战倍增。看不到成果令很多人感到沮丧,陷入了"躺平"的状态中。艾薇深知团队的不易,不愿"逼"团队,多次降低目标,自己则更加努力做业务。

然而,每当深夜加班、独处空旷的办公室时,她难免失落。尤其是过去一年,业绩的大幅下滑让她感到筋疲力尽,昔日的雄心壮志已被现实逐渐埋没。

我问她:"企业濒临亏损,为何不把钱花在客户增长和员工激励上,而是找长期陪跑教练呢?"

艾薇笑着说:"那些方法虽见效快,却难以持久。我追求的是持续发展。你过往案例中,系统化梳理和综合提升的方法对实现长期目标更有价值。"

"我感受到了你对实现长期目标的渴望。那么，现在的你怎么看行业第一的目标？"

听到"第一"字眼，艾薇眼中闪过光芒，随即低头陷入沉思。我明白，她的内心波涛汹涌，这是内省与成长的时刻，我耐心等待。

"我不甘心！我们曾经取得过很好的业绩，在奔着这个目标前进……这两年受到了太多打击，我以为我已经忘了……可是，当你说到这个目标时，我的心在狂跳……"

艾薇抬起头，眼中有晶莹的泪珠，但目光坚定。

那天下午，艾薇向我敞开心扉，讲述了她的创业初心、她希望为客户提供更高价值的使命感、创业路上的喜怒哀乐，以及近两年的逆境和心路历程。

我知道，她内心深处的梦想重燃了。重燃的梦想将如涟漪般令团队和行业变得更加有力量且美好。

破茧之光

我们必须愿意放弃昨天的最佳实践，以拥抱明天的更好方法。

——吉姆·柯林斯

经过几次深入辅导，艾薇认识到问题的根源在于自己。那个曾经给予她成功和安全感的茧房束缚了自己、牵制了团队和企业。她需要做出以下改变。

- 从情感链接到共同目标链接。艾薇曾倾向于团队和谐相处，避免冲突，这导致目标被不断降低。现在，她明白只有在共同目标下，团队才能坚定信念和当责，不断尝试，突破限制。
- 从经验型管理到实证型管理。尽管拥有丰富的经验，但面对变化的环境，她必须基于市场和业务数据做出客观决策，建立科学的管理体系以指导公司未来发展。
- 从最强个人到英雄团队。她曾依靠优秀的个人能力领导团队，但面对扩大的团队和不断变化的环境，她必须激发每位团队成员的潜力，共同打造强大的英雄团队。

挣脱曾经给予她成功与安全感的茧房，需要光和勇气。作为教练，我的职责是与她一同点亮前行的明灯，与她并肩眺望未来，并陪伴她蜕变为一位坚定自信、振翅高飞的领导者。

舞动领航

真正的领导者不是制造追随者，而是发展更多的领导者。

——汤姆·彼得斯

领导者已经展翅，有了更多势能引领团队，开启了塑造英雄团队的旅程。

通过和艾薇一起梳理现状，并结合经典型管理的特点，我建议艾薇通过以下4个步骤实现团队转型。

（1）构建共同承诺机制。基于公司的使命与愿景，激发团队憧憬。同时挖掘个人的动力源泉，连接并促成对使命与愿景的承诺。

（2）明确战略规划。通过分析市场、客户、团队等，就战略目标和路径达成共识，并汇聚管理层智慧，制定可衡量的结果目标、过程目标和行为目标，为团队提供清晰的业务规划指引和管理标准。

（3）强化支持体系。优化业务流程，调整薪酬政策，建立人才发展机制等，为实现目标提供坚实的组织支持。

（4）月度复盘。复盘目的需基于当时的具体情况，包括回顾与调整，确保实现目标；总结经验，优化流程；塑造理念，培养技能；坚定对转型的信心和承诺。

艾薇非常认同，并决定先做一次高管团队的工作坊来开启前两步。这是建立英雄团队的起点，需要每个人充分参与进来，成为主角。

实证蜕变

为了取得卓越成果，我们必须勇于做出选择，即使这意味着要放弃某些事情。

——吉姆·柯林斯

为了确保战略方向正确，我和艾薇在工作坊前一起进行了深入的客户与业务梳理。通过我的一些问题引导，艾薇发现数据不足，并且自己想要的太多，无论在哪个客户群都没有形成竞争优势，所以她主动叫停，以便搜集更多数据和进行深入思考。

我表示赞同，并给她留下了以下问题。

- 各客户群当前的市场潜力是怎样的？未来的发展趋势是怎样的？
- 各客户群的核心需求和痛点是什么？
- 基于问题2，我们相对于竞争对手的优势是什么？
- 我们该如何满足所选客户群的需求？

尽管有了数据支持，但这些都是历经艰辛才获得的宝贵客户，艾薇实在难以割舍。在之后的几次对话中，我带领艾薇从行业角度审视竞争优势，关注公司长远目标，以及资源和能力的匹配程度。

当与艾薇再一次探讨时，她已经对客户定位有了清晰的想法。

看着艾薇坚定的眼神，我特别开心，但还是向她提出了一个有挑战性的问题："对于另一个客户群，团队也有些成果了,真的舍得放下吗?"

"撒胡椒面的做法无法真正撬动客户,反而让团队疲于奔命。我们一定要在单点突破,形成竞争优势!有了数据,我在这点上看得就更清楚了!"

那一刻,我知道,艾薇已经向实证型管理迈出了一大步,并且,她的笃定会给团队带来很大改变。

群舞愿景

变革不是由一个人完成的,而是由一群人共同实施的。

——玛格丽特·米德

8位核心管理者的工作坊开始了。在热场活动的欢声笑语后,艾薇娓娓道来自己创业的初心,深情阐述公司的使命与愿景,同时客观剖析团队现状、探讨战略目标和路径。

这段充满热情的演讲,对性格内敛的艾薇来说实属不易。充分准备与真情流露使她熠熠生辉,深深触动了大家。

为了将触动化为持久的动力,并实现从最强个人到英雄团队的蜕变,我鼓励每位管理者向艾薇提问。最初的冷场逐渐被热烈的互动所替代,随着讨论的深入,团队成员的思维愈发敏锐,逐渐达成共识。

随后,我请大家画出心中的愿景。尽管他们自嘲画艺不佳，但因为被激发了憧憬和右半脑的创造力，创造出的每一幅作品都流露出独特个性与强烈情感。在分享时，他们眼中闪烁着对未来的期许和对成功的向往。

我知道，第一个环节的目的达到了。

看未来，快乐美好；回当下，泄气"躺平"。这是很多工作坊会出现的问题。所以，接下来我需要不断拉团队回到现实。同时，塑造真正的团队精神。

"三分钟！仅有三分钟！请将各自的作品拼成一幅完整的团队愿景图。"我以急促而有力的语气强调时间紧迫。

艾薇率先行动，亲自指挥，甚至自己行动起来。部分成员跟随其步伐，然而大多数人仍驻足观望。

"仅剩两分钟！……一分钟！"我不断催促，仍有几位成员无动于衷。

我直接干预："你们是不是还可以做点什么来确保团队准时完成任务呢？"这时，那几位成员如梦方醒，急忙加入进来。

在活动复盘环节，我问大家有什么发现。

"达成共识真的不太容易。"

"我原以为只需他人出力，但现在才意识到自己也能有所贡献。"

艾薇反思道："我太急于行动，应该留出更多空间，让大家展现想法和才华。"

……

我又问道:"这些发现对我们的工作有什么启发吗?"

不像工作坊开始时的沉默,大家已经习惯了这种互动,纷纷发表见解。最终,大家一致表示,尽管业务看似独立,但每个人都应做出贡献,只有这样才能形成整体的竞争优势。

看火候差不多了,我开始"补刀":"大家刚刚在给公司战略提建议的时候,很多次提到了公司要如何,公司做一个决定就好了……公司是指谁呢?"

大家都保持沉默。但我能看出来,大家都不是在进行"与我无关"的抽离,而是在深入地思考。

大家意识到,在员工眼中每位管理者都代表着公司。在决策时,每位管理者都要作为主人参与进来。而达成共识后,每位管理者都要积极推动并坚定执行。

这时,我知道这个高管团队已做好准备,迎接更有挑战的讨论,尽管这意味着他们将面临舒适区之外的考验。

舞跃新生

最困难的时候,往往就是离成功不远的时候。

——拿破仑·希尔

在从客户角度出发的空椅子活动中,大家非常投入,充分考虑到了客户的需求,并列出了所需的行动。

"这些行动的衡量标准是什么呢?"我询问大家。

大家互相看了下,又沉默了。他们深知,一旦确定,便将成为日后工作的准则。

虽然有点儿沉重,但大家都纷纷说出了自己的想法。这时,我特意邀请艾薇对大家的勇气和真诚给予认可,气氛轻松了一些。

"大家为何给出了这样的衡量标准呢?"

这是大家思考过的,所以很快就纷纷表达了观点。

"这些依据有什么共性吗?"

我发现,大家都是从现状出发,并在预测团队可接受度的范围内定标准的,却无人从未来目标回推衡量标准,而这二者之间差别颇大。艾薇曾持有同样的想法。

我看了一眼艾薇,她正冲着我会心地微笑。我明白,她看到了自己的思维模式对团队的巨大影响。

大家也很快发现了这点,但从未来目标回推衡量标准将使自己面临大的挑战,大家都心生恐惧,无法突破。

"做成这样,我们能成为自己想要的样子吗?"我指了指大家的画。

又是沉默。画画时的欢声笑语和现在的安静形成了鲜明的反差,气氛降到了冰点。

艾薇开始有些忧虑。

卡住了就先松松,"先休息吧,同时思考,我们到底有多想达成那个目标？"

我拉住艾薇问她的想法。艾薇略显失望地说："我每天都是公司最晚一个下班的，为什么大家不能一起拼一拼呢？！"

"他们有拼的时候吗？"我问道。"也有，去年有个大单子……"艾薇回忆起团队加班加点完成那个任务的场景，她意识到，团队也想赢！只是暂时被卡住了。

艾薇做出了决定，选择信任团队，而不是走自己下指令的"老路子"。

休息结束后，我带着团队做了一个挑战极限的"团队之脚"游戏，同时不断向团队提出挑战性问题：目标是多少？还可以更好吗？真的是最好吗？

身体动起来，大脑就跟着活跃起来了，大家各种尝试，反复练习，累得气喘吁吁，终于创造了新纪录！

在带着全力以赴后突破的喜悦，回到刚才的讨论后，大家放下了很多顾虑，并通过一些理性分析和行业对标迅速达成了共识。

在后续的行动计划讨论中，大家不断想出好点子，还主动承担任务。即使有人摇摆，有人也会鼓励"为了咱们的目标，干就是了！""别人能做到，咱们为啥不行，拼一把不后悔！"

我知道，团队中建立了对目标坚定的正向氛围，英雄团队在逐步形成。

第三部分
拓江山，策马扬鞭开疆

跌宕起舞

真正的变革不是一蹴而就的，它需要时间。

——马丁·路德·金

会后，艾薇和团队制订了详尽的计划，并迅速付诸行动。而我用团队教练工作坊、一对一辅导、定制化培训等方法，支持着艾薇和团队的成长。

变革之路绝非平坦，初期的挑战和不确定性考验着团队中的每一位成员。在尝试突破的过程中，团队经历了起伏和反复，经常感到迷茫和沮丧。

围绕业务核心，以团队之前达成共识的结果目标、过程目标和行为目标作为抓手，我帮助团队调整心态，正视现状，坚持初心，分析困难，找出方法，提升能力，和团队一起庆祝每一个小小的进步……

团队逐渐学会了如何在变革中跌宕起舞，以更加坚定和优雅的姿态迎接每一个新挑战。

在这个过程中，教练是阳台上冷静的观察者，亦是在舞池中与团队共舞的亲密伙伴。

翼帆远航

岁末，冬日暖阳透过咖啡馆的大窗户洒在每一个角落，我和艾薇坐在窗边，进行了一次轻松的年终总结。

这一年，公司业绩的显著提升，既巩固了市场竞争力，又凭借团队智慧沉淀出清晰的工作流，这在提高效率和质量的同时，也加速了新人的成长。更让艾薇开心的是团队对共同目标的坚定和投入，曾是独舞的艾薇获得了团队的主动托举。

复盘已经成为团队习惯，艾薇当然也不会忘记总结自己的成长。

"我更加明白，领导者是团队的天花板。不仅是技能的提高，领导者要做的还有心智和思维模式的转变。我学会了坚守目标，信赖和培养团队，用科学实证的方法管理团队，以行业视角和长远眼光思考问题。"艾薇缓缓说道。

"更大的一个收获是，我内心越来越笃定，我们会成为行业第一，给客户带来更高价值。我相信，我们一定可以做到！"

此刻，我的内心亦如冬日暖阳，温和而坚定。我知道，自己的高管教练初心——陪伴领导者笃定前行，快乐绽放将伴我终身。

教练洞见

组织发展初期的特质虽有助于当时的成功,但在市场变化中则可能成为桎梏。因此,组织需实现变革。在此过程中,团队需摆脱过往的束缚,实现转型,教练需通过定制化、全方位的策略与方法,为组织提供长期支持,加速变革。

基于勒温变革管理模型的3个阶段,结合文中所述,变革的关键点包括以下几点。

1. 解冻。创造变革的动机和需求。

(1)团队的坚定引领。这是组织变革的基石。

(2)构建激励人心的愿景。构建一个激发团队动力的愿景,引领变革。

(3)促进团队成员参与和达成共识。激发团队智慧,促进团队成长,打造英雄团队。

2. 变革。实施新的流程和方法。

(1)明确战略规划。赢得团队的认同和承诺,提升协同效率。

(2)构建实证型管理体系。提供基于数据的决策依据,提升运营效率。

(3)多元化方式推动。除了政策、资源等支持,采用团队教练工作坊、一对一辅导、定制化培训等方法。

3. 再冻结。巩固新变革,确保其被接受和适应。

(1)推动思维与行为的同步转变。确保变革的持久性和稳定性,减少反复。

(2)复盘和成长。从经历中总结提炼,指导未来的工作。

(3)长期坚持与持续改进。变革通常需要1~3年,团队需要不断调整和坚持。

领导者的自我教练问题

1. 我曾带着怎样的初心出发?当遇到阻碍时如何擦亮和再燃希望?

2. 是什么内在动力让我对变革坚定不移?我如何将其转化为持续的领导能量?

3. 我的信念和价值观如何与组织愿景保持一致,并互相作用?

4. 在变革中,我如何识别并超越曾让自己成功的限制性信念?

5. 我的信念和行为是如何影响团队的?如何调整,以推动变革,达成组织愿景?

第四部分

展长卷,运筹帷幄绘宏图

01

基业长青：组织发展模型

文/程　敏　郝静萱　吴雁燕

> 组织的未来不在于它的历史，而在于它如何塑造未来。
>
> ——彼得·德鲁克

共同的追寻，共同的探寻

在商业世界的浩瀚星海中，组织如同星辰，有的熠熠生辉，有的转瞬即逝。是什么让一些组织能够跨越时间的长河，成为基业长青的传奇？组织发展的内在逻辑与本质是什么？我们如何前瞻性地捕捉和洞察变化？我们应做些什么来应对和引领变化？有没有一个适应不同发展阶段、强而有力的组织发展框架，来指导我们进行系统思考、制定周全策略、重点识别和敏捷行动？

这些关于组织的核心问题一直萦绕在唐焱、魏雄、孙丽和郑一欣的心间。他们所在组织的行业不同，发展阶段和成熟度也不同，但相同的是在过去几年里都经历了很多与组织发展相关的"故事""事故"。更为相同的是，他们期望在有限的个体生命中，铺展千里江山长卷，让组织基业长青。

这几位CEO决定集合他们的高管团队，与唐焱多年未见的吴教练及其教练团队一起，通过研讨会展开对这些问题的讨论。

这次的共同探寻就如同众人即将共同培育一棵智慧的参天大树，这棵树的根系由大家丰富的经验与多元的视角构成，树干由坚实的理论基础和实践案例构成，而茂盛的枝叶则代表着创新思维和突破性见解的成果。同时，这棵参天大树将迎接阳光，承受风雨，不断生长。

在探寻组织发展的过程中，自然界的生长法则为我们提供了许多极佳的启示。正如一棵参天大树的生长依赖其深扎的根系、强壮的树干和繁茂的枝叶，组织的健康与可持续成长同样需要稳固的基础、有力的支撑结构、高效的执行力及丰硕的成果。银杏树凭借非凡的适应能力和坚韧顽强的生命力，在地球数亿年的沧桑演变中依然繁茂生长，是组织在变幻莫测的环境中保持竞争力和持续发展的生动例证。

在曾经给孙丽和郑一欣团队留下美好回忆的云南腾冲银杏村，大片银杏林既生机勃勃又古老沧桑的气息透过会议室的落地窗扑面而来，将宽敞明亮的空间和众人的心间注满了金色的期许。

室内的三张圆桌上各放着一张银杏树的彩色图片，眼尖的孙丽一下子就看出来三张图片看似相同，但各有不同的颜色和细节。孙丽这么一说，众人的探询欲也被带动起来。

吴教练回应大家："在座的各位大多经历过组织发展的不同阶段，无论是在多家公司还是同一家公司。我们今天将借用银杏树的叶、茎、根来探讨组织的3个发展阶段——初创期、成长期和成熟期。"

"第一步，先不受这些图片的影响，结合自己的经验，讨论3个问题：每个发展阶段的基本任务和常见挑战；企业家和企业高管在每个发展阶段需要特别关注的事项；每个发展阶段的关键策略或'通关秘籍'。而所有这些讨论都基于一个所有人认同的假设——追求组织的基业长青。"

"我们使用'世界咖啡'方法进行讨论，每一张圆桌代表一个发展阶段，由一位桌长带领讨论，其他伙伴则轮流在三个发展阶段之间'游走'，提出自己的观点或疑问。"

很快，三位桌长确定下来：充满机遇的初创期——郑一欣；活力四射的成长期——唐焱；稳健发展的成熟期——魏雄。

大家带着不同的经历与见解，一起投入到热烈的观点分享和视角碰撞之中。经过三轮探讨，大家收获满满，如同捡拾了一大包珍贵的银杏果。三位桌长的收获尤其多，他们借此机会回看和梳理了过去的组织发展实践，获得的反思犹如银杏树飘落的叶片融入大地之后转化而成的养分。团队成员们的热情参与，更激发了他们作为组织领头人为组织带来持久生命力的灵感和动力。

同时，讨论也引发了大家的深入思考。比如，价值观到底是什么？它有多重要？战略包含哪些不同的层次？不同发展阶段的组织都需要关注价值观和战略吗？领导力在不同发展阶段发挥着怎样的作用？企业文化会怎样影响组织？当业绩与文化产生冲突时应怎么办？

组织发展模型

带着这些思考，研讨会进入共同探寻的第二步。教练团队向大家展示了由程敏、郝静萱、吴雁燕共创的组织发展模型总览（2025版）（见图4-1），并邀请大家基于此模型思考各自组织的现状与未来。

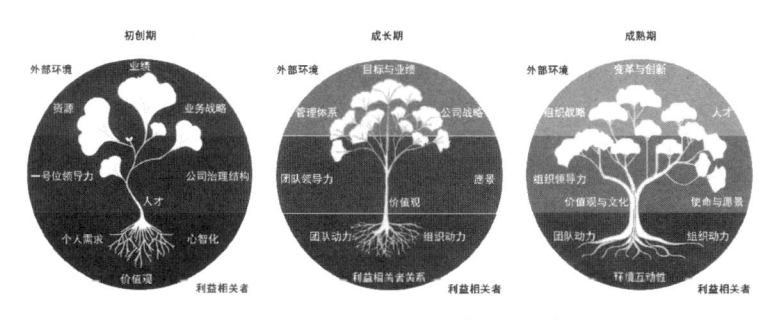

图4-1 组织发展模型总览（2025版）

组织发展的3个层次——结果层、支撑层、动力层

模型基于银杏树的生长特性，揭示了在组织发展中需要重点关注的3个层次——叶（结果层）、茎（支撑层）、根（动力层）。

通过细致关注叶、茎、根的情况，并进行系统性的梳理，我们可以确定组织当前的状态与问题。进而，我们沿着系统性的组织发展路径，繁茂其叶以实现组织获得丰硕的成果，强壮其茎以支撑组织健康成长，培育其根以确保组织奠定稳固的基础。

叶是组织的执行策略和与外界互动的直观表现，包括公司战略、管理体系、业务战略和业绩等，它们是推动组织发展的关键要素，并直接体现组织的成长结果。

茎代表组织的支持结构和核心驱动力，包括价值观与文化、使命与愿景、领导力、人才和公司治理结构等。这些要素是组织沿着正确方向稳健发展的有力支撑。

根是组织隐藏在冰山下的隐形动力和特征，如价值观、个人需求、团队动力和组织动力等。这些要素虽然隐秘，却影响着个人、团队和组织的行为、决策、绩效和长期发展，是组织能够持续成长和适应变化的根基和原动力。

对应着组织的不同发展阶段，模型在叶、茎、根三个层次中分别强调了3个核心要素，由此构成了9个核心要素。模型

还强调了组织所处的外部环境和所互动的利益相关者这二者的重要性。

总体上，模型旨在通过3个层次及各要素之间的相互支持和协调发展，以及与外部环境和利益相关者的良好互动，为组织构建一个全面且系统的发展框架。

组织发展模型——初创期

初创期组织的基本特征与常见挑战

初创期组织刚刚起步，通常掌握的资源少，面临的风险高，确保生存并在市场上找到立足点是核心要务。生存压力之下，产品的市场适应性、商业模式的可行性，以及基于有限资源所做决策的明智程度是组织必须解决的关键问题。此外，建立适宜的公司治理结构与管理系统、发展一号位领导力、吸引和留住关键人才、构建高效稳定的团队等，都可能成为组织必须面对的挑战。初创期组织发展模型如图4-2所示。

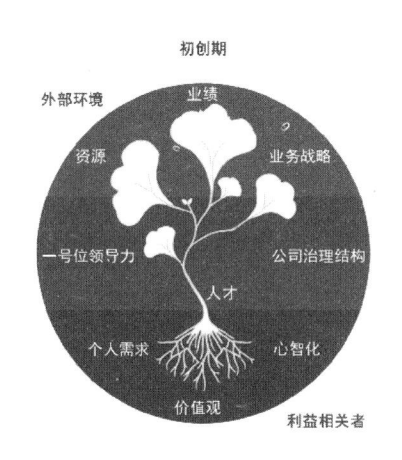

图4-2 初创期组织发展模型

叶（结果层）的三个核心要素

业绩。它指的是组织所取得的成果和进展，体现了组织的市场表现和成长潜力，是吸引投资者和客户的关键要素。

资源。它指的是初创期组织拥有的有限的资金、技术、人力等资源要素，以及为克服这些限制而采取的积极获取、高效利用和创新扩展的策略和行动，是初创期组织生存和发展的基础。

业务战略。它指的是初创期组织为实现业务绩效而制定的一系列计划和行动，包括明确目标市场和产品定位、确定商业模式和识别竞争优势。

茎（支撑层）的三个核心要素

一号位领导力。它指的是CEO或创始人展现出的企业家精神，包括冒险精神、创新精神、使命感和个人魅力等，这种领导力对于吸引和激励团队、赢得投资者信任及带领组织前行起着决定性作用。

公司治理结构。它指的是组织的权力架构、决策流程、利益分配机制及监督体系。合理的公司治理结构可确保所有权和经营权合理分配，保障决策的透明度和效率，同时防止内部权力斗争，维护组织的稳定性和健康发展。

人才。它指的是具有专业知识、技能或能力，能够为组织创造价值和做出贡献的专业技术人员、管理人员等。拥有合适的人才是实现组织战略目标的关键，尤其对以技术和创新为驱动的初创期组织而言尤为重要。

根（动力层）的三个核心要素

价值观。它指的是个人或组织在决策和行动中所依据的深层信念和原则。对初创期组织而言，核心成员之间价值观的一致性至关重要。尽管初创期组织的价值观可能还未明确，但它在组织面临关键决策时会显现出来。

个人需求。它指的是个体在心理层面和情感层面追求满足的基本要求，包括安全感、胜任感、归属感、自主感和被认可等。满足员工的个人需求不仅有助于提升员工的工作满意度和忠诚度，还有助于提高士气，促进沟通、建立信任，以及培育初创期组织需要的冒险与创新精神。

心智化。它指的是一种心理能力，是个体理解和解释自己与他人行为背后心理状态（如思想、情感、意图、信念和欲望），以及将这种认识应用于人际互动的能力和过程。初创期组织的生存和成功在很大限度上取决于一号位和高管团队的心智化成熟程度。

组织发展模型——成长期

成长期组织的基本特征与常见挑战

成长期组织的产品或服务已经获得市场验证，通常在收入、市场份额、规模等方面实现了快速增长，并寻求通过各种举措继续扩大竞争优势。随之而来的，组织需要获取更多的各种资源，同时日益重视运营与管理的系统化、规范化。因此，建立有效的管理体系、领导者灵活调整管理风格、制定相适宜的发展战略并有力执行等都可能成为成长期组织必须面对的挑战。成长期组织发展模型如图4-3所示。

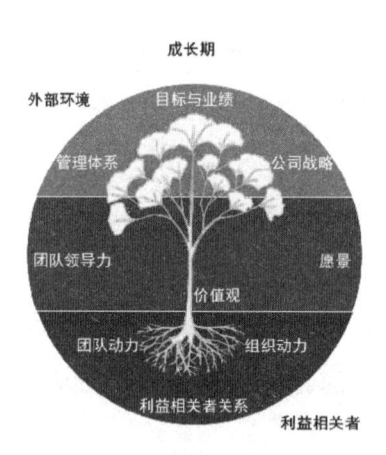

图4-3 成长期组织发展模型

叶（结果层）的三个核心要素

管理体系。它指的是组织用于协调和指导各项工作、确保目标实现的一套制度和流程，它包括组织架构、职能分配、业务流程及管理制度等。科学的管理体系可支持成长期组织提高运营效率和适应市场变化。

公司战略。它指的是组织如何实现和创造价值，用于指导组织中长期的投资活动、产品和业务矩阵布局、经营和业务活动。成长期组织需要在实施业务战略的基础上，进一步明确和实施公司层面的战略。

目标与业绩。它指的是组织根据战略和愿景所设定的清晰、可衡量的目标，以及所取得的成果和进展。它要求成长期组织在短期与长期、财务健康与全面健康、不同利益相关者价值创造之间寻求平衡，以构建和维持竞争优势。

茎（支撑层）的三个核心要素

团队领导力。成长期组织需要从依赖一号位领导者的个人领导力转向建立强大的团队领导力。建立一支具有远见卓识、能够持续引领组织创造绩效和价值的卓越高管团队是成长期组织的一项核心任务和发展基石。

价值观。它指的是个人或组织在决策和行动中所依据的深层信念和原则。它通常涉及对什么是正确、重要或有价值的根本看法，并影响个人或组织的行为、态度和选择。随着组织进入成长期，价值观便从动力层转化到了支撑层。共同的价值观是组织凝聚力和文化的核心，它引导团队在关键时刻做出一致决策，为组织的持续发展指明方向。

愿景。它指的是组织追求的长远目标和理想状态。通过对组织愿景的清晰描绘、积极传播并使其得到广泛认同，可以激发组织成员的潜力、创造力和协同力，促使他们朝着共同的目标与方向努力。

根（动力层）的三个核心要素

利益相关者关系。成长期组织需与投资者、员工、客户、供应商、政府和媒体等利益相关者建立良好的关系，以平衡各方利益，为组织和各方创造长期价值，实现可持续发展。

团队动力。它指的是团队成员之间受到个体心理特质、角色分配、沟通模式、领导风格、激励机制和外部环境等因素影响而形成的有意识和无意识的行为和相互作用力。它是一个过程，也是一股力量，影响着团队的行为、协作、决策、氛围和绩效结果。

组织动力。它指的是组织中各种力量和因素相互作用的过程和结果，这些力量和因素包括成长期组织日益复杂的组织结构、权力分配、文化、战略、沟通模式、决策机制等。它影响着组织的行为、决策、未来发展可能性和方向，以及适应性和变革能力。

组织发展模型——成熟期

成熟期组织的基本特征与常见挑战

成熟期组织的市场定位和地位已经稳固，通常拥有稳定的客户群体、成熟的产品或服务、持续的收入和利润,同时各方面增长开始放缓或停滞。组织需要寻求新的突破点,打造第二曲线。而改变现有的运营模式、管理系统和组织文化可能会遇到阻力,因为组织产生了惯性、陷入了舒适区,甚至存在自满与傲慢心理。利用已有的市场地位和资源找到新的发展机会,通过合作平台或内部创新等方式来实现转型,打破僵化、固化而注入创新的活力等,都可能成为成熟组织必须面对的挑战。成熟期组织发展模型如图4-4所示。

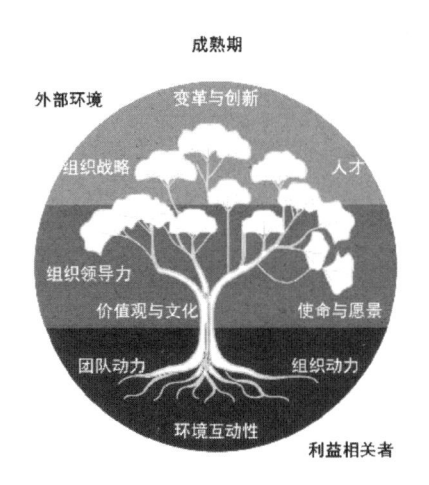

图4-4 成熟期组织发展模型

叶(结果层)的三个核心要素

组织战略。除了业务战略、公司战略,成熟期组织还需要制定财务、研发、营销、人力资源等职能的组织战略,并确保三个层次战略之间的协同一致，以确保组织的使命与愿景得以实现，并为利益相关者持续创造价值。

变革与创新。它是成熟期组织突破惯性和走出舒适区，维持竞争力和生命力，确保持续增长、避免衰退的必选之路。它涉及组织结构、流程、文化、战略等方面的变革与创新。

人才。它是成熟期组织的重要资产，组织需要通过多种手段培养和保留人才，提高人才的敬业度和忠诚度，并激发人才的持续学习热情和创新潜力。

茎（支撑层）的三个核心要素

组织领导力。它指的是在成熟期组织中，通过高管团队的引领和全体成员的参与，共同推动组织目标实现、文化塑造和变革管理的能力。它强调的是领导力和主人翁精神在整个组织中的分布和运用，而不仅仅是高管团队的作用。

使命与愿景。使命定义了组织的独特身份和存在的根本原因，回答"我们是谁"；愿景是组织追求的长远目标和理想状态，回答"我们要去哪里"。它们如北斗星和珠峰，引领和激发成熟期组织突破惯性和走出舒适区，不断向更高远的目标努力。

价值观与文化。成熟期组织的变革和创新需要以价值观与文化的重塑为支撑，以引导员工行为改变、组织形象重塑、品牌再造及第二曲线构建等。

根（动力层）的三个核心要素

环境互动性。它指的是组织与其外部环境之间的相互作用和影响。它要求成熟期组织敏锐感知外部环境的变化，如政治、经济、科技和社会趋势，并制定相应的策略。此外，环境互动性还涉及组织如何通过自身的活动和创新来影响和塑造外部环境。多关注环境互动性，有助于成熟期组织适应市场趋势和利用新的商机。

团队动力。成熟期组织内人员数量及其多元性、团队数量及其多元性均大幅增加，同时二者的波动性都在加大。由此，成熟期组织需要加大对团队动力的关注，有意识地创造条件让未被觉察的觉察到、未被表达的表达出，以及让潜意识意识化。

组织动力。与团队动力类似，成熟期组织的组织动力变得更加错综复杂。成熟期组织需要更加重视可能会阻碍组织学习和发展的无意识偏见和组织防御等，识别和解决潜在问题，激发组织持续内驱力和生命力。

余音绕梁：实践与理论的和声

看到组织发展模型总览及各个发展阶段的模型后，大家之前提出的很多问题似乎都有了答案，这也激发了大家更多的讨论。

"我很少看到有模型提到资源这个要素。获取包括资金、技术、人力等有限资源并高效利用现有资源，以及通过创新方式扩展资源，是初创期组织能否实现从0到1的关键。"郑一欣兴奋地分享。

孙丽补充道："我喜欢初创期组织发展模型茎上的一号位领导力和根上的价值观。初创期组织一号位的企业家精神，包括个人魅力、冒险精神、创新精神和使命感，往往是吸引、保留、激励核心人才，打动投资者，推动组织运行的关键。对初创期组织而言，核心成员价值观的一致性至关重要，它有助于成员们确定共同目标、统一行动方向，会对组织凝聚力和决策质量产生深远影响。"

唐焱："你们点评得太好了，我看到成长期组织有一个要素是团队领导力，那我们成长期的点评完全不需要我啦。"唐焱的睿智和幽默引发了一阵欢笑。

杨隽站起来："我来代表团队发个言！刚刚在学习组织发展模型的时候，我们团队讨论比较多的第一个要素是叶上的管理体系。在成长期组织中，为确保各项业务流程的顺畅执行和组织目标的实现，构建一个高效、协调的管理体系至关重要。第二个要素便是刚刚提到的团队领导力。成长期组织需要从依赖一号位领导者的个人领导力转向建立强大的团队领导力，打造一支具有远见卓识、能够持续引领组织创造绩效和价值的卓越高管团队。第三个要素是常常会被忽视但很重要的团队动力。团队动力是一个过程,也是一股力量,不仅可以让团队发挥协同效应,也可以让团队触礁。"

在大家的一片掌声中,钱华站了起来:"我们也来分享一下想法吧。成熟期组织的组织动力变得更加复杂。基于我们转型的教训和经验,一种常见的组织动力是组织防御,它倾向于维持现状,避免改变。为克服这种防御,组织需要建立一种新的价值观与文化,如建立鼓励团队成员挑战传统思维和固有模式、鼓励创新和容忍试错的企业文化。在新的价值观与文化支持下,成熟期组织才能不断地进行变革与创新,以维持竞争力和生命力。"

看到大家已经把模型与各自组织的发展阶段对应起来并获得了启发,吴教练拿走了桌子上的银杏树图片,分别摆出了"叶""茎"和"根"三张不同的台卡。

"卓越的领导者善于从不同的维度看问题。现在请你们跨越组织发展周期来看组织发展的"叶""茎""根",你们又会有什么样的洞察和思考呢?"吴教练提出了新的问题,"先给大家10分钟,小组讨论并总结你们的洞察和思考。等一下我们按照叶、茎、根这样的顺序轮流回答,看看哪组可以坚持到最后。"

"好好好!"一瞬间各小组开始摩拳擦掌。

叶:组织的天职是创造价值,所以业绩在组织各个发展阶段都是重要的显性要素。如果说初创期组织着力于获得当下的业绩,那么成长期组织的业绩便是长期目标导向的,而成熟期组织的业绩来自变革与创新。

茎:领导力一直是组织发展的关键,随着组织发展阶段的演进,领导力需要从一号位领导力转化到团队领导力,再转化到组织领导力。

根:初创期组织的动力主要来自个人需求和领导者的心智化,进入成长期,团队动力和组织动力开始成为隐藏在冰山下的两大动力。

叶:战略也是显性的很重要的要素,初创期组织需要明确的是业务战略,成长期组织的竞争优势受公司战略影响,成熟期组织取胜靠的是组织战略。

茎:初创期组织的支持结构是公司治理结构,成长期和成熟期组织的长足发展需要愿景、使命、价值观与文化的牵引和支撑。

根:说到价值观,在组织处于初创期的时候核心成员的价值观对于关键决策至关重要,但此时期其还未被明确,所以和后续发展阶段不同,此时期价值观隐藏在根部。

……

虽说是一个"比赛",但听到其他组高质量的总结,大家都纷纷点赞。

接着,吴教练又向大家提出了新的问题:"作为组织领导者，你们会如何评价这个模型呢？"大家给出的反馈来自不同角度，如同银杏林在不同季节呈现出的多姿多彩。

"这个模型让我从不同阶段审视组织成长，提供了一种全新的时间理解维度。"

"它揭示了那些'看不见的手'，帮助我识别并解决组织发展中的典型问题。"

"我喜欢它提供的每个发展阶段的突破路径，这为我们的发展规划提供了明确的方向。"

"从来没有想到银杏树可以作为组织发展的隐喻，第一次看到这么唯美的组织发展模型。"

"这个模型深入探讨了组织发展的动力和假设，让我对组织文化和模式有了更深刻的理解。"

"同一个组织要素在不同的发展阶段会出现在不同的层次中，这是我今天最大的'顿悟'。"

"它提供了一种方法，让我们能够更全面地理解组织、世界和自己。"

"虽然我们的组织还处在初创期，但今天的分享让我看到了组织的未来，这将影响我当下的决策和行为。我对于追求基业长青的组织多了一份敬畏，也多了一点信心。"

"我们今后一年聚一次吧，用我们的实际行动不断和教练团队一起更新这个组织发展模型！"

千里江山基业长青

在商业世界的广阔画布上,组织如同一幅千里江山图,每一笔触都蕴含着创造的激情与智慧的深度。组织的本质在于其创造价值的能力,以及在时间的长河中持续繁荣、基业长青的追求。

银杏树的智慧:银杏树以其古老、坚韧和卓越的适应力著称,正如组织在不断变化的环境中生存和繁衍。银杏树顽强的生命力提醒我们,组织的本质不仅在于当前的繁荣,还在于其持续发展和适应未来的能力。

千里江山图的启示:这幅长卷能够跨越时间和空间,影响后世、流芳千年,正如每个组织要回答的,"我们会为世界带来什么?我们会留下什么?"

创造价值的核心:组织存在的首要理由是创造价值,这包括为客户提供卓越的产品与服务,为员工创造成长与发展的机会,为社会做出积极贡献。价值的创造是组织发展的驱动力,也是其赢得尊重和持续成功的关键。

基业长青的追求:如同千里江山图的永恒之美,组织追求的是跨越时代的基业长青。这要求组织不断学习、适应和创新,以确保在不断变化的市场中保持竞争力。

组织的生态观:组织是商业生态系统的一部分,其发展需要考虑与环境的和谐共生。如同银杏树与周围环境的相互依存，组织必须与利益相关者建立互利的关系，共同促进生态系统的繁荣发展。一个伟大的组织不仅要追求经济效益，还要承担起社会责任和道德责任。后者是组织赢得公众信任和尊重的基石，也是其长期成功的关键因素。

组织的发展是一场跨越时间和空间的旅程，它要求我们既要有远见卓识，也要脚踏实地。在这一过程中，我们不可避免地会遭遇新的挑战——管理悖论，即一系列看似矛盾却相互依存的管理元素。正如银杏树在适应环境变化的同时，仍需保持其坚韧的本质，组织在成长的过程中也必须在稳定与变革、控制与自由、灵活与规范等看似对立的元素间寻找平衡点。

作为本次工作坊的后续，教练团队将深入探讨这些管理悖论，揭示它们背后的深层逻辑，以及高管教练如何支持领导者和组织与这些管理悖论"共舞"，如同银杏树在季节更迭中展示其卓越的适应力一样。

02

双元共融：整合与管理十大组织发展管理悖论

文/郝静萱

组织无不渴望基业长青。绘制宏伟蓝图、展开持续繁荣的长卷是每位企业家和领导者的梦想。然而，成就百年基业并非易事。

外部环境持续变化使得组织需应对复杂而多变的局面。组织所处的发展阶段不同，所面临的挑战不同，其发展目标、战略重点、管理策略、领导者风格等要求也各不相同。看似是冰山上的因素在影响组织发展，实则是冰山下的因素在发挥作用。与此同时，过去极富成效的经验与模式——那些曾经的优势，也许正是当下的掣肘，甚至成为日后组织失败的原因。这需要领导者深刻洞察、审慎识别并灵活应对。

领导者能否从惯用的传统线性思维方式和简单的二元对立思维模式中抽离出来，转而用更为全面和系统的视角审视事物、科学辩证地看待问题，同时深刻理解组织发展的内在规律与逻辑，预见可能出现的问题并加以解决，成为这时的解题关键。

正如古希腊哲学家柏拉图所言："问题不在于事物本身，而在于我们如何看待它们。"许多管理问题的产生，往往是因为我们关注了局部而非整体，考量了当下而忽视了过去和未来，从自身的立场出发而未考虑他人的利益和立场。

在组织发展过程中，我们需要超越和打破局限，在复杂的商业环境中发现清晰的方向，在看似矛盾的情境中找到突破与升维的路径。

管理悖论为我们提供了一个很好的思维框架。

"悖论"一词源自希腊语，意味着与预期相反的观点。在管理学中，管理悖论指那些在组织行为和决策中看似矛盾却相互依存的管理元素。

掌握了管理悖论思维的领导者不但能够在面对组织发展中的复杂挑战时采用全面和系统的方法来审视局势，还能在看似矛盾的现象中找寻联系，在不同的需求与目标之间建立平衡，从而兼收并蓄、创造性地解决问题。

接下来，我们将通过组织成长旅程中的十大关键管理悖论呈现传统组织在不同发展阶段会遇到的核心挑战及有效的应对策略，以帮助领导者深入了解组织发展的内在规律与逻辑，拥有更广阔的视角与思维、更多的预见性，以及进行更深层次的思考。

同时，我们也会展现高管教练实践如何在其中发挥重要作用，如何支持领导者打破思维局限，拉伸认知深度与广度，提高预见性，使其在复杂的商业环境中逐步摸索出清晰方向，在看似矛盾的情境中找到破局路径，进而跨越一个又一个难以突破的障碍，有效推进组织绘制宏伟蓝图，谱写壮丽发展的篇章。

在本书中，我们把组织发展阶段分为初创期、成长期、成熟期，并在不同的章节——如第三部分的《萌芽破土：茁壮成长仍需岁月》、第四部分的《基业长青：组织发展模型》——不断提及和论述。

初创期：组织刚刚起步，通常掌握的资源少，面临的风险高，确保生存并在市场上找到立足点是核心要务。

成长期：组织的产品或服务已经获得市场验证，通常在收入、市场份额、规模等方面实现了快速增长，并寻求通过各种举措继续扩大竞争优势。

成熟期：组织的市场定位和地位已经稳固，通常拥有稳定的客户群体、成熟的产品或服务、持续的收入和利润，同时各方面增长开始放缓或停滞。

组织：包括商业领域组织、社会服务领域组织等。本章节中提及的组织主要指商业领域组织，即企业。

管理悖论一：宏大愿景与有限资源

初创期企业怀抱着宏伟的志向和不屈不挠的精神，仿佛置身于《吉尔伽美什史诗》的壮阔乐章之中。那史诗般的旋律既展现出超凡脱俗的空灵，也承载着深沉的悲壮，赋予了它在变幻莫测的商业世界中不畏浮云遮望眼的力量。也正是这份豪情，让它始终饱含不可抑制的热忱与活力，怀揣对未来美好的无限憧憬。

宏大愿景是照亮初创期企业和团队前进航道的北斗星，是领导者穿越迷雾、克服困难的勇气之光，是成就超强凝聚力的星星之火，更是领导者在面对逆境和挑战时坚守初心、不忘承诺的沙漠之舟。

正如尼采所洞察的那样："明白生存意义的人，能够承受生活中的种种考验。"宏大愿景对于创业者意义重大。在逆境面前，假如没有宏大愿景的支撑，创业者则很容易选择放弃。

与此同时，取得宏大愿景与有限资源之间的平衡是在企业发展中，特别是初创期企业发展中尤为重要的一点。初创期企业往往面临资金短缺、人才匮乏、技术瓶颈、供应链波动、风险管理能力不足、客户基础薄弱和市场环境不稳定等非常现实的资源限制情况，因此处于此阶段的企业通常面临更多的不确定性。

在应对这些不确定性的过程中，领导者的决策至关重要。追逐梦想的领导者往往过于看重和抓紧每一个机会，不放弃任何可能性，不断寻求扩大有限资源。为此，他们可能会以股份的形式回报提供资金的投资者，以及提供供应链或市场渠道的利益相关者。如果不能妥善处理引入资本与保持控制权之间的关系，领导者则可能会陷入所谓的"资本陷阱"和"创始人陷阱"，如同雅虎创始人杨致远和大卫·费罗所经历的，因股权转让和稀释，他们最终失去了对亲手创立并培育的企业的控制权。

温斯顿·丘吉尔说："向前看总是明智的；但更重要的是要向后看，评估我们能走多远。"同样地，初创期企业的领导者必须具备双重视野：在凝望前方梦想的地平线的同时，审慎地观察现实的波折。他们要对资金、人才、时间等珍贵资源进行细致、精准而高效的规划与合理分配。他们要在效益与效率之间寻找平衡，在机会与挑战之间把握生存与发展的空间。他们要反复思考并解答如下关键问题：为什么要做这件事？谁来实施？如何达成目标？何时是最佳时机？手头有哪些资源？可能面临哪些挑战？愿景目标如何与当前的资源和能力相匹配？如何平衡短期行动与长期愿景之间的关系？如何识别和管理风险，特别是在引入外部资本或稀释股权时？

在处于初创期和其他发展阶段的企业的发展道路上，优秀的高管教练不仅能够协助领导者明确企业的长远目标和核心价值，还能深入挖掘并改进那些可能阻碍企业前进的行为模式。他们支持领导者及其团队打破恐惧和信念的枷锁,释放内在潜力,预见并应对潜在的挑战,同时制定切实可行的行动方案。在资源获取与管理、风险预估与控制、领导力提升、团队建设与协作、压力与韧性管理、绩效设定与监控、人才发展及创新学习等诸多方面实现优化,以确保初创期企业在竞争激烈的市场中站稳脚跟,稳健前行。

不畏浮云掩望眼,
心怀壮志跨雄关。
资源有限巧运筹,
脚踏实地梦飞扬。

高管教练实践

本书第三部分的《创业高管团队的蜕变之舞》呈现了一支创业高管团队在追求宏大愿景与应对有限资源的挑战中所经历的蜕变之旅。高管教练通过一对一辅导、团队教练工作坊和定制化培训等方法,支持创始人从情感链接转向共同目标链接,从经验型管理转向实证型管理,从最强个人转变为建设一支强大的英雄团队。团队成员也学会了进行自我反思和明确战略规划,在变革中实现自我改变和成长,在面对挑战时保持积极和坚定的态度。

这些转变为企业带来了显著的业绩提升和稳固的市场竞争力，进而支持企业在追求长期目标的同时，有效管理并拓展有限的资源。

管理悖论二：灵活性与规范性

在商业环境的不断演变中，企业面临的不确定性和复杂性日益加剧。消费者需求快速演变、同行和跨界竞争日益激烈、技术不断革新、全球经济起伏不定、地缘政治错综复杂，需要企业具备高度的适应性与灵活性，以应对挑战。同时，随着企业规模的扩大和对效率提升需求的增加，企业逐渐意识到增强系统性与规范性的重要性。

如何在灵活性与规范性之间取得平衡一直是企业研究的重要课题。

处于充满不确定性环境中的初创期企业，如同一艘小船置身于葛饰北斋笔下《神奈川冲浪里》中那波涛汹涌的大海上，巨浪张牙舞爪地袭来，无限的生存压力也席卷而来。

惊涛骇浪中，小船依靠的不是繁复的航海图谱或刻板的等级体系，而是船长的果敢领导和船员间的无间协作。英雄式船长的权威、集权、决断、聚焦即时成效成为关键时刻捕捉机遇，保障小船抵御风浪、避免沉没的定海神针。

如史蒂夫·乔布斯所言："简化复杂性是处理复杂性的最

好方法。"初创期企业的首要任务是生存，它以产品和市场为发展导向，将销售增长、营利、市场份额扩张作为核心目标。它不需要特别复杂的组织架构、严格的规章制度或过于刻板的操作流程；它应保持灵活，强调直观、快速的决策过程，避免冗长和复杂的审批流程。

同时，创业者要保持"两个警惕"。警惕把所有的可能性都当作机会，过多的优先事项也就意味着没有了优先事项。警惕过度的灵活性，过于灵活可能导致团队成员失去方向，标准下降，甚至可能削弱客户信任度和团队凝聚力，进而转变为对组织的一种阻碍。

当企业这艘小船从初创期的惊涛骇浪中驶出，驶入成长期，显示出市场定位及客户群体明确、产品线与市场认可度稳定、成功经验模式可复制推广等明显特征时，就意味着企业面临从灵活性向规范性转变的关键时刻。这时，企业需要开始强调"质量优于数量"的原则，通过加强规范性来提升管理效率。

成长期企业迈向规范化，需要建立系统的管理体系、有效的公司治理结构；需要舍弃个人英雄主义，注重团队合作，利用集体智慧。领导者也需要更加成熟起来，提升个人格局，改变个人风格，做好授权，以及从依赖经验直觉向依托数据事实转变。这些努力可以确保企业运营更高效，促进企业快速发展。

当企业进入成熟期，系统化、规范化愈发深入，控制与防范风险成为管理重点，企业的权力架构也开始逐渐向集中化的控制部门倾斜。这时，企业会开始对机会进行更为审慎的评估，甚至将那些发现机会的人看作是麻烦与问题的制造者。

过度规范、审慎与控制的直接后果是，企业对客户和市场的反应变得迟缓，那些敢于提出新想法的员工往往被隐藏在复杂的控制体系中，甚至遭到质疑和打压，企业管理变得越来越僵化，失去了原有的灵活性和创新性。

这时，企业往往需要重新建立鼓励创新、容忍失败的企业文化，再次梳理承载着权力和利益的组织架构，重新设计奖励机制，激发出员工的内驱力，呼唤出企业的二次创业精神。

假如领导者在灵活性与规范性之间徘徊，那么可以问问自己：企业现在处于哪个发展阶段？我们要到哪里？当下最核心的挑战是什么？如何识别企业需要从灵活性转向规范性的关键时机？在实施规范性管理时，如何保持团队的创新精神和灵活性？为带领企业变革，我的领导力风格需要如何转变？……

在企业发展的过程中，优秀的高管教练能够助力企业在市场的惊涛骇浪中前行。教练通过洞察企业的发展阶段和核心需求，提供定制化的策略和指导，促进沟通协作，提升领导力，优化决策流程，实施规范性管理，更新企业文化，激发团队潜能，引导变革管理，从而支持企业取得灵活性与规范性之间的平衡，确保企业在不断变化的市场环境中保持竞争力，实现稳健而可持续的发展。

高管教练实践

本书第三部分的《心动，风起，帆移》展示了一家创业组织在面临内外部挑战时，如何通过团队教练工作坊和高管教练与董事长、总经理的深入复盘，实现组织变革和竞争力提升。教练在明线上解决团队沟通和协调问题，促进领导者和团队成员的自我觉察与成长；在暗线上帮助管理层识别组织层面需要改变之处，引导团队成员在组织规范性与个体灵活性之间找到平衡。

这些努力为组织带来了显著的成果：总经理在领导力上实现了质的飞跃，企业价值观得到深刻重塑，服务质量持续提高，团队凝聚力和执行力也有所提高。

管理悖论三：情感导向与目标导向

> 在梦想的边缘，我徘徊，
> 心中有爱，也有未来。
> 情感的暖流，目标的光芒，
> 哪一条道路，才是方向？
>
> 每个选择，都是一次冒险，
> 情感的深度，目标的遥远。

爱让我温柔，目标让我坚强，
如何平衡，这内心的天平？

正如诗中描述的那样，领导者的心情常常非常纠结。到底是用情感来管理企业？还是以目标、结果、绩效为导向管理企业？何种管理方式更奏效？

领导者与老员工们曾共同经历艰难岁月，共享欢乐与泪水，一路携手走过风风雨雨。正如老员工们常说的："老板就是喜欢我们指哪儿打哪儿。""老板明白，我们对企业的忠诚和热情是无法用金钱衡量的。"

领导者也表达心声："我们一起经历了起起落落，这种经历使我们之间建立了深厚的信任，我深信他们会把企业利益放在首位。""我依赖老员工的稳定性，他们为企业提供了坚实的支撑。"

与此同时领导者也注意到，随着市场的变化、企业战略和目标的不断调整，一些老员工的能力、绩效已经满足不了企业的需要，他们的工作成果与企业的新目标存在着差距。

领导者心绪复杂："我希望老员工的工作能达到米其林餐厅的高标准，目前他们的表现却停留在便利店、快餐店的水平。在这个瞬息万变、充满不确定性的世界里，我希望他们能够踩上风火轮，追上企业发展的步伐。"

最终，企业舞台上演了一出"忠诚与业绩"的戏剧。一些领导者选择走情感路线，他们像收藏家珍视老物件一样，留住了那些陪伴企业多年但业绩暂时不达标的老员工。而另一些领导者则变身为严格的指挥家，他们以目标为主旋律，对那些未能跟上节奏的乐手说："对不起，我们需要的是一场完美的交响乐演出。"

不可否认，大多领导者的决策是基于对市场环境、企业现状、员工发展潜力和企业未来前景做出的。然而，为何有如此差异化的处理？

这不仅仅是选人、用人和领导力风格的问题，更深层次地，它还反映了领导者在面对短期效益还是长期效益时的不同抉择。

如何理解短期效益与长期效益？

企业发展好比打网球，如果单次击中球得分，则获得的是短期效益；如果持续稳定地击中球，则获得的是长期效益。如果只注重短期效益，则球员只要按照教练的要求运用基本技巧，就有可能击中球；如果注重长期效益，则意味着球员不仅要偶尔击中球，而且要确保每次都能精准地击中球，这时只运用基本技巧便不够了，球员还需持续紧盯目标——"赢球"，让目标引导自己实现每一次成功地击中球。

由此，初创期企业抓住机会最重要，追求的是短期效益，只需要击中球就好，不需要目标牵引。在满足这个需要的过程中，情感导向如同击球的基本技巧，体现了它的优势，成为领导者的自然选择。但当企业发展到一定阶段，如果不能够持续稳定地击中球，便赢不了赛季冠军。此时的企业如果过度依赖情感和家长式管理不仅会使企业标准降低，还可能导致劣币驱除良币，引发人才逆向选择现象。因此，领导者必须进行自我超越，选择从情感导向转变为目标导向，以适应市场的变化和企业发展的需求。

假如领导者再次站在"情感导向还是目标导向"这个十字路口，那么可以问问自己：企业到了追求长期效益的时候了吗？当下最重要的是什么？我们是否已经准备好从激情挥棒转向稳定击打？我们的用人观念、管理风格和管理方法要相应发生怎样的变化？我们应如何识别那些对企业有深厚情感但可能需要提升能力以满足新目标的员工，并果断做出留或走的决策，或者为他们提供必要的支持？

在这个关键时刻，优秀的高管教练发挥着至关重要的作用。他们能够支持领导者明确企业的发展方向与目标，并引导其进行自我反思，识别团队成员的动机、期望和价值观，通过提升其团队管理技能转变管理风格，支持团队成长。同时帮助领导者在情感导向与目标导向之间找到平衡点，更好地引领企业在复杂多变的商业环境中稳健前行。

管理悖论四：个体目标与组织目标

物理学家杰弗里·韦斯特通过科学论证和物理推演，在其所著的《规模》里进行了如下描述。

任何生命活动都离不开能量，随着生物体体积的增加，其代谢率、能量消耗和资源需求并不是随着规模的增加呈现线性增长，而是呈现规模增加、消耗递减的趋势。这是因为网络的优化可以减少能量损失，提高资源配置的效率。同时，规模较大的生物体因资源配置效率提高与消耗减少往往具有更长的寿命。

《规模》所讲的规律不仅适用于生物体，也适用于企业。当发展到一定阶段，企业便不再满足于小而美的模式，而是开始追求规模扩张，以降低单位成本、提高资源配置效率，让企业更具竞争力。

想象一下，企业就像一个飞轮，其运转需要源源不断的动力。在企业初创期，领导者便是那飞轮的轴心，凡事需亲力亲为，他的个人目标和驱动力就是企业发展方向和速度的化身。

随着企业规模的扩大，原先由领导者个体驱动的小巧飞轮逐渐演变为需要整个组织和团队共同努力才能转动的巨轮。组织的愿景和动力决定着企业发展方向和速度。这个转变不仅标志着组织结构开始成熟，还意味着驱动力核心的转移——从领导者的个人目标转向了企业的整体目标。

在这个过程中，一些领导者可能会不自觉地将自己的个人目标与组织目标混为一谈。虽然两者在某些方面可能有交集，但它们在本质上是不同的。

个体目标好比一株独立生长的树木，扎根于领导者个人的抱负、愿景和价值观之中。而组织目标如同一片繁茂的森林，它不仅覆盖了更为广阔的领域，还汇聚了组织的整体利益、集体愿景、使命和战略方向，以及所有利益相关者的共鸣与期盼。推动企业巨轮向前的不是单一乐器的独奏，而是众声的合唱。

由个体目标向组织目标转变是企业在成长和扩张过程中的一个必然选择，这个转变是持续的，贯穿于企业发展的各个阶段。在企业成长期，这种转变尤为重要，因为它在很大限度上预示着企业能否成功迈入下一个阶段——成熟期。

这个转变的过程是艰难的，至少需要有以下三个方面的保障。

第一，开发和完善管理系统。管理系统是企业从依赖个人领导力向依靠组织能力转变的关键。企业应根据自身的实际情况，建立清晰的组织规划（战略及运营规划、资源管理、预算编制和应变计划）、合理的组织结构和管理发展流程系统，以及对员工绩效的跟踪和评估系统等，以支持企业系统正常运行。

第二，建设和发挥集体领导力。企业发展到一定阶段，真正发挥作用的是组织与团队而非领导者个人。这意味着通过去个人化，实现由依赖个体领导力向依靠集体领导力的转变；这也意味着进一步优化权力分配和决策机制是企业发展再上一个新台阶的必经之路。

领导者在这个过程中，面临着重新定义工作角色、发展新技能、突破旧有模式和风格的三重挑战。领导者需要打破长期形成的基于经验、价值观和人性的习惯模式，甚至放下源自出身背景和成长经历带来的固有欲望。虽然这些欲望可能是推动他们前进的动力，但在不经意间也可能限制他们的视野。

第三，建设和管理企业文化。当领导者不能事事冲锋陷阵、亲力亲为时，企业文化能够成为"控制系统"，指导人们的行为，替代领导者发挥管理功能。因此，建设与管理企业文化至关重要。企业可以通过明确使命、愿景、核心价值观和信念，凝练符合文化的语言，制定行为规范和实施奖励机制，建立内部礼仪和标志，将文化融入管理制度，使文化发挥牵引作用。这些可以确保企业文化深植于每个员工的心中，并转化为推动企业发展的强大动力。

然而，实现这些转变绝非易事。值得庆幸的是，在这个过程中优秀的高管教练能够发挥关键作用。他们可以支持领导者进行自我认知和角色转变，指导领导者发展新技能，塑造与组织目标相契合的领导风格。他们助力企业构建和完善管理体系，为企业提供坚实的运营基础。此外，他们还可以在强化团队建设、提升团队效能和文化塑造上助力，确保企业文化深入人心，成为推动企业发展的动力。在变革管理中，他们为企业提供稳定的支持，帮助企业应对挑战，确保战略规划与组织目标保持一致，并持续提供反馈，支持企业在变化中前行。

重塑自我跨旧界，
破茧成蝶舞新天。
心灯自照航道明，
引领航船向远洋。

高管教练实践

实践一

本书第二部分的《群英毕至：构卓越领航团队》讲述了在C公司面临第二曲线转型的大背景下，魏雄作为新任领导者如何在芮敏教练的支持下，将一群才华横溢但各自为战的高管转变为一个高效协同的领航团队的历程。

在教练的引导下，领导者和团队成员有了显著的转变。他们从各自为战的个体成长为一个目标一致、行动协调的领航团队。他们明确了组织的使命、愿景和战略，更新了组织能力，并制订了向主要利益相关者的沟通计划和执行计划。这些转变促使领导者和团队成员在自我认知、战略规划和团队协作方面取得了突破，为企业带来了更高效的决策、更强的市场竞争力和可持续的发展。

实践二

在本书第二部分的《转型高管的滑翔伞之旅》中，主人公何世安在公司变革中被提升为新成立的全球市场营销策略支持平台负责人，面临着组织结构改革、跨文化差异、团队关系、管理风格和个人职业发展，甚至家庭关系等多方面的挑战与压力。

在此背景下，他需要实现领导力的拉伸、人际关系模式的突破，以及寻找个人发展目标与组织改革目标一致性的整合性发展。在整个过程中，高管教练通过一系列的对话和活动支持他从个人视角转向系统视角，从依赖个人领导力转向依靠集体领导力。这些转变不仅使他实现了成长，也促进了团队的发展和组织战略目标的实现。

实践三

在本书第三部分的《拨开迷雾见月明——晓月的领导力蜕变之旅》中，公司高层为应对组织内外部挑战推动变革，并期望高管团队也能够迅速适应变革需求。高管之一的晓月面临职业定位不清晰、沟通和跨部门协作难题、个人职业发展的多重困扰，极大地影响了她和团队的表现。

面对挑战，教练支持晓月明确职业定位，提升沟通效能，并帮助晓月从个人视角转向系统视角，实现个人职业目标和组织发展目标的统一。这些变化不仅促进了晓月个人职业成长,也为企业带来了产品创新和市场竞争力的提升,增强了团队和组织效能,实现了个人与组织的双赢。

实践四

在本书第一部分的《无限游戏Ⅱ》中,公司组织架构调整,委以高管乔伊重任。她不仅需要处理复杂的业务,还要应对跨文化管理和组织变革带来的压力。

在帮助乔伊适应新岗位的过程中,高管教练运用了一系列工具和方法,使其扩展视野,提升格局,发展新的技能并保持心力;引导她以更加自信和开放的心态,接受自己的局限性,将个人目标与组织目标结合起来。这些工作不仅使乔伊提升了领导力,还使其运用中国区的成功经验,推动公司全球业务的增长和创新。

管理悖论五:创始人效应与专业化管理

缪斯与阿波罗是古希腊神话中两个重要的角色。

缪斯是艺术与科学的守护者,她们轻盈地穿梭于艺术、诗歌、音乐、舞蹈、历史、天文等九大领域的殿堂。她们是灵感的化身,以创新之魂、探索之勇,以及对各自领域的无限热忱和深沉使命感,唤醒人们内心深处的火焰。在她们的引领下,人们的心灵被点燃,激情被激发,释放出创造奇迹的无限潜能。

阿波罗是光明与智慧之神,以其卓越的逻辑能力和深邃的洞察力而闻名。他代表着理性、预见力，对秩序、真理有着不懈追求，能够激励人们在混沌中寻求秩序，在复杂多变的环境中做出明智的选择。

初创期企业的领导者们如同缪斯，拥有非凡的魅力，敢于冒险、勇于创新、有着强烈的使命感。他们好强、独立，对于掌控和自由有着深切的渴望。他们不喜欢受他人指使，不愿意受到他人的控制，喜欢按照自己的想法行事。他们渴望获得成就感，通过实现目标满足成功的欲望。

初创期企业，生存为第一要务，崇尚"多即生机"，必须抓住每一次机会，缪斯型领导者在其中发挥了不可替代的创始人效应。他们以专注、果敢和个人魅力，带领企业捕捉机会、大胆创新，使企业得以在竞争激烈的市场中快速成长、站稳脚跟。

随着企业的不断发展，领导者开始意识到：自己并非无所不能的战士，个人的力量并非万能，依靠单一领导者进行决策和管理的方式，其效率往往不及专业化、系统化的管理模式。这时，崇尚"质量优于数量"原则的专业化管理正逐渐成为替代创始人效应的关键力量。

随着专业化管理的深入，发挥管理功能的已不再是拥有权力的领导者，而是承载着规则、秩序的系统或组织。缪斯型领导者开始尝试转型，从个人经验型向专业化管理型转变，由个人决策型向团队共识型转变，从单边控制型向双向沟通型转变。实现这些转变需要领导者放下个人控制欲，倾听团队声音。同时，超越对个人成功的追求，转而专注于团队的整体成就和进步。

但转变之路，谈何容易？它深刻地触及领导者的内心世界，包括他们的个人需求、价值观及心理驱动力。哈佛大学教授大卫·麦克利兰在其对成就动机的研究中指出，卓越的领导者通常拥有强烈的成就动机和控制欲望。在企业初创期和成长期，这些动机和欲望尤为明显。正是他们的竞争精神和领先意志铸就了今日的辉煌。然而，个人荣耀难以等同于团队的胜利。随着事业的扩张，领导者面临的最大挑战往往是成就动机的调整，以及内心深处对失控感的克服。真正的成功在于将个人的动力转化为团队的合力，将个人的愿景升华为集体的目标。

与此同时，阿波罗型领导者——他们以理性、秩序和专业化管理能力著称——开始在企业中崭露头角，扮演着日益重要的角色。当越来越多的阿波罗型领导者登上企业的管理舞台时，企业往往会步入一个充满矛盾与冲突的时期。

老员工们怀念着创始人缪斯般的灵活变通和激情，时常抱怨阿波罗型领导者缺乏创始人的管理魅力和影响力，进而团队士气下降，创新和灵感也随之减少。他们可能会说："我们已经习惯创始人的领导风格，他的决策就是我们行动的指南。正是他的明智决策，才成就了企业的成功。他似乎无所不能，企业完全依赖于他……"

创始人也抱怨:"我期望他能做到我所不能做到的事,但他的行事风格完全不像我……"

阿波罗型领导者同样表达不满:"企业制定的规章制度常常首先被创始人自己打破;我努力建立规则、流程和制度,那些老员工们却认为这是对他们的一种挑战……"

"好的管理不是一场马拉松,而是一场接力赛。"

缪斯型领导者与阿波罗型领导者天然存在差异。无论是风格、专长、偏好、理念,还是成就导向的强烈程度,二者各有千秋,各自适用于组织的不同发展阶段。

创始人效应为初创期企业带来了显著的效益与成就。然而,随着企业跃入成熟期,生来就有缪斯特征的创始人需要重新审视个人需求、价值观及心理驱动力,学会转变自己的管理风格,融合阿波罗型领导者的理性和系统化思维,以及懂得适时地将接力棒交给具备阿波罗特征的领导者。

对阿波罗型领导者来说,要理解创始人的精神、价值观,学会与创始人所创造的环境、构建的系统和谐相处,找到自己的位置,发挥自己的长处,最终,成为连接理性与感性、系统与创新的桥梁,让企业既保持稳健的发展,又不失灵活变通与创新的能力。

在企业发展和领导者转型的旅程中,高管教练可以通过一对一辅导、团队教练工作坊、工作及绩效跟进等多种方式,支持领导者进行自我反思，提升自我认知，明确个人的价值观、优势和提升空间，正视并突破个人局限。同时，高管教练应引导领导者在领导风格上进行必要的转变，从发挥创始人效应的个人经验型向基于事实决策的专业化管理型转变，从单边控制型向双向沟通型转变，以更好地适应企业发展的新阶段。

缪斯，如星辰指引夜航，

如火种点燃希望；

阿波罗，如舵手稳掌船桨，

如砺石磨炼光芒；

不是一时之策，是长远之光，

在合奏与相融中，共显光芒。

高管教练实践

在本书第二部分的《轻舟破浪越万山：民企二代CEO的领导力进阶之旅》中，我们见证了海归精英立昂作为家族企业的新一代CEO，如何面对和克服文化冲突、组织惯性与深厚人情的挑战，以及团队的不信任和抵触。

高管教练通过一对一辅导和使用一系列教练工具与方法，支持立昂进行自我认知的提升，理解并平衡家族企业中传统与现代管理的需求，促进他与团队的融合和信任的建立，同时引导他在领导风格上进行有效的调整，家族企业也相应经历了从依赖创始人效应到实行专业化管理的过渡。这些转变不仅为企业带来了年营收增长和股价飙升的直接效益，还使立昂提高了创新能力和面对未来挑战的适应能力，为企业的持续发展奠定了坚实的基础。

管理悖论六：集权与授权

集权与授权的矛盾伴随着企业发展的各个阶段，最为突出的是成长期。进入成长期的企业，从追求经济效益向追求效率兼顾效益转变。为了实现这一目标，企业逐步规模化、专业化、系统化；领导力从个体领导力逐步向集体领导力转变，相应的角色与权力分配也在发生变化。领导者开始逐渐意识到学会有效授权的重要性。然而，过程却相当艰难。

领导者常常经历授权、集权、再授权、再集权的过程，像极了摇摆不定的天平，难以在集权与授权之间找到稳定的平衡点。

支持授权的领导者则对授权充满信心："我要让听得见炮火的人决策，在问题冒烟前就解决掉。""要通过授权让团队发挥出最大的潜力。""我要让权力和责任匹配起来，这样团队更上心。""我得把时间花在刀刃上，不能整天埋在琐事里。""我得培养接班人，不能总靠我一个人……"

而那些不支持授权的领导者则对授权感到忧虑和怀疑："我一旦放手，整个团队就像没头的苍蝇，乱成一团，我得时刻掌握方向盘。""现在市场竞争激烈，业绩压力大，我哪儿有工夫去慢慢培养他们？""授权后，我还怎么第一时间掌握企业的信息动态？""我喜欢亲力亲为，只有这样我才放心。""这行我干了几十年，没人比我更懂，交给他们我不放心……"

即使在尝试授权之后，那些不支持授权的领导者可能也会感到失望和不满："我授权给他们，结果他们的决策让企业损失惨重，我得重新把关。""他们在执行的时候完全偏离了企业目标，我得把权力收回来。""我发现有人在滥用我给的权力，为自己谋私利。""他们对风险的管理不够，错失了重要的市场机会，工作质量也下降了，我必须收回权力。""授权后信息变得不透明，我需要恢复信息的透明度……"

这种摇摆不定的现象背后，究竟是什么因素在起作用？在授权的过程中，领导者应该需要特别关注哪些核心要素？

我们发现，最关键的因素是授权带来的分权效应。如果需要授权的任务仅停留在企业的战术层面，就不会产生真正的分权，也就并不能真正激发团队潜力。只有当需要授权的任务触及企业的决策和战略层面时，才会产生真正的分权，进而产生充分激发团队潜力和创造力的效果。

而有效授权需要依托于一套完善的控制系统来保障其有效性。这个控制系统不仅要保障授权的正确实施，还要确保团队在授权的环境中能够自我管理和自我监督，从而促进企业的健康发展。

因而，对初创期企业来说，集权可能是更有利的管理方式，因为资源和体系尚未完善。随着企业进入成长期，若在缺乏有效约束机制的情况下领导者就盲目强调授权，则可能导致分权的失控。因此，在推进有效授权的同时，领导者需要着手构建和完善组织和团队的管理体系。

在授权过程中，还有一个很大的因素是领导者个体的精神状态与心理需求，即领导者对控制的需求、希望被他人喜欢的需求及其价值感、自尊心的来源。

当企业发展到一定阶段，领导者便不再是篮球场上的运动员，而是篮球教练。他的自豪感应源于球队赢得冠军的能力，而非自己上场去进攻与防守的能力。只有有效授权，才不至于让自己辛苦打拼的成果付诸东流。这需要领导者舍弃个人英雄主义，更加注重协作、互依与转型。透过他人的成功而成就自己，才能让企业走得更远。

在这个过程中，领导者还需要有耐心。正如《从优秀到卓越》的作者吉姆·柯林斯所描述的"飞轮效应"，企业就像一个巨大的、沉重的飞轮。在推动飞轮的初期，转动速度可能非常缓慢，领导者需要持续不断地施加力量。随着时间的推移，飞轮的转动速度会逐渐加快，一旦达到某个临界点，飞轮将依靠自身的动能，以惊人的速度转动。

当企业的领导者像天平摇摆不定时,可以问问自己:企业正处在哪个发展阶段?授权与不授权,带来的风险与益处分别是什么?企业需要采取哪些措施支持授权?自身需要进行哪些转变?

在企业实现有效授权的过程中,优秀的高管教练可以发挥重要作用。高管教练通过一对一辅导和团队教练工作坊支持领导者进行自我反思,转变领导风格,促进授权实践。高管教练可向领导者传授有效的授权技巧,培养其自主性和责任感,使其建立与有效授权相配套的管理体系,持续优化流程,支持授权的有效实施,从而推动企业实现更高效、创新和自主的发展。

高管教练实践

本书第一部分的《耕耘变革:培育自生长的组织花园》讲述了Z公司通过一系列创新的教练引导和实践活动,实现了从传统集权式管理到敏捷授权式管理的转变,以及在授权的同时保持组织的战略协同性和运行效率。

在高管教练的引导下,团队通过园艺活动体验"管理系统而非管理个体"的理念,推动了团队形成对授权重要性的认识。领导者学会了放手,给予团队更多的自主权,团队成员则在新的体系下找到了自己的角色和施展的舞台,变得更加主动和有创造力。通过高管教练的帮助,领导者为企业带来了显著的业绩提升和文化变革，最终实现了组织的自我调节和持续进化。

管理悖论七：局部与整体

旅行者1号于1990年拍摄了一张著名的照片——"暗淡蓝点"。从距地球64亿千米之处回望，地球仅是一个微小的淡蓝色小点，宛如浩瀚无垠的宇宙中的一粒尘埃。在神秘宇宙中，地球并不孤独，它与无数星球共存，同时与宇宙中无处不在的暗物质和暗能量相伴。据普朗克卫星2018年的测量结果，宇宙中大约有5%的常规物质（包括星球），约27%的暗物质和68%的暗能量。

当我们立足于地球，视野局限于眼前的景象时，会认为窥见了世界的全貌；当我们像旅行者1号一样拉伸视角时，就会意识到，地球只不过是浩瀚宇宙中的一个微小存在，是更广阔世界的一个组成部分。

企业亦如此。在其发展过程中，它与周围环境相连，与众多利益相关者共同生存。企业文化、信念、行为习惯和心理动力等无形因素，如同宇宙中的"暗物质""暗能量"，虽然不易被察觉，却对企业发展有着至关重要的影响。

如果我们能够像旅行者1号那样拉伸视角，从更全面的维度来审视企业，就将看到一个不同的世界。

拉伸一，关注外部环境

随着时代变迁，企业所处的商业环境在快速变化着。政治环境、市场动态、宏观经济、技术进步、政策变动、消费者需求和全球竞争等关键因素对企业发展的影响日益显著。

在过去的工业化时代，产业变革往往与经济周期的变化有较强的线性相关性。这意味着在经济扩张或衰退期间，产业变革的步伐和方向相对可预测。

然而，随着时间的推移，特别是进入信息时代和数字化时代，产业变革往往不再遵循简单的线性模式。技术进步、市场动态、政策变动等因素都可能导致产业变革呈现出非线性特征，特别是人工智能等技术的进步改变了企业的运营模式，加速了产业的转型和升级，变革的步伐和模式更加复杂和不可预测。

技术对产业的影响已不仅仅局限于单一技术突破引发的变革，而是以多重技术的突破共筑未来，并且呈现出"科技＋金融"双重破局的特点。产品的产生也由单一的实体制造变为"实体＋虚拟"的复合模式。

这些外部环境的影响力不容小觑。假如企业没有认清自身只是环境的一部分，那么一旦外部环境发生变化，企业就会变得不堪一击。领导者需要对外部环境保持高度敏感，以更加灵活和前瞻性的战略来应对不断变化的商业环境。

拉伸二，重视利益相关者的影响

水能载舟，也能覆舟。利益相关者的作用及与企业的关系不容忽视。

彼得·德鲁克说："有效的管理不仅关乎企业内部的运作，还包括对内、外部利益相关者的深刻理解和尊重。领导者的任务是识别并满足这些利益相关者的需求，确保企业在社会中发挥其应有的作用。"

领导者的真正力量来自对利益相关者深刻而全面的了解。如果领导者拥有有效处理利害关系的政治智慧与政治地位，那么往往能够展示其有效工作、推动变革的能力。

在处理利害关系时，领导者需要将企业视为一个由利益相关者组成的网络。在网络中发掘驱动各个利益相关者背后的价值观；认清利益相关者之间的效忠关系；搞清楚谁将因领导者的管理或变革举措受益，谁将遭受损失，具体损失又会是什么；辨识潜在同盟者，明确他想要的结果、投入的程度、他的权力与影响力、其背后的信念、假设和动机等。这是一名领导者成熟度的体现。

在这个复杂多变、充满不确定的时代中，我们面对的问题往往也不再是技术性挑战，而更多的是适应性挑战[①]。

面对适应性挑战，领导者通常需要集结众人之力，应对所

---

① 参见《成就卓越》第02章讨论到的技术性挑战与适应性挑战。

面临的艰难考验。在这样的情境下，领导者必须细致地区分盟友与对手，掌握资源与权威，识别受影响群体及理解持有不同观点的个体。领导者需要深入分析这些群体可能采取的行动及其背后的动机，进而为不同的利益相关者量身定制策略与计划。这是确保变革顺利实施的关键。

拉伸三，洞悉组织暗物质、暗能量

在企业发展过程中，领导者在制定组织战略、设计组织架构、梳理业务流程、建立制度机制方面发挥着关键作用。然而，即使领导者在这些方面做得再到位，如果执行不力，也难以实现预期的效果。

在管理精髓中，人的因素始终居于核心，而非单纯的流程与机制。在实践中，一个组织不应被视作一个冷冰的结构，它更像是一个活生生的有机体。这个有机体不仅拥有自己独特的精神和文化，还蕴含着信念、情感状态乃至心理动力与防御机制。

企业文化、信念、行为习惯及心理动力——这些好比暗物质和暗能量——既是推动组织前进的无形力量，也是激发员工潜能、提升组织效能的关键因素。

真正的管理艺术在于平衡看得见的策略和看不见的文化，使二者相辅相成，共同推动企业向前发展。

因此，领导者需要拉伸视角，不仅要关注组织策略、架构和流程的精细化管理，还要深刻洞察企业内在的文化、模式、动力源泉，通过建立共同的价值观、营造积极的工作环境、鼓励创新和自我超越，点燃员工的激情，推动企业的可持续发展。

拉伸四，从生命周期的维度看企业

企业在不同的发展时期，其战略目标、业务重点、核心挑战各有不同，这要求企业的组织能力、管理者风格及管理策略也应随之变化。管理者必须根据企业的具体状况，明确发展重点，策略与行动不可千篇一律。

在初创期，企业以生存为首要目标，追求短期效益。领导者应既是梦想家又是实干家，聚焦于快速迭代和市场反馈，采用灵活的组织结构和敏捷的决策流程，确保企业能够迅速响应市场变化。

进入成长期，企业的目标转向市场扩张和产品完善，开始向管理要效率，企业发展重点也转变为构建坚实的运营基础和优化业务流程。此时，领导者需要有能力用规则和结构来塑造企业的形态，同时聚焦市场扩张，提高运营效能，确保企业规模的稳健扩大。

当企业迈入成熟期，其目标聚焦于最大化利润，追求长期效益与效率的双重提升。在这个阶段，领导者需具备强大的整合能力，应聚焦并深化核心业务的竞争优势，并通过精细化管理和持续的技术革新确保企业在市场中保持领先地位。

成熟后期是企业生命周期中的一个关键转折点，在这个阶段，企业面临"重生"的挑战，转型与创新成为企业生存和发展的必由之路。此时，领导者需要具有创新精神，带领企业突破传统模式的束缚，探索新的发展可能性，打造第二曲线。

许多管理问题的出现往往源于领导者的视野局限于当下、局部，而未能从长期、系统与整体的角度进行深入思考。有效的经营与管理应超越局部视角，拓展至更广阔的整体视角。

在这个过程中，领导者可有意识地借助优秀高管教练的力量，支持自身从组织系统内外全面审视问题，洞察冰山之下的深层原因，并从更长远的时间维度来规划企业发展。通过多维度的拉伸，在更高层次和更大格局下识别潜在的盲点，挑战传统的思维定式，激发全新认知和实现成长，以更强的势能破局，实现企业的可持续繁荣与发展。

高管教练实践

实践一

本书第三部分的《组织重塑旅程的峰与谷——重塑组织能力，突破业务瓶颈》，生动展现了一家公司在面临市场激烈竞争和业务瓶颈时的从业务到组织、从机制流程到组织动力的全面重塑与转型之旅。

在这个转型之旅中，高管教练通过各种教练策略和工具引导高管团队深入理解组织面临的内外部环境，促进团队达成变革共识。高管教练不仅帮助高管团队识别和解决组织转型中的核心问题，还带领高管团队深入挖掘和解决组织文化与行为模式的深层次问题。最终，高管团队实现了从局部视角转向用全面视角思考问题、从短期目标转向长期战略、从关注业务成果转向关注人和团队、从单一决策转向集体共识的转变。

实践二

在本书第二部分的《登峰对决：引领团队穿越变革的艺术》中，一家集团公司的事业部面临业务重组和战略调整的变革，这给高管团队带来了极大的压力和不确定性。

在变革过程中，高管教练通过组织团队教练工作坊和一对一辅导，帮助团队成员释放了对变革的恐惧和不安，通过情感的宣泄和表达，增强了团队的凝聚力。同时，教练引导团队成员从不同视角审视变革，突破局限，站在整体与系统的角度，认识变革的必要性和可能性。高管教练还通过变革登峰曲线帮助团队成员理解变革会经历的心理过程，鼓励他们跨过内心的转折点，积极面对新的挑战。

实践三

在本书第一部分的《开启混沌之眼，赋能"智"变》中，一家高新技术企业在数字化转型过程中遇到了执行上的挑战。

面对这些挑战，高管教练采取了全面干预措施。借助方位图——混沌之眼，通过4个步骤——探寻意图、看见系统、探索未知、反思对话——引导高管团队找到正确的方向并坚定行动。利用"社会原子图"工具，帮助高管团队识别关键利益相关者，明确他们的重要性、影响力和潜在冲突，从而深入理解转型过程中的系统复杂性，并据此制定出更有效的策略。同时，支持团队成员应对不确定性，鼓励他们勇敢地探索未知领域。最终，企业不仅在数字化转型上取得显著进展，还成为行业内的学习引领者。

管理悖论八：控制与自由

企业无不期待可持续发展。

从最早的英国铁路运输公司的兴衰起伏开始，人们就深刻认识到，单纯的销售收入并不能全面反映企业的长期可持续发展。利润才是企业持续发展的催化剂，它促使企业更加注重长期的效益和效率，并以此作为成功的标准。这种衡量标准的转变，标志着企业经营理念的重大进步——从注重短期效益转向对长期效益的追求。

企业目标的变化对经营管理和日常运营提出了更高的要求。企业不仅要做出明智的战略决策（"做正确的事"），还要确保这些决策得到有效执行（"正确地做事"）。这种双重要求促使"控制"成为企业管理的核心议题。

在这一背景下，企业开始建立更为精细的"控制机制"，并且企业的"控制管理系统"逐渐替代领导者接手了企业的实际控制权。有效的控制不仅帮助企业降低了成本，优化了资源配置，降低了运营风险，还提升了运营和决策的效率。这些控制机制的实施使企业能够更高效地运作，走向更加辉煌的未来。

然而，也正是这个支持企业由发展走向繁荣、以利润为导向的"控制管理系统"，直接导致企业走向衰退。

我们不禁要问，原因何在？

在利润的驱动下，控制成本往往比增加收入更加容易。当把成本削减到损害客户满意度和企业管理效能的地步时，企业常常遭遇销售的下降和市场份额的丢失。加之销售趋势下滑、失去市场反映在财务数据上一般都存在滞后性，在短期内，企业可能看起来仍然营利，但实际上已经走上了衰退的道路。

在严格的控制机制下，向过程要结果、严格的风险管控、追求降低不确定性这三大特质，既是企业成功控制的标志，也是导致企业僵化、官僚化，创新精神被抑制的根源。

第一，向过程要结果。企业需要对过程进行监管，于是制度繁多成为常态。初创期企业"一切皆可尝试，除非明令禁止"，成熟期企业"一切都禁止，除非明文许可"。久而久之，员工按照制度办事，却不了解为什么需要这些制度。企业注重过程的合规性，把遵循工作流程看得比满足客户的实际需求更重要。最终，在向过程要结果的同时，也悄然埋下企业僵化、官僚化的种子。

第二，严格的风险管控。随着企业规模的壮大和利益相关者的日益增多，企业开始更加重视风险管控，体现在强调做什么、如何做，当工作没有产生结果时追究这是谁做的、谁的错。长此以往，员工可能会形成一种避免行动以规避责任的心态：不做事便不会受到指责；没有职责，便不会犯错。这样的环境无疑会抑制创新精神。

在无人创新的情况下，大家为了展示出价值会在同一工作层面上进行堆叠、简单复制和自我循环，即看上去非常努力地在工作，但这些努力仅是表面性的，并没有带来实质性的进步或收益增加。

第三，追求降低不确定性。为了获得更多的确定性，企业需要界定清晰的责任边界。在管理上，企业通常采取更为精细的责任划分和职权向上集中，当发展到一定规模时，企业常常采取责任向顶层集中的做法。

这样，一线部门会发现自己的权力越来越小，权力中心向与控制、计划相关的部门（如财务、法律或相关管理部门）转移。这种职权和权力的变化导致的结果是，那些对结果不负责任的人拥有的权力远远大于对结果负责的人拥有的权力。这种失衡带来的后果是，一线部门承担责任，却难有作为；管理部门做决策，却不一定真正了解实际情况。随之而来的是，企业反应迟钝，决策效率和质量下降，企业内部的本位主义现象亦日趋严重。

从初创期步入成长期的企业已经习惯"自由"，需要学会在"控制"下享受自由；成熟期企业已经习惯"控制"，需要慢慢地打开"自由创新"之窗。

在企业成熟期，领导者的作用仍然至关重要，但仅改变领导风格而不改革体制，其效果微乎其微，就像从大海中舀一瓢水，对大海来说没有什么变化。

领导者应深思熟虑：如何不断优化与迭代既定的制度规则？如何能够让听得见"炮火声"的一线部门参与决策？如何防止管理部门因"帕金森定律"而膨胀，导致效率下降？如何创建不受传统控制的创新单元，为自由创新打开一扇窗？如何调整组织架构，确保权力与责任相匹配？

在推进以上组织转变的过程中，优秀的高管教练扮演着关键角色。高管教练帮助团队与领导者实现意识的突破与模式的转变，让其看到危机、厘清缘由、树立信心，并利用集体智慧在控制与自由之间实现动态平衡。

管理悖论九：冲突与和谐

在爵士乐诞生以前，白人与黑人的传统音乐并不融合。白人的音乐深受欧洲古典音乐的影响，注重和声结构的严谨性。黑人的音乐则源自遥远的西非，强调即兴演奏的自由感。爵士乐奠基人路易斯·阿姆斯特朗的母亲是白人，父亲是黑人。小时候，他一边听着母亲哼唱和谐美妙的欧洲宫廷小调，一边听着父亲吟唱自由有节奏的非洲歌曲。这种奇妙的经历让路易斯·阿姆斯特朗找到了两种不同音乐风格的结合点——"切音"，从而创造出一种全新的音乐类型——既严谨流畅又轻松自由的爵士乐。

企业内部的冲突犹如两种不和谐的音乐旋律硬生生地叠加在一起，产生了刺耳的噪声。这种内部的冲突往往源于多种因素，而且由于企业所处的发展阶段不同，其冲突的根源也会有所不同，领导者需要注意以下几种情况。

第一，在初创期，企业还未建立严格的控制机制，领导者做决策的参考信息主要是割裂的，甚至是小道消息，这种信息的不透明和不对称容易引发误解与猜忌，为冲突埋下种子。

第二，当企业发展趋于平稳，进入成熟期，在利润的驱动下，组织管理重点往往转向控制与风险防范。此时，职责清晰变得至关重要：凡遇偏差，必定追责；每个目标独立，奖惩分明。这促使本位主义、地盘意识日益浓烈，各部门为维护自身利益，相互之间易产生冲突。

第三，在组织架构设计中，注重长期效益的部门（如营销、研发、人才开发）与注重短期效益的部门（如销售、生产、人事）往往目标导向各异，这种不一致性常常引发冲突。

第四，成熟期企业常进行并购和整合，尤其是成熟后期企业喜欢收购业务增长快、有新技术的成长期企业，由于二者所处发展阶段、行事风格、经营目标的不同，往往会产生文化和理念上的剧烈冲突。

第五，领导者的天然特质、风格不同，相互之间也会产生冲突。具有创业精神的领导者会将所有问题都看作机会；而擅长行政与内控管理的领导者会看到机会背后潜在的问题。

与此同时，冲突又是团队协作的调色板，是组织创新的催化剂。如果团队成员的想法过于一致，可能意味着缺乏深入思考。"房间里的大象"无人指出，一团和气的背后通常是无人担责。

路易斯·阿姆斯特朗因捕捉到了完美"切音"，将不同声音调和成一曲动人和谐的新旋律。组织内部冲突的解决也需要那个能够调和分歧、使人们达成共识的"切音"，以促进组织和团队的融合与创新。

冲突不同，需要的"切音"也不同。

初创期企业需要提升领导者的意识格局，建立专业化的控制机制。

成熟期企业则需要更多地关注内部融合，打破僵化的体制，为自由创新营造健康的土壤。

对于因组织架构设置不合理而引发的冲突，企业则需要注重组织架构设置与战略目标的一致性，甚至重新定义使命、愿景与价值观。在此基础上，再对组织架构进行调整。

在并购整合中，企业需要持续回溯并购的初衷与双方的共同目标，通过识别并强化双方的共鸣点进行文化融合，为实现长期共生奠定坚实的基础。

领导者要清楚企业在不同发展阶段所需要的领导风格，理解不同风格差异的根源。

与此同时，构建企业内部信任是解决所有冲突的关键。冲突的解决往往涉及一方的妥协甚至牺牲，而这只能在信任的基础上实现。

优秀的高管教练是支持企业找到"切音"、化解冲突的调音师。高管教练不仅支持企业建立团队间的信任，还引导高管团队通过建设性的冲突来促进成长和创新。同时，高管教练也会促进领导者实现自我成长与发展，使他们能够更有效地赋能组织和建立信任，从而在解决冲突中发挥关键作用。

高管教练实践

实践一

在本书第一部分的《"琴瑟和鸣"：文化融合之途》中，两家公司的合并引发了文化冲突，主要体现在工作流程、决策方式和沟通模式上。为消除这些差异带来的影响，高管教练通过一系列精心设计的团队教练工作坊，引导高管团队深入分析现有文化，共同设计并塑造新的企业文化，帮助团队成员建立共同的身份认同和心理安全感，促进成员之间的相互理解和信任。

这些工作不仅使初期的紧张关系得到缓和,还成为推动企业发展和创新的关键动力,为企业带来了长期的竞争优势和可持续发展的动力。

实践二

本书第一部分的《香槟与二锅头——组织并购交响曲》展现了应对并购挑战、解决并购冲突的过程。两家企业并购不仅涉及法务和财税的并轨,还包括战略、组织、流程及文化等核心层面的融合,这为领导者与高管团队带来巨大挑战。

面对这些挑战,高管教练采用一系列教练方法和工具,帮助领导者超越个人利益,引领组织面向未来;促进团队成员之间的相互理解和信任建立,识别并解决了潜在的冲突和阻力。这些工作不仅为并购后的企业稳定奠定了基础,还有效推动了业务的快速增长。

管理悖论十:组织自满与持续改进

成功带来的最大危险是自满。

——安德鲁·卡内基

企业的巅峰时刻也往往是衰败的开始时刻,不仅仅是因为过度控制带来的僵化,还源于成功后滋生的自满。

《基业长青》的作者吉姆·柯林斯曾形象描绘企业在经历

第一曲线下滑时的5个阶段：成功之后的骄傲自满；达到巅峰时无节制地好大喜功；否认存在风险；病急乱投医；甘于沉沦或消亡。

骄傲自满可能导致企业忽视市场和环境变化；忽略潜在的新技术和新业务模式，不重视市场和客户的真实需求，看不到新竞争者和潜在威胁；对市场、技术、客户、竞争环境、行业动态的敏感度降低，可能高估自身对不确定性的控制能力，从而阻碍自我革新和持续改进。

万物皆有尽头，企业同样不可能沿一条轨迹永远走下去。进入成熟期后，通过持续改进，打造第二曲线是企业持续发展的必由之路。

如美国著名企业家安迪·格鲁夫所洞察的那样，如果仅在现有技术、行业和市场上进行连续性创新，其带来的收益往往有限，一般只能带来10%左右的增长。相对而言，第二曲线蕴含的潜力巨大，尤其是在新兴市场的开拓期，它能够使企业实现快速扩张和创新突破，实现指数级（十倍速）增长。

胜人者有力，自胜者强。企业应何时实现持续改进、不断创新，开启第二曲线？

当形势严峻时，再考虑打造第二曲线是非常困难的。这时企业开启第二曲线意味着自己与自己竞争，甚至是取代企业赖以生存的产品、市场。

图4-5形象展示出企业开启第二曲线的最佳时期：第一曲

线超过标志着突破与快速增长的"破局点",但未达到标志着盈利顶峰的"财务极限点"。

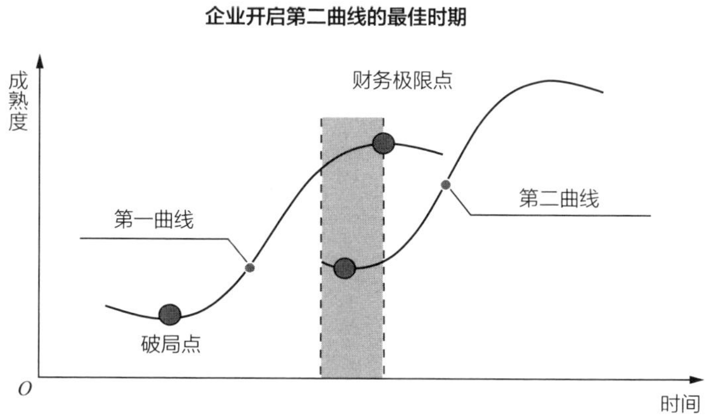

企业开启第二曲线的最佳时期

图4-5 企业开启第二曲线的最佳时期图示

"破局点"是企业在成长过程中实现突破,迈入迅猛增长阶段的点;相对应地,"财务极限点"则是企业在盈利能力上达到顶峰的临界点。企业只有在这两个点之间开启第二曲线,才有可能有足够的资源(金钱、时间和精力)承受在第二曲线投入初期经营业绩的下滑,挺过不断改进、持续创新的波动期。

要打造第二曲线,企业事先要做哪些准备?

如图4-6所示,财务曲线相较于市场、技术与组织三条隐形曲线是滞后的。也就是说在财务指标(如收入、利润等)出现衰退的迹象前,市场、技术或组织的衰退实际上就已经发生了。

做好准备迎接第二曲线

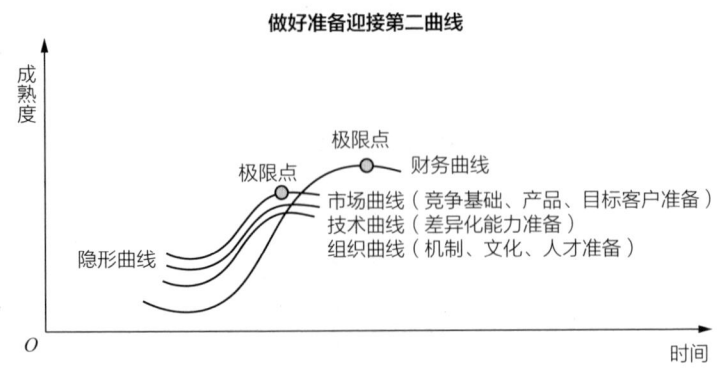

图4-6　市场、技术与组织曲线与财务曲线对比

因此，要打造第二曲线，企业事先要做好三方面准备：以市场为核心，确定新的竞争基础、产品、目标客户；以技术为核心，打造差异化能力；以机制、文化、人才等保障体系为核心，打造组织能力。恰当地调整经营管理策略，抢占市场先机、完成业务重塑，轻松地启动新一轮生命周期曲线。

在企业摆脱骄傲自满、持续改进创新，以及打造第二曲线的过程中，高管教练是不可或缺的战略伙伴。他们助力领导者更系统、更全面地看待问题，清晰地把握企业当下所处的环境与位置。他们通过专业的对话与反馈，帮助领导者看到危机与挑战，识别"破局点"与"财务极限点"，制定更有效的战略和行动方案。他们通过结构化培训和参与性工作坊，引导领导者和团队深入探索与反思，鼓励坦诚沟通。这有助于团队成员摆脱骄傲自满，激发持续创新的动力，突破现状，从而使企业顺利过渡到发展的新阶段。

昨日已逝，不必停步

世事无常，心有常

立根破岩，汲取大地之精

更显生命之顽强与岁月之沉淀

拥抱变化，迎接挑战

如凤凰涅槃，浴火重生

不问终点，只问方向

心中有光，脚下有路

风雨过后，自有彩虹

高管教练实践

在本书第二部分的《经历风云变幻，无惧扬帆远航》中，领导者面对组织变革和个人职业发展的双重挑战，开启了转型之旅。

在这个旅程中，高管教练运用了一系列工具和方法，帮助领导者提升自我认知和情绪管理能力、理解组织政治智慧、进行有效的战略思考和行动规划，成为一位能够引领复杂变革的领导者。这不仅为企业带来了业绩的增长和市场竞争力的提升，也为企业持续改进与发展奠定了坚实的人才基础。

03
千里江山：艺术视野中的领导力与组织长卷

文 / 吴雁燕

在领导力与艺术的十字路口，在组织与人文的交汇点，有一个共同的本源。

它就是美，生命的美。

千万里，千万年——穿越时空的畅想

"想象一下，你长出了一对巨型的翅膀，或者像孙悟空那样腾云驾雾翻跟头，或者驾驶宇宙飞船来到太空，俯瞰地球，你会看到什么？你会感受到什么？你想成为怎样的人？你想为地球做些什么？"

"想象一下，你能穿越到久远的过去和无尽的未来，你会看到什么？你会感受到什么？你想成为怎样的人？你想为子孙后代做些什么？"

这次，唐焱与一群志同道合的企业高管又一次走进大自然，参与吴教练及其教练团队发起的"千里江山：领导力、组织与艺术"研学旅行项目。

大家在美丽的月牙泉边漫步，置身于无垠的天与地、沙与水之间，他们一边感受这里独特的宁静、神秘和辽阔的氛围，一边通过吴教练及其教练团队精心设计的一系列问题，在我问你答、你问我答中，大幅度拉伸着空间和时间这两个重要的心智认知维度，共同沉浸在提升纵向领导力发展阶段的深入探讨里。

面对不断演变且日益复杂的社会与商业环境，领导者们既需要躬身入局，关注日常运营的纷繁细节，也需要时不时地进行有意识的视角抽离，并进行认知上的提升。这将有助于他们从更广阔的视角审视局面，保持对组织长远目标和梦想的持续追求。

在一番斗转星移、沧海桑田般的思想遨游与智慧碰撞之后，大家感觉畅快淋漓，不由得相互击掌，为彼此喝彩。阳光灿烂，天空高远，深邃的蔚蓝色天空映衬着太阳的金色光晕，见证着这群领导者共同拥有的远见卓识、深沉情感、理想主义激情，以及高度的责任心和使命感。

人类是大自然系统的一部分，人的领导力发展不只发生在组织的日常空间和场景中，还可以通过与自然的深度联结实现，人可以由此获得精神上的滋养和补给，以及思维上的拓展、启迪和灵感。祖国西部的高远空间和沧桑历史特别适合领导者从中感悟广阔的视角、深远的情怀与坚韧的品质。

"唐焱，假如你的心灵导师达·芬奇也在场的话，他会对你说什么？"吴教练问唐焱。

"这可是一个好问题！我最钦佩达·芬奇超强的好奇心、探索与创新精神，也仰慕他在多个艺术和科技领域所取得的高水平成就，彰显了人类潜能的无限可能性。他的思维非常活跃，假如他也在场，可能会对我们刚才的思想碰撞进行点评呢。他最有可能说的一句，我想会是对我们天马行空想象的提醒——'我不想用画笔捕捉世界，我想改变它！'意思是，唐焱，你不应仅仅想一想或说一说，而应拿出更多具体的行动，为今天和未来的世界做出积极的改变，带来持久价值与积极影响。"

"再联系到今日的我和A公司，包括我们这个行业，他还会继续对我说：'所有行动上的天才都在考虑同一个问题——不要被你当前的现状所束缚'。他是在提醒我在采取更多积极和大胆的行动时，不要满足于已经取得的成就，也不要被现实环境中各种内外部困难所限制，更不要被自己内心的自我设限、自我怀疑所束缚，或者被骄傲自满所牵制。"

优秀的艺术家和卓越的领导者虽然在专业领域和表现形式上有着鲜明的差异，但他们都保持着对生命的热爱、对卓越的追求、对创新的渴望及对自由表达的执着。由此，领导者不仅可以向更卓越的领导者学习，还可以从艺术家那里获得跨界的洞察力，学习他们进行极致的探索、不设限的创新和丰富的情感表达。

真正的领导力是领导者和艺术家所共有的——在影响世界、改变世界的过程中创造美、传递美、体现美。

黄沙百战穿金甲，不破楼兰终不还——千里河西走廊

河西走廊是研学旅行项目的第二站。

全长约1000千米的河西走廊位于甘肃省西北部，它不仅是一条重要的地理通道，还是历史上疆土博弈与文化交流的重要走廊。跨越两千多年的漫长岁月，它不仅见证了汉、隋、唐等朝代的兴衰更迭，也记录了儒家思想与佛教教义的深远影响。此外，它还见证了中原与西域在文化交融与贸易往来中的密切联系与时而出现的隔阂，映射出一幅丰富多彩的历史与文化图景。

从兰州出发，众人沿河西走廊一路向西，途经武威、张掖、嘉峪关，直至最西端的敦煌。这条千里走廊如同一幅流动的历史、艺术与领导力千里江山长卷，众人不仅被沿途的众多自然景观和历史人文遗迹所震撼，还通过对历史与地理的了解、对文化与艺术的鉴赏，以及吴教练及其教练团队精心策划

的观察与思考活动，深刻体会到领导力、组织与艺术之间紧密的内在联系。

武威，曾是汉武帝巩固边疆、推行屯田政策的重要基地。大家讨论了汉武帝如何凭借肩负世代使命的愿景构建、强有力的领导和组织能力，将一个边陲之地转变为繁荣的郡县。

张掖，以其色彩斑斓、形态各异的丹霞地貌给人带来极大的视觉冲击。大自然的鬼斧神工让大家体会到领导者同样需要具备强大的创造力，才能引领变革和激发创新。

嘉峪关，这座雄伟的关城见证了历史沧桑，古代将领们发挥智勇兼具的领导力、构建坚固的团队防线、抵御外界的挑战与压力，给了大家关于发挥团队领导力和构建组织能力的启发。

敦煌，其莫高窟的建筑、壁画和雕塑深深震撼了所有人。这些艺术瑰宝凝聚了几个世纪无数工匠和艺术家们的智慧和技艺，更体现了信念的巨大力量。这让大家明白在组织中打造企业文化与价值观的重要价值，以及领导力和组织的发展同样需要艺术的滋养，需要对美的追求。

焉支山，是魏雄的情有独钟之地。年轻英勇的将军霍去病曾率军在此大胜匈奴，使得大片疆土纳入汉朝版图，这令魏雄回想起当年自己领导前B公司时的情景。隋炀帝时期，焉支山下举办过盛大的"万国博览会"，又让他感慨发展个人领导力，继而打造出一支卓越的高管团队，带领C公司成功实现第二曲线转型的盛况。

焉支山的自然风光同样令人赞叹。山上林海松涛，山腰草茂花繁，山下沟壑纵横，清泉淙淙，峡谷两侧崇山峭立，奇石嶙峋。擅长摄影的孙丽拥有敏锐的观察力，她提醒众人，这里的风貌与此次研学旅行项目的第一站——《千里江山图》非常接近。

心中若能有丘壑，下笔方能绘山河——《千里江山图》

《千里江山图》是北宋画家王希孟创作的一幅绢本设色画，纵51.5厘米，横1191.5厘米，是存世青绿山水画中最具代表性的作品。在研学旅行项目第一站北京故宫博物院的特展上，大家看到了这幅长卷，其极其精细的笔法、绚丽的青绿色彩和宏大的构图激起了众人深深的赞叹。他们仿佛穿越回到了那个辉煌的朝代，感受到了少年画家的激情与才华。

看过《千里江山图》后，出于对画中地点和画家本人的好奇，大家决定将第一站从故宫延展至庐山。根据专家对画面中山形、水势、建筑与植被的研究，尤其是同时出现的双瀑与四叠瀑，推测该画描绘的是庐山和鄱阳湖。

在实地，他们感受到了画中所表现的气势磅礴与细腻入微的完美结合。同时，大家意识到《千里江山图》其实并不是一幅实景写生图，而是王希孟结合对多样自然景观的深刻理解和其非凡的想象力创作而成的杰作。

关于王希孟的生平，画史文献中并未给予详细记载，只有一些传说，为人们留下无尽的遐想。那么，一位涉世未深的神秘少年是如何创作出这样一幅惊世作品的？这幅描绘祖国锦绣河山的长卷能给组织和领导力的健康与可持续发展带来哪些启发？

所谓武林高手随手捡一个木棍就能耍得虎虎生威，吴教练及其教练团队借由这幅长卷向领导者们抛出了一个又一个问题。

"长卷中没有一块山石、一棵树、一座桥、一艘小船和一个渔翁是潦草而成的，没有一抹青、一抹绿、一抹赭和一抹黄是随意涂抹的。从这种细致入微的创作中，大家思考和学习到了什么？"

"长卷中一座座峰峦起伏绵延、一片片江河烟波浩渺，而房舍屋宇、水榭楼台、水磨长桥各自依地势点缀其间，与山川湖泊形成相辉映之势。从这种流畅又自然的构图中，从自然与人类的和谐相处中，大家思考和学习到了什么？"

"把长卷中的任何一个画面独立裁剪、装裱成画的话，都将美不胜收。这给大家怎样的启发？"

"然而，任何一个单独的画作都不如完整长卷那样的壮丽与恢宏，这让大家想到了什么？"

"这幅长卷能够跨越时间和空间，影响后世、流芳千年，凭什么？为什么？这让大家联想到了什么？"

"王希孟经宋徽宗赵佶亲授指点，得以成此巨作。艺术才华与艺术教育理念的结合，给了大家怎样的启发？"

"把这幅长卷放到当时的时代背景里，我们能感受到那时的人们倾尽艺术与生命，来表达对自然和生活的热爱与敬畏。这对今天的我们意味着什么？"

"'心中若能有丘壑，下笔方能绘山河'，这句话由韩真在编导舞蹈诗剧《只此青绿》时所写，表达了她对《千里江山图》传递出的宏大与高远志向的理解。这句话给了大家怎样的启发？大家会用一句怎样的话来描述这幅长卷？"

"大家希望为自己的组织和我们的社会勾画出一幅怎样的千里江山图？为什么？"

在《千里江山图》和高管教练的启发下，领导者们开始深入思考如何在组织发展的蓝图上精心描绘每一处细节，如何在战略的制定中流畅地勾勒出和谐与宏伟的景象，以及如何塑造能够跨越时间长河的组织文化。

在这个过程中，美成为领导者们共同的语言，因为美是一种普世的价值追求，能够唤醒最深的创造力和最真的情感。

领导力与组织，艺术与美——永恒的长卷与光影

我都为此发疯了。不过我很清楚，要真正描绘大海，必须每时每刻了解大海的生命。

——克劳德·莫奈

此刻，在体验丰富且洞察深刻的《千里江山图》和千里河西走廊的艺术之旅中浸泡良久之后，这群领导者带着满足感围聚在焉支山山脚下的篝火旁。他们聆听着吴教练关于艺术与艺术鉴赏的见解，以及艺术如何与领导力和组织发展相辅相成的精彩阐述。

"艺术及艺术创作是人类独有的一种创造性能力和技能性活动，是人类经验的重要组成部分。人类跨越时空、跨越地域、跨越种族，运用高度相通的观察力、模仿力、想象力和创新力，融合理性思维和感性情感，通过艺术表达出思想、情感、文化、信仰、道德、精神。

经过千万年的发展，艺术表现为绘画、雕塑、摄影、音乐、舞蹈、戏剧、电影、神话、故事、诗歌、散文、小说、建筑、园艺、茶艺、花艺、书法、运动、服饰等诸多形式。每一种形式都蕴含着独特的美，不同的形式与形式之间又交织融合出共同的美。

艺术和这些艺术的表现形式影响着我们如何看待自己、看待他人和看待整个世界，影响着我们如何与自己、与他人和与整个世界互动。

在艺术、艺术创作及艺术鉴赏中，在历史的长河中，每一个个体都具有鲜明的独特性和珍贵性。艺术因人类和每一个个体而诞生，人类和每一个个体又因艺术而永生。

艺术创作、艺术再创作和升华，以及艺术鉴赏，不仅是个体身心和谐成长的催化剂,也是推动社会进步和人类文明发展的重要驱动力。艺术激励我们追求更有意义、多元和丰富的生活与人生体验。

艺术修养和艺术鉴赏能从多个维度促进我们的全面成长,比如,其使我们拥有审美意识和能力、独立思考能力和批判性思维、创意性和创造力、跨越文化、语言界限表达和理解复杂情感及思想的能力。又如,艺术修养和艺术鉴赏使我们能够深刻理解和尊重人类多样性、打破无意识心理防御、反思和验证价值观、提升心理健康度及形成全球视野等。

这些方面的成长不仅能够极大地丰富我们的精神世界和提升人文素养,还能增强我们的社会人际互动能力和专业技能。这些素养和技能对于领导力的培养、团队和组织的高效管理与运营,以及品牌建设、战略制定、创新管理和社会责任等商业实践具有不可估量的价值。"[①]

大家的脸庞被火光染上了红晕,眼中闪烁着被艺术与人文所点燃的渴望。他们逐渐意识到,将艺术与领导力和组织发展相融合并非新鲜事,只是之前缺少有意识的思考和系统性的实践。

众人纷纷如爆米花般接连不断地分享着他们如何从艺术作

---

① 笔者曾与"卓越·高管教练同修圈"的教练伙伴罗蔚芬、邬丽萍、李洁、蔡布娃、张申、郝静萱、姚亚苏、黎艳等人共读《艺术让人成为人》一书,以上关于艺术的描述是笔者对大家读书心得的整合与提炼。

品中汲取灵感，并将这些应用到实际工作中。

从"女娲补天""后羿射日""精卫填海"这些中国古代神话故事中，创业组织找到了坚韧不拔、勇于尝试和敢于担当的力量与动力。

从毛泽东的《七律·长征》诗词中，一家处于转型困顿中的组织学到了在困难时期应彰显的乐观主义精神和高瞻远瞩的气魄。

从电影《罗生门》中，两位产生剧烈冲突的高管意识到事物的复杂性与多面性、人们持有的观点与事实的区别，从而找到了换位思考、求同存异的解决方案。

如何将艺术鉴赏中的细致观察和深思熟虑应用到复杂的商业决策中。

如何从抽象艺术的非传统思维中学习，以打破常规，制定更具创新性的战略。

如何从雕塑艺术的空间感中获得启发，改善客户的体验环境。

如何将艺术美学应用到产品设计中，提升产品的市场竞争力。

如何将即兴戏剧用于促进组织变革管理。

如何把交响乐团引入集体领导力发展项目中。

……

火光欢快地跳跃着，众人分享的故事和见解渐次飞舞着，新的想法和创意也如同被篝火唤醒的火星，不断迸发并层层叠加着——艺术与美是生产力，是创造力。

这些分享和灵感如璀璨的珠子滑向晶莹的玉盘，在人们的心弦上拨奏出一曲清脆而悠扬的欢乐颂歌——艺术与美，是凝聚人心的丝弦，是浇灌生命的源泉。

又一把粗大的柴火被投进了篝火，火焰猛地蹿高，炽热而旺盛，照亮了千里江山研学旅行项目的前方道路。

领导力与艺术的融合，为铸就组织千里江山的辉煌添薪。

组织与人文的交汇，为充盈组织血脉的生生不息增爱。

生命的美，亘古未变。

本文，为《击穿组织的本质——千里江山长卷的高管教练道与术》的华彩终章！

本文，亦与《成就卓越——领导者的第一本高管教练书》交相辉映！

后记一

重温经典

文 / 吴雁燕

旧书不厌百回读，熟读深思子自知。

——苏轼

本书是我们于2023年7月出版的《成就卓越》的姊妹篇，您可以单独品味本书，也可以两本连读，相互参照。

以下是我们在两本书中对所追寻志向的阐述。相信您可以从中体味到二者是一脉相承的，并且捕捉到我们意图通过本书所传递的、对深远理念的不懈追求，以及对踏实落地的坚定承诺。

谨以本书为中国及世界的领导力发展和高管教练事业添薪、助力、增爱。

——《成就卓越》

我们积极贡献于当下中国的领导力与组织发展事业，与领导者协力培育和创造永续的跨系统组织生命力。

——《击穿组织的本质——千里江山长卷的高管教练道与术》

在阅读本书的过程中，您会遇到我们在不同章节多次提及的一些概念和方法，这些是我们长期以来在高管教练实践中频繁使用的有力工具，并广受组织高管和高管团队的认可。它们曾出现在《成就卓越》的相关章节中，所以我们建议您从《成就卓越》中详读这些概念和方法的细致介绍及实践运用。同时，为方便您的理解，特在此向您做简要介绍。

或者，作为《成就卓越》的老朋友，您也能通过这段介绍加深对这些概念和方法的理解。

高管教练的定义与应用领域

现代教练行业发端于西方，在其几十年的发展过程中，高管教练——特指服务于组织最高领导及其核心团队的教练实践分支——遥遥领先于其他实践分支，广受企业客户市场和教练从业者的重视和认可。据国际教练联合会（ICF，International Coach Federation）——首家服务于教练行业的全球性职业协会——早在2001年做的全球企业调查研究，相较于其他领导力发展手段，高管教练对领导力的发展更有效，教练投资所得的平均投资回报率（ROI）是投入成本的6倍之多。

在中国，高管教练最初被视为大型外资企业外籍高管的"高端定制"，但随着时间的推移，它已被更多的组织所认识、接纳和选择。同时，投身于高管教练行业的专业人士数量不断增加，整体教练水准也在不断提升。

然而，到目前为止，我们尚未发现国际教练联合会或其他国际性、地区性的教练协会对什么是高管教练给出过定义。导致这一现象的部分原因在于，为有效协助组织高层管理者应对错综复杂的商业和组织两方面的机会与挑战，高管教练实践本身极为复杂且需极度灵活。

市场营销领域有一种说法，高水平的竞争不是价格的竞争，不是产品和服务的竞争，也不是品牌的竞争，而是规则的竞争，进而是规则制定权的竞争。同理，在高管教练领域，在国际性教练协会尚未给出定义的时候，恰恰给了中国的高管教练们自信地去定义它、宣告它和引领它的极好机会。

基于过去十多年在中国市场的高管教练学习、实践和深入思考，我于2020年9月将其定义如下。

高管教练是一个持续性探索、转型与实现的过程。它支持和挑战组织高管砥砺追寻高远宽广的志向、进行锋利深刻的自我觉察与蜕变、为当下与未来的世界和利益相关者持续贡献和创造价值，同时，构建独立清晰稳定的精神世界。

从这个定义中我们可以看到：

第一，高管教练不是几个小时、几天就可以完成的简单事件，而是一个长期的旅程。在旅程之中并肩携手的高管教练与高管们会一同反复游走于时间的长河之中，他们有时前瞻未来高远的愿景与使命，有时驻足回应当下的任务与挑战，有时回望和盘点过去的资源与力量。在这个过程之中，过去在影响着现在，现在在改变着未来，而未来也同样在重塑着现在与过去。

第二，高管教练不仅关乎思维上的讨论与探索，也关乎双方心、脑、体全方位的承诺与投入，尤其是需要高管们把教练对话中产生的思维洞察和心灵触动转化为行动，进而为组织和团队带来切实可感、可见和可衡量的影响与效果，进而为更大系统范畴的当下与未来贡献更善、更美、更有力量的价值。

第三，高管教练和高管们共同工作于冰山之上，同时又潜入海底。通过探索丰富、广博、美妙有时又令人感觉黑暗、丑陋、脆弱的精神世界，通过勇敢、真实和智慧地面对自我、欣赏自我、接纳自我和突破自我，高管们找到了内在的定海神针，当他们在经历商海的汹涌波涛和狂风雷暴的洗礼时，往往会站立得更稳、更坚定、更从容，并且会为周围大小、远近的其他冰山伙伴们营造一个更稳定、安心和温暖的生存与发展空间。

进而，我根据自己十多年来的实践经验，把高管教练的常见教练议题（见图1）依组织系统的不同圈层，拆解为个人领导力、人际领导力、团队领导力和组织领导力四个层次，用以全面促进领导者的发展和价值呈现。

高管教练的常见议题

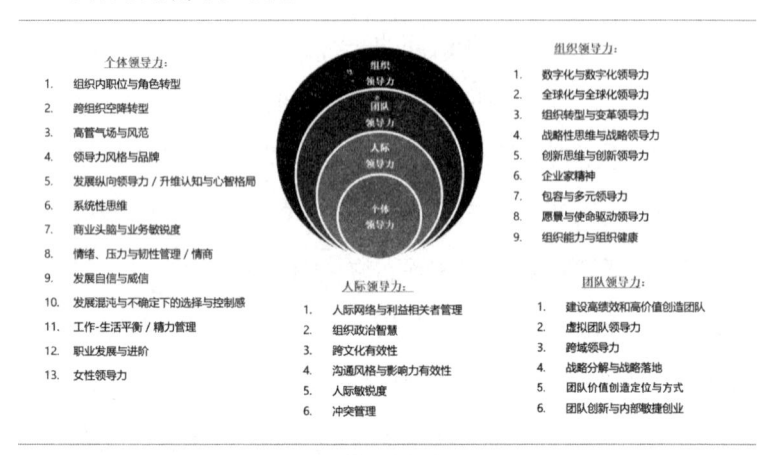

个体领导力：
1. 组织内职位与角色转型
2. 跨组织空降转型
3. 高管气场与风范
4. 领导力风格与品牌
5. 发展纵向领导力 / 升维认知与心智格局
6. 系统性思维
7. 商业头脑与业务敏锐度
8. 情绪、压力与韧性管理 / 情商
9. 发展自信与威信
10. 发展混沌与不确定下的选择与控制感
11. 工作-生活平衡 / 精力管理
12. 职业发展与进阶
13. 女性领导力

组织领导力：
1. 数字化与数字化领导力
2. 全球化与全球化领导力
3. 组织转型与变革领导力
4. 战略性思维与战略领导力
5. 创新思维与创新领导力
6. 企业家精神
7. 包容与多元领导力
8. 愿景与使命驱动领导力
9. 组织能力与组织健康

人际领导力：
1. 人际网络与利益相关者管理
2. 组织政治智慧
3. 跨文化有效性
4. 沟通风格与影响力有效性
5. 人际敏锐度
6. 冲突管理

团队领导力：
1. 建设高绩效和高价值创造团队
2. 虚拟团队领导力
3. 跨域领导力
4. 战略分解与战略落地
5. 团队价值创造定位与方式
6. 团队创新与内部敏捷创业

图1 高管教练的常见议题

舞池与阳台

舞池与阳台是一个既简单、有趣、有效又可以顺应对话和问题场景而极具延展弹性的思维、感受与行为框架。这个概念的原型出自哈佛大学教授罗纳德·海菲茨（Ronald Heifetz）与马蒂·林斯基（Marty Linsky）提出的舞池与阳台（The Dance Floor and The Balcony）。在其基础上，我进行了大胆的探索和创新，形成了自己的理解和应用主张。

在高管教练实践中，简单地来讲，它指的是，在面对复杂性问题或称适应性挑战时，高管教练会邀请领导者把视角和关注点从他们最惯常、最擅长的日常事务性与运营性"舞池"中抽离出来并拉高、升维到"阳台"上,俯视和远眺以期获得在舞池中无法获得的视角、感受、洞察、格局、视野和心胸。舞池与阳台如图2所示。

舞池与阳台

参考来源:哈佛教授Ronald Heifetz与Marty Linsky。
- 舞池 The Dance Floor:
  卷起袖子躬身入局,全情投入每天的各种活动
- 阳台 The Balcony:
  站上高处,以及高处的高处,
  从高远、广阔、宏大的视角,
  观察并反思自己和他人的认知、情感与行为,以及彼此关系,
  审视并判断全局、系统和趋势,
  感知过去、现在和未来
- 在二者之间有意识地、自由地流动和切换

图2 舞池与阳台

这大概是我个人最喜欢、最经常应用的一个高管教练框架。更多的内容说明及应用场景,请参考《成就卓越》及本书的相关章节。同时,无论您是初次接触它还是已经可以娴熟地应用它,我都把在《成就卓越》中曾经向读者建议的10个自我教练问题罗列如下。

1. 舞池与阳台领导力最吸引你的地方在哪里?还有哪里?为什么是这些呢?

2. 当你构建了强大的舞池与阳台领导力后,会带来哪些短期、中期、长期影响?

3. 当长期这样做之后，你会成为一位怎样的领导者？

4. 什么可以帮助和提醒你在两者之间自由流动？

5. 有什么可能会阻碍你做到呢？

6. 你会如何记录、整合、深化和利用从阳台视角获得的洞察？

7. 一位领导者说，在还没有做到于二者之间即时流动之前，我为自己设定7∶3的舞池与阳台时间分配比例。你会怎样分配？你将依据哪些人、事、物的标准和原则来确定分配比例？

8. 除了自己的阳台，你还可以站到谁的阳台上来审时度势？你会如何比较与整合不同阳台的视角与洞察？

9. 除了自己，你还可以跟谁一起探讨阳台视角？同一个项目中的同事？你的团队成员？你的老板？你的客户和合作伙伴？

10. 阳台可以有几层？跳出建筑物，从直升机视角或宇宙飞船视角会如何？你又可以如何从直升机或宇宙飞船上平稳地降落到舞池中？

纵向领导力

在《成就卓越》中，我把纵向领导力称为彩蛋，因为它不一定是每一个高管教练项目都会涉及的部分；同时，领导者和高管教练一旦掌握了这种领导力发展方法,就能更快地适应变幻莫测和迅猛发展的商业环境,展现出更强的适应性、创新力和转型力。

时至今日,两年的时间过去了,我们都亲身体验到了生活和工作环境的各种显著变化。由此,我现在的论断是,纵向领导力是今日和未来的领导者与高管教练所必须掌握的一种心智能力。

简单地来讲,发展心理学有一个分支称为自我发展(ego development),研究的是人类认知与心智模式的一般发展规律。在这个研究与实践领域的众多流派之中,简·卢文格(Jane Lovinger)女士和追随她的美国创新领导力中心CCL、比尔·托伯特(Bill Torbert),以及国内的研究机构IAOL(国际组织与领导力协会),采用类似的研究方法和发展阶段序列划分法,对领导者的纵向领导力发展阶段进行了研究与实践。

这是一个庞大、复杂且极其诱人的领域,更多的内容说明及应用场景请参考《成就卓越》的相关章节。

根据IAOL于2017—2021年的研究成果,领导者个体的纵向领导力发展阶段依据认知与心智模式的复杂度与成熟度,由前期至后期分为7个阶段,分别是投机者、遵从者、运筹者、成就者、重构者、转型者与整合者。

表1是对这7个阶段的描述,摘抄并整合于IAOL、CCL和比尔·托伯特的公开研究成果,供您初步理解。

击穿组织的本质
——千里江山长卷的高管教练道与术

表1 纵向领导力发展的7个阶段

发展阶段	简要描述	主要认知和行为特点
VII：整合者	探索世界的本质和意义	天人合一，整合视角，万物相连；拥抱各种复杂的人性，兼收并蓄；看得到并连接自身与世界的光明和黑暗、秩序与混沌；关注对人类社会的长期影响、创造社会认同（身份认同、信仰认同等），领导社会性变革；打破世俗思想和行为的范式；探索自我、世界、自然、时间、空间、现实与虚幻等的本质与关系，关注人类与环境是如何时时刻刻重新定义彼此的；关注思维、情感、行动与世界之间相互影响和相互作用的过程；关注意识重于原则、行动及结果；关注追求精神世界的自由；可能脱离世俗世界
VI：转型者	理解并建立自我、他人、社会及世界之间的关系	具有系统意识、辩证思维，树立独特甚至颠覆性的市场利基和地位；强调协作与多赢，致力于在错综复杂的行业和社会网络中建立新型相互关系；撬动更大系统或多个跨域系统，进行具有创造性和转型性的变革与突破；善用多系统和长周期视角洞察趋势，运筹帷幄，顺势而为，抓住特殊的历史机遇；具备自我突破和革新能力，时常修正自己的信念、价值观、想法和行为；重视自我个性、成长、自我价值实现和使命召唤，内心笃定和自我掌控感强，刚柔并济，春风化雨；意识到和接纳自己与他人的光明面与阴暗面，善与恶并存；勇于揭示张力，善于处理矛盾与悖论，将困境和矛盾转化为生成性体验和转型机会；可能高度追求和迷恋权力，自大和自我膨胀
V：重构者	以自己独特的方式理解世界	不断审视自己，跟随自己的内心，同时积极听取反馈；拥有自知之明和独立主张；富有好奇心、敏锐度、创意和想象力；质疑权威，打破常规和传统；易被变化、复杂性、不确定性和新的可能性吸引；寻求意义，充满希望和期待，较少规避风险；畅想和生动描绘愿景，重构目标与路径，并产生创新性影响；认识到每件事、每个理念都是相对的，取决于个人的背景与立场；有同理心、包容差异和多元性；善于跨域协作，具备双赢理念；可能变得特立独行，感觉孤独；可能因质疑权威和规则等而得罪他人或被排斥；可能因为兼顾差异性而情绪波动、优柔寡断，想的多做的少，行动力弱

续表

发展阶段	简要描述	主要认知和行为特点
IV：成就者	致力于实现目标和创造价值	以结果和有效性为导向；目标明确，有主见、自信、果断、雷厉风行，强调务实、注重交付；利用团队完成工作，强强联手；具有战略意识、关注中长期目标、未雨绸缪，持续追求更大成就；从全局和长远目标出发，灵活使用各种方式与路径；争分夺秒、有责任心、说到做到；愈战愈勇，斗志昂扬；可能过度努力而失去平衡；可能看不到自己的缺点，可能不屑于放慢节奏、反思；自我加压，当没有达到目标时可能会愧疚和自责；可能会抑制创新思维、缺乏未来想象
III：运筹者	注重专业和逻辑	以专业视角/科学精神看世界；尊重、相信本领域权威；注重数据、逻辑、道理、步骤等细节和局部，有工匠精神；思维清晰，业务能手、技术精通，喜欢和善于解决具体问题；追根究底，有钻研精神；希望脱颖而出，好胜，对人、对己均严格要求和挑剔；追求高效率，注重品质与精确，完美主义；可能因教条主义而固执己见，认为和需要自己是"对"的（总有理、"杠精"、文人相轻）；用自己的标准与想法评估和要求他人，同理心和包容性弱，对专业性不够强的人缺乏尊重；觉得没必要，也难以与他人进行人际探索、谈论个人问题和关系、披露感受和脆弱
II：遵从者	寻求归属感、认可和尊重	忠于和迎合群体、努力达到群体标准与规范，有集体荣耀感；希望融入群体和被接纳，追求归属感、认可、尊重、安全，在群体中寻找自我；遵守规则、顺从，按规章办事，偏好常规和重复性工作；避免内在和外在冲突，追求和谐相处；不露锋芒、随和圆融、八面玲珑，常讲套话；注重礼节和仪表仪容；可能压抑自我需求，展示其他人想看到的形象；缺少主见，难以独立决策；区分"我们"和"他们"
I：投机者	想方设法使自己获益	以自我为中心；以当下和短期利益为导向，善于抓住并利用运气和机会；精明、灵活、机动，善于见机行事和临场反应，善于应对紧急情况；不喜欢被规则约束，富有冒险精神；打破和利用规则；利用和操纵他人；想法简单、片面，非黑即白，看不到全貌；推卸责任，以牙还牙；"我要赢""成王败寇"

著名投资人张磊在其著作《价值》中说过这样一段话：凡盛衰在格局，格局大虽远亦至，格局小虽近亦阻。纵向领导力就是一条领导者从小格局转变为大格局的有效发展路径。

由于篇幅有限，我们只能对这些经典的概念进行简要回顾。然而，每一个概念都像一扇门，通向更宽、更广和更深的秘境。我们希望本书能够作为一个起点，激发您对这些概念的好奇心和探索欲。

同时，我们更加期待与您在高管教练的真实世界中相遇、相碰撞和相携成长。

轻声细语之间，
种子已播撒心田，
心扉微微敞开，
秘境在深处等待。

后记二

智慧与丰盛的交响
——我们这群人

文/鲁 兰

终于，一场智慧与创意的创作盛宴徐徐落幕，化作您手上这部引人入胜的作品。最初那个"既要有深度又要有趣味，还要实用，更必须充满美感"的大胆构想，到如今真的变成了现实。

这是一群怎样的奇才，竟能将高管教练的理论和实践案例编织成一个个轻奢艺术风格的故事，字里行间跳跃着轻松、风趣，闪烁着智慧与才华的光芒。

这里特别向您揭秘一下我们这群人。我们不仅是书页间的文字匠人，还是高管教练、团队教练，曾是或仍然是企业界的领航人物，更是生活艺术的全方位践行者，是一群热爱生活、兴趣广泛、勇于探索、品位独到、情调满满的各式玩家。

我们的作者

吴雁燕（微信13916007939），六边形战士的化身，终身学习与工作的践行者。她多年来全情服务于众多顶尖组织的高管与高管团队，同时为推动中国和世界高管教练行业的健康发展努力着。她设计并交付"卓越·高管教练同修圈"项目,带领伙伴们共创本书和2023年的佳作《成就卓越》,并参与2022年由Wiley在全球出版的《Coach Me! Your Personal Board of Directors》的撰写,在中国乃至全球的高管教练行业具有卓越影响。

程敏(微信13818873861),身兼企业高管、高管教练及团队教练。对她而言,这些角色并非头衔,而是内在激情和人生使命的延伸。她致力于支持个人、团队及组织的成长和发展,曾联合翻译《火箭模型:迈向高效能团队的实践指南》一书,如今再次与伙伴们共同撰写本书,皆源于为更多组织和高管带来更大价值的初心。在此过程中,她也深刻体会到活出生命意义所带来的幸福感。

李沁历(微信13911539755),一个多才多艺的拥有有趣灵魂的高管教练,拥有多年企业高管及6年独立高管教练经验,在实践中积累了大量经验。她热爱高管教练、摄影和生活美学,并倾注了她的真诚与极大的热情。她的话语或许会让你感受到一丝正经,但她又总能在不经意间抛出"不正经"的妙语,令人捧腹。她如同一位灵巧的舞者,在自我、他人与场景间自如切换,享受着每一个人生的精彩瞬间。

赵磊(微信13121929320),这位全球500强软件公司亚太区的高级总监,拥有20多年全球顶尖IT和互联网公司不同职能部门的跨界经验。他以高管教练为剑,助力实现高管个人与组织发展的双重飞跃。曾经，他是乐队的主唱、话剧演员，足迹遍布世界各地。如今，他定居北京，乐于在全球商业的复杂性中寻觅机遇，挑战自我。

郝静萱（微信 Haojxpoly），曾在国家人事部、全国人才流动中心等机构任职，拥有丰富的工作经历，以及大型集团公司超过10年的高管实践经验，并作为高管教练持续学习和广泛实践。她善于从多角度审视组织，在组织发展、团队建设、领导力发展方面有独特而深刻的洞察。现在，她致力于将深厚积累转化为行动，全心助力高管和组织破解难题，预见未来，应对挑战。

段晓英（微信 13826192404），在20余年的职业旅程中，她与高管团队共事成长为跨国企业人力资源高管，后又主动求变成为高管教练。她以"全心全意服务他人与组织"为使命，助力高管及团队从优秀迈向卓越。客户给她的标签是"靠谱、专业、有温度"。她还主理"变革之美"公众号，长期组织"正觉·春天成长读书会"，参与翻译了《与压力和解》《积极希望》《教练的常识》等书籍。

刘红（微信 13331153285），自喻为宇宙中的一粒尘埃，是意义的探寻者、生命的思考者、时间的旅行者。她愿用温暖和充满希望的微光照亮生命，使其释放内在的潜能。她结束了30年无比丰富的外企人力资源高管生涯，所有的过往皆成为序章，如今开启的是人生崭新的赛季。她将用30年的丰厚积淀去陪伴和成就卓越的高管和组织，促成蜕变。

李洁（微信13901161142），一位拥有深厚技术和业务背景的企业人力资源高管，曾在央企及多家世界500强企业中留下自己的足迹和传说。她崇尚"上善若水"的人生哲学，如今已华丽转身，成为助力高管和组织终身成长的支持者与同行者，成为如水一般的润泽师者。

罗蔚芬（微信graceluoweifen），在高管教练、MBA讲台与企业咨询之间自如游走。她的职业生涯如同一幅多彩的画卷，她曾获《第一资源》杂志2020年"中国人力资源100人"的殊荣。岁月流转，她对高管教练的热情始终如一，在帮助他人实现心智突破、潜力激发的过程中，她找到了属于自己的快乐源泉。工作之余，她爱好诗与画，善用艺术的力量辅导高管为生命的画卷增彩添色。

李延（微信13910738911），30年的世界500强企业工作和管理经验，让她对领导力有着深刻的见解。她不仅是组织和团队的领导力教练和咨询师，还是一位生命传记师和心理剧导演。她陪伴高管在职业、事业、人生的舞台上演绎出一个个无怨无悔的精彩故事。

黎艳（微信LLYAN2003），刚完成170千米环勃朗峰徒步的她，站在阿尔卑斯山脉之巅回望自己的人生，才发现人生也似一场高山徒步。她曾是跨国公司的人力资源掌舵人，活跃在亚洲和全球商业舞台上。10年前，她只身到陌生的欧洲与家庭成员团聚，如今她不仅成功攀越文化、语言及自身的座座考验之山，也成长为服务数十家世界500强企业的高管教练，在商业的群山中再次找到自己的新巅峰。

马天颖（微信matianying6669），北京航空航天大学博士和清华大学经济管理学院MBA的教育背景为她打下了坚实的基础。她曾服务于多家大型企业及上市公司，有多年担任高管的实践经验。在知天命之年，她学习并成为高管教练，服务于渴望成长的领导者及其组织。作为伙伴和赋能者，她助力他们在商界中实现自我超越，成为卓越的领导者。她深深热爱这个成人达己、终身学习成长的职业。

商未弘（微信 Anita_Coach），近30年的职场磨砺，让她在世界500强企业高管和民营企业CEO的岗位上都取得了耀眼的成绩。最终，她找到了自己的使命——陪伴领导者笃定前行，快乐绽放。她被誉为企业发展的"催化剂"和带来积极变化的"魔法师"，助力企业在业务与团队发展上实现双重蜕变。

王昭辉（微信 Shirley_012521），既是知名企业千人团队的组织领袖，也是施展教练艺术的"魔法师"。她用"异次元领导力培养法"让高管们在虚拟现实中挑战自我，激发潜能。她自如地穿梭于双重角色间，既深入洞察高管世界，又推动组织与企业的发展。她相信教练是高管的骑士勋章，愿每位高管都能佩戴它，持续精进，勇往直前。

姚蕾（微信 LaylaYao），组织与人才发展咨询顾问、企业教练。她曾与世界500强企业携手，推动组织转型和业务发展，也助力领军创业公司实现突破性成长。她不仅提供策略性建议，还通过深入合作挖掘高管团队的潜力，促进组织的持续进步和创新。她愿成为高管和组织成功路上的可靠伙伴，共同开启成长与变革的新篇章。

曾秀华（微信 HUA-Coach），一个动词般的存在，随心而动，随缘而行。在流动中，她对教练的身份有了深刻的领悟。经过近十种不同教练体系的严格锤炼，她融会贯通所学，在高管教练领域独树一帜，特别关注高管在个人、关系与系统中的整合与发展。

我们的写作体验

在这次著书之旅中，面对那"既要、又要、还要、必须"的严苛要求，我们经历了一场别开生面的全方位历练，令我们终生难忘。

李沁历，主编之一，如此描绘她的感受："写书无疑是一场宏大的探险。它在伟大中藏着琐碎，执着里透着疯狂，我手举理想主义的火把，在写作的熔炉里经受着热情、高压与自我质疑的淬炼。我仿佛成了清醒版的堂吉诃德，最终脚踏实地，完成了我的英雄之旅。"

黎艳的体验则是一幅生动的寻宝图："我化身为寻宝猎人，手握歪歪扭扭的'藏宝图'（自己天马行空的初步构想），迷迷糊糊地踏上了寻宝之路。一路上跌跌撞撞、疯疯癫癫，我却惊喜地发现，不仅宝藏近在咫尺，还收获了一身'探险装备'（珍贵的技能与洞见）和一群可靠的'寻宝队友'。这趟既惊险又喜悦、笑中带泪的寻宝之旅，无疑是我人生中最难忘的'剧本'。"

李洁认为自己就像参与了一部惊心动魄的大片拍摄："我在其中体会着角色、台词、身份的转换，与导演、剧中人物及整个故事共鸣、共舞。时而身处镜头之前，时而站在镜头之后；时而是演员，时而是编剧，甚至偶尔还会客串导演。我与剧组共同经历了一场奇妙而难忘的'蒙太奇'之旅。"

段晓英同样入戏颇深："在写书时，我才恍然大悟，原来我是先拍完了戏份，再回来补写剧本。这感觉真是'酸爽'至极。写书的过程就像扒拉箱底，去抠出时光里的每一份沉淀，将过去的镜头、那一幕幕大戏细细呈现。这既是对戏份的精雕细琢，又是对我人生的抛光与打磨。所以，人生本无定式脚本，若你愿意，自己执笔亦能写出大片！"

罗蔚芬的创作过程更是一场艺术的盛宴："在写第一稿时，我如兴奋的画家，画笔在画布上飞舞，颜料自由挥洒，每一笔都是灵感的迸发，创作如同一场色彩的狂欢。在写第二稿时，我化身为挑剔的艺术大师，精心剪裁画作，为了艺术的完美,毫不留情。在写第三稿时,我又成了创新的艺术家,用'蒙太奇'手法让画面在现实与记忆间跳跃,创作出一幅时空交错的杰作。在写第四稿时,我接受反馈,就像一位细心的工匠,对画作进行最后的打磨,抹去最后一丝粗糙,让画作绽放出精致的光芒。"

商未弘的话或许道出了所有作者的心声:"我们期望最终的文字能如一位身姿轻盈、气质高雅的文学少女,不仅能传递深远的价值,引发深刻思考,还能带给读者美的享受。因此,我们虽万般不舍,但仍狠心地对作品进行了一次又一次的删减、修改与打磨。"

这群人虽在职场游刃有余、做教练得心应手,但在高标准的写作要求面前,依然感受到了前所未有的挑战。马天颖便深有感触:"写作之初,我仿佛沉浸在既熟悉又陌生的湖光山色之中。那山、那水、那景色,以及景色中的人都是我熟悉的,因为那段教练旅程是我与客户共同走过的。然而,如何从读者视角、高管视角去艺术地再现那段旅程,对我来说却是陌生的。我怀着忐忑的心情行走其中,几度步履维艰,难以突破。所幸,在项目组的引领下,通过不断打磨,书稿最终呈现出了我们想要的样子。当看到伙伴们共创完成的书稿时,我感觉自己就像千里江山图中的一块拼图,那块独特的、融入整个画卷的青绿就是我这段写作旅程破茧成蝶的印记。"

"拉伸"是本书创作过程中被伙伴们高频提及的词汇。刘红感觉自己就像一根"猴皮筋",被不断地拉伸着。她乐在其中,因为这次体验让她产生了大量的多巴胺和内啡肽,让她想要继续做一根不断被拉伸且快乐的"猴皮筋"。郝静萱则说,当她写作时,感觉自己就像一位织布工,致力于创造一块色彩斑斓、美轮美奂的挂毯。她希望读者能够透过挂毯上的图案,洞察其深层的意义并引发思考。为做到这点,作者们首先不断地拉伸与自我超越着。李延在写作的过程中,从教练视角转换到读者视角,经历了写作的视角拉伸,也真正理解了转型中的混沌。王昭辉也表示,写作之旅既丰富又充满挑战,她不断成就和拉伸自己,正所谓"理论实践巧编织,高管心路共体验",铸就了一段独特的旅程。姚蕾也觉得在写书的过程中自己犹如探险者,不断挑战自我,突破经验的边界,探索未知的领域,她经历了一段自我发现和自我超越的旅程。

在写作过程中,作者们感受同样强烈的是,之所以能一路坚持,并最终创作出如此品质非凡的一书,是因为有项目组自始至终的引领、指导、帮助和伙伴们的互相支持、鼓励。对此,作为本书创作发起人并为此竭尽全力的吴雁燕感触最深:"在近一年的时间里,我带领着一大群伙伴从初步策划到完稿,我就像六边形战士一样,同时扮演着编剧、制片人、导演、演员、观众和发行人的角色。这是一个充满喜悦、兴奋、成就,以及痛苦、撕扯,甚至懊悔、恼怒的过程。好在,我得到了项目组其他伙伴的全程陪伴和鼓励,这是值得我深深感激和终身珍惜的友谊。另外，在全书的每一篇文章里，不管是否署名，我都留下了自己的思想与文字，能赢得所有作者如此的信任，真是一种莫大的荣耀。"这是一本专为领导者打造的书籍，看到这里，或许您也能从中领悟真领导的本质和风范。

确实，这次写作，我们宛如行走在漫长而蜿蜒的朝圣之路上，经历了灵魂与肉体的一场深刻修行。修行中，如同精心雕琢玉石，我们对每一篇文章都进行了至少4次修改和打磨，才使之最终呈现如今这般温润而细腻的光泽。修行中，我们更锤炼了自己的心灵，学会了如何在喧嚣的世界中寻找内心的宁静，如何在纷扰的思绪中捕捉那一闪而过的灵感，如何把对生活、对人性、对商业、对世界的深刻洞察与独特理解凝结成文字。

相信，当您翻阅本书时，也能感悟到其中蕴含的那份深情与执着，感受到我们的心灵与智慧。愿这些文字能够触动您，让您在阅读的过程中，也能经历一场身心的修行。

我们的志向

赵磊，本书项目组中独一无二的"男神"，曾如是说："我们仿佛在一起携手绘制中国高管教练领域的《新雅典学院》。"

击穿组织的本质
——千里江山长卷的高管教练道与术

《雅典学院》是由意大利绘画巨匠拉斐尔·桑西于1510至1511年间精心创作的壁画,现收藏于梵蒂冈博物馆。此画不仅是对古希腊学术盛世的缅怀,还是文艺复兴时期人文精神的艺术体现,表达了对人类智慧和真理的追求,以及对美好未来的向往。

在当今日新月异的商业洪流中,组织正面临着前所未有的挑战与机遇并存的局面。为了在这场洪流中屹立不倒并持续前行,不仅组织需要具有敏锐的市场洞察力和技术创新能力,其高管团队还需要拥有深邃的智慧与卓越的领导力,以此作为坚强支柱。

因而,我们这17位博学多才、愿意为推进中国和世界高管教练行业健康发展而同心同行的高管教练,倾心创作出《击穿组织的本质——千里江山长卷的高管教练道与术》一书,旨在揭示组织的内在规律与运作机制、组织发展的核心本质,助力领导者更透彻地理解组织,从而实现更高效的管理与领导。更为重要的是,本书强调了向内探索、激发潜能,并与更广阔的世界相融合的重要性,明确了这是提升组织整体智慧与领导力的关键所在。

我们期待有更多领导者能够深入探索并激活内心潜力,与内在深度联结,拥抱和融入更广阔的世界,从而有机会攀登人类智慧的巅峰。这种智慧超越知识与技能的简单累积,是对生命、人性、宇宙本质的深刻理解与洞察。它赋予领导者们在复杂多变的商业环境中保持清晰的头脑和敏锐的洞察力，使他们能够做出明智的决策，引领企业与团队迈向更加美好的未来。

回到我们，虽是平常之人，但对教练事业、对生命、对世界有着不平常的热爱。我们希望通过本书，与我们自己的内在、与您、与这个广阔的世界建立更深的联系和融合，表达我们对人类智慧与真理的不懈追求，传递我们对中国和世界高管教练行业和整个世界美好未来的无限向往与贡献之心。

这一刻，您内心深处响起的声音是什么呢？

致谢

花与叶的致敬

文/程　敏　吴雁燕

亲爱的读者，当您翻至此处，想必已与我们故事和案例中的众多领导者建立了深厚的情感连接。您或许仍然记得，在本书的开篇，我们介绍了A公司中国区CEO唐焱，他不仅是一位商业领袖，还是一位植物学爱好者。他的植物标本收藏册记录了他从中学时代起对自然的热爱，每一页都承载着他与大自然的亲密对话。

在中学时代，我也对树叶和花卉标本情有独钟，喜欢将喜爱的树叶和花瓣夹在钟爱的书页之间。每当我翻开这些书，阅读的愉悦感便油然而生。岁月流转，一年、两年，甚至更久之后，当我再次翻开这些书，看到那些美丽的树叶和花瓣依然守候，或是发现书页上它们留下的淡淡印记时，心中总会涌起一股难以言喻的感动。

此刻，金秋十月的上海，我在桂花淡雅香气的陪伴下执笔撰写这篇致谢。我期待把我们涌自心田的感谢，如同美丽的树叶和花瓣一般，夹在我们新书之中。我期待无论何时您翻开本书，都能感受到这些树叶和花瓣承载的深深的感激与敬意。我期待那些被致谢的人物和篇章不只停留在书中，还将被镌刻在我们记忆的年轮中。

首先，我们要将许多颜色各异的银杏叶珍藏于本书的各个篇章之中，以此向书中所有案例和故事的领导者们，以及其所领导的团队、所归属的组织表达最深的谢意。虽然出于对教练行业保密原则的尊重，我们无法在书中透露更多关于他们的详细信息，但正是他们每个人、每个团队、每个组织对高管教练的信任、坦诚和接纳，才让这些生动鲜活的案例和故事得以诞生，并可以与更多的企业家、领导者和管理者分享。愿他们的组织如同银杏树一般，穿越商业世界的风风雨雨，坚韧不拔，基业长青。

随后，我们要向参与本书创作的17位高管教练致以崇高的敬意。如同坚韧而优雅的松针，他们的智慧和经验为本书增添了深度和力量。松针虽细小，却能汇聚成松树的壮观；正如他们每个人的贡献，虽然各自独立，但共同构筑了本书坚实的框架与丰富的内涵。感谢他们辛勤的工作、不断的自我挑战及相互支持，使得本书能够成为高管教练和组织发展领域的一部宝贵著作。

再者，特别感谢本书6位项目组成员，吴雁燕、程敏、李沁历、赵磊、郝静萱和鲁兰。初春茂秀一树生机，初夏开花一树金黄，初秋结果一树浪漫的栾树最适合形容这支团队。我们会精心挑选栾树的6颗红灯笼果，象征着项目组的倾心付出和共同培育出的丰美成果。从2023年12月初步策划到2024

年10月完成全书，从春节、元宵节、清明节到五一劳动节，再从端午节、中秋节到国庆节，他们在所有的节日中辛勤耕耘。从掏心掏肺地支持、辅导其他教练伙伴们的案例写作，到自己动笔雕琢故事和案例，他们个个都是全能型选手。从自发组建到头脑风暴，从相互协助到高效产出，他们为大大小小无数的事项无私贡献了大量的热情、时间、精力和创造力。他们通过自身的故事展现了一支团队在共享的使命、愿景、价值观和文化引领下，是如何发挥出集体领导力共同绘制出一幅宏伟画卷的。

在本书的创作旅程中，我们还要向家人们表达我们最深的感谢。红红的枫树叶最能代表家人们给予我们的温暖和爱。他们的理解、各种形式的支持与鼓励，为我们提供了坚实的基础和踏实的托举。没有他们，本书就不能顺利完成。

还有，我们也万分感谢在百忙之中为本书撰写推荐序与推荐语的企业界、领导力发展界、教练界的诸多前辈和同仁（以姓氏拼音顺序：窦莹瑾，冯刘，黄胜，李晓虹，脱不花，王戈，吴海英，周戌乾，侯敬喜）以及以其他各种形式给予支持的前辈和同仁（以姓氏拼音顺序：董蕾、杨崑、张琳）。我们会在书中夹上一片片的竹叶来感谢他们，他们的专业精神、君子风范和谦逊态度如同竹林中的竹叶，清新而坚韧，高洁而低调。

当然，本书的诞生离不开电子工业出版社及其项目团队的努力和支持。梧桐树高大挺拔，象征着团队的力量和向上的精神，所以书中的梧桐叶表达了我们对他们的敬意。

翻至书尾，我们想在后记那一页留一片常青藤的叶子，以感谢吴雁燕教练及其创建的"卓越·高管教练同修圈"。吴雁燕教练是中国头部的中英文双语高管教练之一，并且以带领"卓越·高管教练同修圈"，以及与大家共同写书、出书为形式之一，致力于推动中国高管教练事业的健康和可持续发展。同修圈170位高管教练不断给予我们温暖的鼓励、热烈的支持，尤其值得感谢的，是其中参与创作了2023年7月出版《成就卓越——领导者的第一本高管教练书》的20多位伙伴，参与本书创作的17位伙伴，以及曾经在不同阶段参与过本书的近20位伙伴。

"我们积极贡献于当下中国的领导力与组织发展事业，与领导者协力培育和创造永续的跨系统组织生命力。"是本书作者们追寻的使命。我们在书的封面和封底各留下一簇象征繁荣与富贵的中国国花——牡丹。这些牡丹代表了我们对时代的感谢，感谢它给予我们的机会，让我们能够为祖国的领导力与组织发展事业贡献自己的力量。同时，这些牡丹也代表了我们希望通过不懈的努力，为这个时代增添一抹绚烂的色彩。